ジャン=マルク・クワコウ
池村俊郎・駒木克彦●訳

国連の限界／国連の未来

藤原書店

国連の限界／国連の未来

目次

1989年11月創立 1990年4月創刊

月刊

機

2007
5
No. 183

発行所 株式会社 藤原書店©
〒一六二-〇〇四一 東京都新宿区早稲田鶴巻町五二三
電話 〇三・五二七二・〇三〇一(代)
FAX 〇三・五二七二・〇四五〇
◎本冊子表示の価格は消費税込の価格です。

編集兼発行人
藤原良雄
頒価 100円

敗戦後のGHQの統治下(一九四五・八～一九五二・四)、発表された珠玉の短篇小説群!!

『戦後占領期短篇小説コレクション』(全7巻)いよいよ発刊!

一九四五年八月一五日の敗戦以後、日本はいまだかつてない歴史を体験する。アメリカ軍を中心とする連合軍による占領期の始まりである。

敗戦の一九四五年から五二年にいたるこの時期に、文学にたずさわるものたちは何を描き、何を描かなかったのか。何を見、何を見ていなかったのか。きびしい制約のなかで書かれた短篇小説群を通して、現在にいたるこの国のかたちが形成された、戦後占領期を検証し、現在をあらためて問い直したいと思う。

編集部

● 五月号 目次 ●

「戦後占領期文学」とは

紅野謙介

占領時代の始まり

一九四五年八月十五日。日本にとって無条件降伏の日であり、大日本帝国の植民地であった台湾、朝鮮、満洲などの地域のひとびとにとっては解放の日であり、アメリカを始めとする連合軍にとっては勝利の日であった。

この敗戦の日以後、日本はいまだかつてない歴史を体験することになった。連合軍による占領時代の始まりである。

もちろん、戦時中を大日本帝国の陸海軍による日本の占領であったと言えないことはない。しかし、兵士は帝国臣民たちから徴兵され、陸海軍総司令部は日本人将校たちによって構成されていた。

情報の鎖国から

しかし、その大日本帝国は崩壊し、その国境は大幅にぬりかえられたのである。死の恐怖は去ったものの、「内地」には復員兵や引揚げ者があふれ、貧困と飢餓、絶望と憤怒がうずまいた。

同時にひとびとはそれまでの情報の鎖国から解き放たれた。戦時下とはまた異なるかたちで占領軍による情報統制、検閲があったにもかかわらず、ひとびとは粗末な紙に印刷された出版物に殺到した。そのような状況下でも多彩な花が咲いたのである。

政治的には、占領軍と日本政府の虚々実々の協働作業によって、現在にいたるこの国のかたちが決まったのも、この戦後占領期である。

コレクションの特徴

本コレクションは、一九四五年から一九五二年までの戦後占領期を一年ごとに区切り、時系列順に構成した。但し、一九四五年は実質五ヶ月ほどであるため、一九四六年と合わせて一冊としている。

　編集にあたっては短篇小説に限定し、一人の作家について一つの作品を選択した。

　収録した小説の底本は、作家ごとの全集がある場合は出来うる限り全集版に拠り、全集未収録の場合は初出紙誌に拠った。

　収録した小説の本文が旧漢字・旧仮名遣いである場合も、新漢字・新仮名遣い

に統一している。
　また、各巻の巻末には、解説・解題とともに、その年の主要な文学作品、文学的・社会的事象の表を掲げた。

何をとらえ、何をとらえそこねたか

　敗戦から一九五二年にいたるこの未曾有の時期に、文学にたずさわるものたちは何を描き、何を見ていたか。何をとらえ、何をとらえそこねたのだろうか。

　小説はその時代に生きたひとびとの言葉と緊密な関係を結んでいる。

　きびしい制約のなかで書かれた短篇小説を通して戦後占領期をあらためて検証し、いまの私たちを問い返すため、「戦後占領期短篇小説コレクション」全七巻を企画した。

（こうの・けんすけ／日本大学教授）

占領期の文学的エネルギイ

富岡幸一郎

敗戦と占領。国土の全市街地の四十パーセントが灰燼に帰するという、そして三百万余の犠牲者を出した戦争と、六年半にも及ぶ占領の現実。野間宏の文学は、この戦争「体験」と敗戦の現実から出発しているが、そこに描き出されるのは、人間という存在の全体像であり、「生理、心理、社会の三つの要素を明らかにし、それを総合する」（「私の小説作法」）という、かつて日本文学になかった「全体小説」の構築であった。そこには、『第三十六号』にも描かれている、自らの生存の意味を遮断された人間が、その運命と抑圧に抗するかのように表わす「暗い生命の衝撃」が、凝縮するようにとらえられている。

占領下という日本民族が史上はじめて経験した現実のもとで、こうした戦後文学が次々に書かれた。本書に収められた短篇小説は、それぞれの作家の個性を輝やかしつつも、この時代の現実、いや真実を、われわれに突きつけてくる。それは、この時代を「実感としては全く」知らない世代にも、確実にある衝撃を与えずにはおかないだろう。

その後、七〇年代の前半に、戦後派作家たちはその代表作をほぼ完成させ、一九七九年の村上春樹の登場以降、日本の小説の流れはおおきく変わっていった。ポストモダンともいわれた八〇年代以後、「戦後文学」は忘却の彼方へと去ったかにも見えた。

しかし、それからさらに二十五年、四半世紀余を経て、あらためて戦後に書かれた文学が浮上しはじめている。二十一世紀に入って、それは新たな戦争の時代をむかえているからでもあるが、何よりもグローバリズムといわれる状況のなかで、人間の存在そのものの危機に直面し、近代のヒューマニズム（人間中心主義）が根底から崩壊しているからである。

占領下の日本文学のアンソロジーは、狭義の「戦後派」の文学をこえて、文学のエネルギイの再発見をもたらすだろう。（抄）

（とみおか・こういちろう／関東学院大学教授）

「戦後文学」を問い直す、画期的シリーズ！

戦後占領期
短篇小説コレクション
（全７巻）

編集委員＝紅野謙介・川崎賢子・寺田博

◆短篇小説に限定し、ひとりの作家についてひとつの作品を選択。
◆1945-52年までを１年ごとに区切り、時系列順に構成。

内容見本呈

四六変上製カバー装　各巻300頁平均
各巻 解題（紅野謙介）・年表付　各巻2500円平均
毎月配本

1 1945-46年　［解説］小沢信男
平林たい子「終戦日誌」／石川淳「明月珠」／織田作之助「競馬」／永井龍男「竹薮の前」／川端康成「生命の樹」／井伏鱒二「追剥の話」／田村泰次郎「肉体の悪魔」／豊島与志雄「白蛾――近代説話」／坂口安吾「戦争と一人の女」／八木義徳「母子鎮魂」

2 1947年　［解説］富岡幸一郎
中野重治「五勺の酒」／丹羽文雄「厭がらせの年齢」／壺井榮「浜辺の四季」／野間宏「第三十六号」／島尾敏雄「石像歩き出す」／浅見淵「夏日抄」／梅崎春生「日の果て」／田中英光「少女」
（**第1回配本**／2007年5月刊）

3 1948年　［解説］川崎賢子
尾崎一雄「美しい墓地からの眺め」／網野菊「ひとり」／武田泰淳「非革命者」／佐多稲子「虚偽」／太宰治「家庭の幸福」／中山義秀「テニヤンの末日」／内田百閒「サラサーテの盤」／林芙美子「晩菊」／石坂洋次郎「石中先生行状記　人民裁判の巻」
（次回配本）

4 1949年　［解説］黒井千次
原民喜「壊滅の序曲」／藤枝静男「イペリット眼」／大田良博「黒ダイヤ」／中村真一郎「雪」／竹之内静雄「ロッダム号の船長」／上林暁「禁酒宣言」／中里恒子「蝶蝶」／三島由紀夫「親切な機械」
（**第1回配本**／2007年5月刊）

5 1950年　［解説］辻井 喬
吉行淳之介「薔薇販売人」／大岡昇平「八月十日」／金達寿「矢の津峠」／今日出海「天皇の帽子」／埴谷雄高「虚空」／椎名麟三「小市民」／庄野潤三「メリイ・ゴオ・ラウンド」／久坂葉子「落ちてゆく世界」

6 1951年　［解説］井口時男
吉屋信子「鬼火」／由起しげ子「告別」／長谷川四郎「馬の微笑」／高見順「インテリゲンチア」／安岡章太郎「ガラスの靴」／円地文子「光明皇后の絵」／安部公房「闖入者」／柴田錬三郎「イエスの裔」

7 1952年　［解説］高村 薫
富士正晴「童貞」／田宮虎彦「銀心中」／堀田善衛「断層」／井上光晴「一九四五年三月」／西野辰吉「米系日人」／小島信夫「燕京大学部隊」／松本清張「或る『小倉日記』伝」

ノーベル文学賞受賞作家パムク自身が語るパムク文学の精髄！

パムク文学のエッセンス

和久井路子

昨年十月のノーベル文学賞発表（ノーベル賞受賞はトルコ人初）を受け、この二年余りのあいだに行われたオルハン・パムクの講演三本をまとめた『父のトランク』がトルコで緊急出版された。

パムク自身の言葉によって、パムクの文学観、作品誕生の秘密、そして「東」と「西」の架け橋の国トルコならではの繊細な政治感覚が語られるこの作品を、日本語の読者にも早速お届けしたい。

何十年ぶりの素晴しい受賞講演

「父のトランク」は昨年十二月のノーベル文学賞授賞式の三日前にスウェーデン・ノーベルアカデミーにおいて行われた記念講演 "Babamın Bavul" の翻訳である。これは『環』28号に掲載され、読んで感激された多くの方々から、単行本化への強い要望が寄せられていた。

英語は母国語並みのパムクだが、この講演はトルコ語ですると、昨年十一月のトルコの全国紙『ミッリエト』のインタビュー（本書所収）で語っている。「それが一番自然だから、なぜなら自分はトルコ語の中で暮して、トルコ語で書いているのだから。トルコ語は自分の色で、自分の全てである」と。会場では四か国語の翻訳が配布された。講演がトルコ語であったこともあって、トルコのテレビは三局が一時間にわたる講演を最初から最後まで中継放送し、人々はテレビの前で釘付けになった。

裕福な実業家の息子であった父親は、土木工学を学んだが、本が好きで、文学者になりたかったにもかかわらず、ならなかった。その父親が亡くなる二年前に、息子の仕事場に、詩や、翻訳や、小説の断片、日記など彼が書いたものの詰まったトランクをもって来た。父親は、厳しく、辛い、孤独な文学者としての人生よりは、友人たちに囲まれた幸せな、安楽な人生をえらんだのだった。子どもたちが気に入らないことをしても眉ひとつ顰めることのなかった父親、いつも陽気で、幸せで、人生の不安や辛さを感じたことのないと思われていた父親に息子が垣間見た、文学をする者が見ているあの暗い心の深奥。二十二歳の息子がエリート大学の建築科の三年生の時、大学をやめて小説を書きたいと言い出した時、ただひとり反対もせず、その後の十年間の生活を支えてくれた父親は、息子の処女作をどう読んだのか……。

父のトランクをめぐる思い出に始まって、文学とは、作家とは何か、どのようにして作家になるか、ものを書くということの意味、人生とものを書くこと、なぜ書くのかについて自身の原点を

▲O・パムク氏

語る珠玉の言葉がみられる。

それはまた作家の忍耐とその秘密を、深く語るものである。いつ来るかもしれぬ霊感の天使をただ待つのではない。「針で井戸を掘る」というトルコのことわざのような努力と忍耐があるのだ。

自分が子どもの時、家にあった父親の書庫から見た文学の世界の中心はイスタンブールから遠いところにあったが、いまやその中心はイスタンブールであるという。「世界」レベルの文学賞とされるノーベル文学賞において、パムクが問いかけたのは、世界の中心とはどこであるのか、ということであった。

この講演は、ノーベル賞受賞講演の中でも何十年ぶりのすばらしいものであったと評判になった。

「文学中毒」オルハン・パムク

「内包された作家」は二〇〇六年四月に、アメリカ・オクラホマ大学で行なわれた講演である。オクラホマ大学では、一九六八年以来 *World Literature Today* 誌の後援で（最初の二回は毎年、第三回からは隔年で）、特定の作家をゲスト講演者として招き、数日にわたってその作家をテーマにしたシンポジウムが行われている。その恒例のシンポジウムでの講演である。ちなみに、二〇〇一年のゲスト作家は、大江健三郎であった。

文学無しでは一日も過ごせない、いわば「文学中毒」であるパムクにとって、いかなる文学が「よい」文学なのか。自分が作品を執筆している途上では、それがまさに自分自身に対して問われることになる。

パムクにとって、文学は霊感によってもたらされるものである。霊感という風を帆にはらんで、作品は予期せぬ方向に進みもすれば、時には筆が滞ることもある。それでも、そうした霊感に開かれていることで、作品世界は描かれる。

文学を通じてこそ創り出すことができるそうした「もう一つの世界」、そこに子どものように純粋に没頭できることの幸せを描く一方で、パムクは、「政治的事件」に巻き込まれることで、その純粋さから引き離された経験も語る。そんな経験から知った、作品の実現にとっての作家の役割とは？

文学と政治の接点

「カルスで、そしてフランクフルトで」は、二〇〇五年年十月、ドイツ出版協会が毎年行うフランクフルト・ブックフェアで、ドイツ平和賞（賞金二万五千ユーロ）を受賞した時の講演である。この賞は一九五〇年以来毎年与えられている。

過去の受賞者の中にはアルベルト・シュヴァイツァー（一九五一）、ヘルマン・ヘッセ（一九五三）、カール・ヤスパース（一九五八）、ヤフーディ・メニューヒン（一九七九）などもある。トルコの作家ではヤシャル・ケマルが一九九七年に受賞している。

ドイツにはトルコからの移民労働者も多く、ドイツ社会におけるトルコ人の受容や経済的地位も、必ずしも良好とはいえない。そのようななかで、パムクがあえて語るのは、文学が果たす重要な役割のひとつ、「他者」の他者性を揺さぶることである。文学作品に描かれた物語は、読者にとっては、他者のことであるにもかかわらず、まさに自分のこととして受けとめられるかもしれない。同様にすぐれた作家は、自らを素材に、普遍的な人間の物語を描くことが可能である。すなわち文学の悦びとは、他者と自己の境界線に疑問を投げかけ、それを変化させ、楽しむことにあるのだ。

しかし、そうした問いの提示は、まさに小説がはらむ政治性と不可分である。特に小説が、声無き者の声を、抑圧された者の言葉を言語化するとき、それは民族や国家をめぐる、潜在していた緊張を表面化させることがある。

それでも、そしてそれだからこそ、パムクは小説の価値を擁護する。パムクにとってヨーロッパとは、そうした役割を担う小説という芸術抜きには考えられないものである。そうした芸術を生み出したヨーロッパが、トルコという「他者」をＥＵの中に受け入れるのかどうか、と問いかけるとき、トルコの小説家パムクの真骨頂が発揮される。

地域から世界へ

日本語版では特別に、作家・佐藤亜紀氏との来日特別対談(二〇〇四年秋)と二〇〇六年十一月『ミッリエト』紙に掲載された授賞式直前インタビューも収録される。

▲『イスタンブール』英訳版

二〇〇四年の初来日時に収録された佐藤亜紀氏との対談では、作家同士ならではの、執筆上の細かなエピソードが披露される。作品タイトルの決定に苦労するといった話も微笑ましい。

逆にノーベル賞受賞決定後の『ミッリエト』紙のインタビューでは、トルコの読者にいかに語りかけるか、注意深く言葉が選ばれている。「トルコの読者に愛されたい」「トルコ語は自分の全て」という発言には、たしかにトルコ国内向けのアピールが感じられるが、イスタンブールを愛し、そこに住み続け、既に『イスタンブール』という作品をものしているこの作家の、そのような一面を殊更取り上げることにいかほどの意味があろうか。むしろ地域性の追究が普遍性へと架橋された点に、パムク作品の真髄があるのではないだろうか。

ノーベル賞発表後、翻訳された言語は四九か国語に上った。ほとんどの国でも、出版社は五、六版をかさねたという。邦訳も刊行されている『雪』は総計百五十万部、『わたしの名は紅』は百万部売れたという。話題作『イスタンブール』の邦訳刊行を間近に控え、本書はパムクの思想と作品世界を知るうえでの恰好の手引きとなろう。

(わくい・みちこ/中東工科大学〔アンカラ〕勤務)

生誕一五〇周年記念

後藤の「仕事」の全体像をコンパクトに示す！

「公共の道」に貫かれた後藤新平の仕事

御厨 貴

「調査」が基本

■後藤新平は「先見性」と「広大なビジョン」を持ち、百年先を見通した「先駆的」な仕事をしていたといわれます。

同じ東北の岩手から、一歳違いで原敬が出ています。後藤は水沢藩で、原は南部藩でしたが、この二人を対比すると近代日本を考えるうえで非常に面白い視点が出てきます。原敬の場合は、ものすごく薩長に対する対抗意識を持っていた。それに対して後藤の場合は、生まれついてのコスモポリタン的な要素が強く、従来からの因習にとらわれない。何か事を始めるに当たって、きちんと土台になるものを「調査」して、その現実からあるべきものをつくり出していく。

彼が衛生局時代から調査をやっていく場合に、それは「科学的」調査ですね。そこに宗教とか迷信とかはないわけです。そのことによって彼は、衛生局長としてほかの人とは非常に違う面を持ち得た。医学を使っても、その医学の中に閉じ込められない。むしろ調査をやっている間に、彼の持っている潜在的な力が、専門性に封じ込まれないで逆にそれを突破していったと言えるのではないでしょうか。

調査に基づいた台湾統治政策

一八九八年に台湾の民政長官になったときも、最初に「旧慣調査」を行なって、それに基づいて政策を立案しようとする。そこにあるものが何であるかを見ない限りは、こちらからいくら新しいものを持ってこようが、それは絶対に中にきちんと入っていかないという確信めいたものが後藤にはあった。その点では、非常にソフトであって、まず人の言うことを聞くということである。

いわゆるアヘン漸禁策にしても、一挙に禁止するのではなくて、現実との妥協の中で少しずつ禁止にしていく。けれども貿易で使えるところは使いながらやる。現実主義者であり、かつ理想主義者であるということが言えると思います。

■一九〇六年に満鉄初代総裁に就任し「文装

■的武備論」を打ち出します。

台湾でのソフトな政策のあり方の延長線上に出てくる話だと思います。明治日本のスローガンは、ずっと富国強兵だったわけですね。それは、もう日露戦争でひとまず終わったのではないかという意識が後藤にはあったんだと思います。これからまた新しい開拓、新しいやり方で動かしていかなければいけない日本であると。そこでやはり対外関係をソフトランディングできるように、まさに「文」の方でまかなっていかなければいけない。平和的な対話で外交をやる、それこそが知恵だということですね。

▲後藤新平(ベルリン留学時代)

頭のなかの地球儀

■一九〇二年初の欧米視察でアメリカ合衆国を見て、わずか五年たたない中、ユーラシア(旧大陸)と新大陸を対峙させる発想を持った。

彼の頭の中には「地球儀」がある。普通の人だったら平面で見ているが、彼は立体で見ている。アメリカを見て、やはりこれは違う、これから何か大きな一つの文明をつくっていくものであると彼は認識したのだと思います。世界の全体の広がりの中で見て、それからまた日本から見て、そういう一種の複眼的な思考ができる。

一九〇九年か一〇年ぐらいにドイツのハンザ同盟に注目したり、ドイツに留学したときには、ビスマルクの外交術も学んでいる。ドイツというのは小さな国が集まった国家ですから、国境を越える発想がある。

彼がやってきた政策は一部、後進の帝国主義的な政策ではあったけれども、やはり帝国主義国家を乗り越えたかったんでしょう。「新旧大陸対峙論」と言ったときに、そこにあるのはユーラシアとアメリカです。つまり、既に国境を越えた存在として陸地があって、その陸地の間に広い海があって。国境というものをとりあえず取っ払ってみて、何ができるかを考える。その視点が、多分ほかの仕事にもつながってきています。

「公共」の精神の発露

■後藤は、資本主義が高度化するなかで重要

――になってくる「交通」「医療」「教育」という三つの「公共」の仕事を、全て行なっている。

一九〇八年の第二次桂太郎内閣で逓信大臣兼鉄道院初代総裁になりますが、そこでも単に鉄道を引くということではなくて、その裏に公共精神の発揮があった。それは国境を越えて世界に広がっていくということですから、やはり日本の鉄道は広軌でなければいけないと思ったわけですね。広軌改築論は政策論争としては敗北して、その実現は後藤の薫陶を受けた総裁十河信二による、六四年の東海道新幹線開通まで待たなければなりません。しかし後藤にとって、本当に広軌が日本にとって必要かどうかというよりは、精神において広軌でなければいけないわけです。日本国内の利益だけのことを考えて、あるいはもっと狭く地方利益だけを考えて、原敬のような狭軌の路線で行くことは、彼にとってはやはり許しがたいことであった。

そこから、彼がどうして政党政治を否定したかという話とつながってくる。政党政治は、薩長の側から見れば、薩長藩閥に対抗する「私」的な党であり、個別利益しか反映していない。その政党に国政を任せられるかという見方が薩長の側にはある。後藤は後藤で、いま言ったように全体的な公共の精神とか、全体的な文明の利益の推進から考えたときに、やはり政党は最終的には容認できるものではなかったということですね。

――東京市長のときには、環状道路とか百メートル道路といった計画を打ち出しています。

政治家がふつう考えているのは、自分のときにどう実現するかということですけれども、多分後藤の発想には、自分が死んだ百年先、何世代かしたときに実現すればいいというぐらいの射程距離の長さがある。悲しいことに、日本の近代を指導した薩長にも、それから後に出てきた政党政治の連中にもそういう発想はない。今どう実現するか、「現世利益」ですから。

放送の公共性

――後藤新平はＮＨＫの前身である東京放送局の初代総裁を務めていますね。

「放送の社会的役割」ということを彼は言った。電力事業についても彼はそうだったわけですが、放送についてもそうだった。ところが電力についての彼の仕事が早くも政党政治に蹴散らされたのと同様、放送の場合、戦後放送の許認可権を握っている郵政大臣としてこれを利益政治に使ったのが田中角栄です。田中角栄は郵政大臣のときに許認可権を使って、それ以来郵政は全部田中派のものになった。だから公共性もへったくれもないわけです、そこから後は。

私益を超える衛生・教育の思想

■二つ目の「医療」の面については……。

後藤が児玉源太郎から与えられた重要な仕事に、日清戦争の後の復員兵の検疫事業があります。元々医者ということもありますが、感染症対策にも重要な仕事をしている。つまり社会衛生なんです。彼は衛生局長の時代にも、医者の利益を守ろうとはしなかった。多くの衛生局の人間は医者との関連が強いですから、医者というプロフェッショナル集団との関係でしか考えないけれども、彼はやはり社会との関係で考えていた。

■それは、三つ目の「教育」にもつながる。

教育といったときに、彼の頭の中には旧帝国大学といった発想は全くなく、恐らく既成の大学体系ではつくり得ない人材をつくりたかったのではないでしょうか。彼が初代総裁を務めた少年団日本連盟がまさにそうです。ある意味で言うと、満鉄調査部だって、研究機関であると同時に巨大な教育機関ですよ。「通俗大学」という名前で、軽井沢や木崎湖畔に市民大学の前身もつくっている。晩年には「明倫大学」という、アジア諸国から先生も学生も呼んで、アジアに開かれた大学を作ろうとした。

そこにぽっかりと抜けているのが何かといったら「帝国大学」的教育体系です。「文部省立大学」ではだめだと。教育は、本当にやろうと思ったら私財を投げ打って自分の力でやらなければだめだということを、彼は身をもって示そうとした。

後藤新平は、最晩年の方が幸せだったのかもしれません。そういうところに行き着いたわけですから。（構成・編集部）

（みくりや・たかし／東京大学教授）

半世紀続いてきた世界政治の構造——その限界と未来とは。

国連に未来はあるか

池村俊郎

国連の基本理念を問い直す

イラク戦争開戦をめぐる国連安全保障理事会の分裂を契機として、国連改革論議に加速度がついたにもかかわらず、長期に渡る政府間交渉で練り上げられた改革案は、二〇〇六年の討議を経てことごとく頓挫した。日本外交の宿願である安保理常任理事国入りも、安保理改革の不調で先送りとなり、外務当局などに深い失望感が広がっている。

小泉首相自らが陣頭に立ち、新常任理事国の有力候補と目されるドイツ、ブラジル、インドと組み、今度こそと臨んだ改革論議の挫折は、各国の国益や思惑、ライバル意識が錯綜する巨大な国際機構の改革がいかに困難な事業であるかを知らしめてくれた。「日本が常任理事国になるなんて、絶対ありえないんです」と、悔悟と怒りの感情をまじえて私に話す日本の元国連大使経験者さえいた。

翻ってみれば、改革の政府間交渉が始まって実に一四年。東西冷戦の終焉をきっかけに本格化した改革交渉が実を結ばなかった意味は大きい。そこで改めて、創設時に比べ、加盟国数が四倍近い一九二か国（〇七年一月現在）に膨れあがった国際機構の存在意義を問い直す動きがある。それは政治世界のみならず、世界中の論壇で同様の問題提起が行われている。東西冷戦の終焉に加え、イラク戦争で突出した米国の一国主義によって、前大戦から半世紀を支えてきた従来の世界政治構造の限界が明らかになったからであり、その構造を前提に機能してきた国連の仕組みそのものと、屋台骨を支える基本理念や概念までもが問われるに至ったことを示している。

現実と理念の両面から

このような時期に、政治哲学の専門家で国連大学教授として東京に滞在した経験をもつジャン＝マルク・クワコウ教授の新著『国連の限界／国連の未来』が、藤原書店から翻訳出版の運びとなった。改革論に直面した国連に関する出版物は少なくないが、機構構造の諸問題に加え、基本理念に関する議論をいかに再活性化すべきか、国際機構の政治理念を根底からとらえ直した本書は、国連の未来を現実と理念の両面から考察できる視点を与えるユニークな内容となっているはずだ。

本書のユニークさとは、国連事務総長スピーチ・ライターとして中枢実務に関わる実体験をもった上で、西欧の法哲学と政治思想に精通した著者が、国際政治のリアリズムが交錯する世界機構を分析した点にある。機構トップの演説草稿を担当するには、個別問題ばかりか、該

▲J－M・クワコウ氏

博な知識に裏づけられた表現力を要求される。事態が刻々と動く国際情勢と、それに対する部内対応にも通じていなければならない。学者のもつ専門知識と理想論だけでは通用しない政治現場に立たされることを意味する。そうした実体験は、国際官僚機構としての国連が抱えた危機管理能力の欠陥を分析した本書の一章に見事に生かされている。

人権尊重のための国連

国連を動かす基本理念は、いうまでもなく国家の行為主体論から法の統治論、人権思想に至るまで西欧で生まれ、鍛えられた近代政治思想であり、国連とは西欧近代思想の申し子といってよい。だからこそ、筆者が本書で明快に指摘するように、米英仏の西側主要三か国は国連を「自分たちの文化の延長ととらえる」わけで、それゆえ世界機構を創設したと自負する欧米三か国が、安保理常任理事国の拒否権に代表される既得権益を容易に見直そうとしないことが理解できよう。

国連は広く知られる通り、国際連盟の失敗から教訓を学びとって世界平和を今度こそ守り抜く決意のもとで、前大戦後の四六年一月、五一か国が参加してロンドンで総会を開き、発足した。しかし、集団安全保障のアイデアとしては、それに遡る前大戦初頭、ナチ・ドイツが快進撃を続け、欧州大陸をほぼ制圧した時期に米英首脳が宣言した大西洋憲章（四一年八月）ですでに示唆されていた。それは日本軍の真珠湾攻撃で始まる太平洋戦争開戦前のことであり、その時点で米英両国は大戦後の世界を考え、国連のアイデアを練っていたのである。国連とはそもそも前大戦の連合国、戦勝国連合の

機構体であるという歴史事実が、このいきさつに明確に示されている。

こうして創設され、機能してきた国連が東西冷戦の崩壊と、今度の〇三年イラク戦争によって、前提条件というべき国際関係と基本理念を根本から揺さぶられる事態に直面することになった。クワコウ教授の著書が対象としたのは、まさしくこの時期から現在までにあたり、とくに国連の平和維持活動の成否とともに、米国外交と国連の関係に、クリントン、ブッシュ両政権にまたがって簡潔かつ明晰な検証と分析を加えていく。

それをたどれば、大変な成果という印象を持たれがちな九〇年代の平和維持活動が、実は失敗事例の方こそ多く、また、イラク戦争が象徴するブッシュ米政権の一国主義によって米国と国連の亀裂が決定づけられた感があるのに対し、むしろクリントン政権時代に早くも両者の深いミゾが刻まれていたことがよく理解できるはずだ。

教授がなぜ国連平和維持活動を重視するかといえば、それが本来、だれであれ、どこに住んでいようと、人々を対象とした「人権尊重の理念追求」の発露であるからであり、国境を越え、国家権利を制限してまでも人々の運命を担い合おうとする国際的連帯の礎と位置づけられるからである。「ほとんど不可侵のものだった国家権利が条件付きとなり、問い直され得る権利へと変化したことで、人権擁護で最低限の要件しか満たせない国々が最初に影響を被ることになるのだ」（本書第六章「国際的な法の統治に向けて」）。こうして人権尊重を出発点とし、国際社会全体が安寧を享受し合うために、国際社会を動かす基本理念や政治理念が一つひとつ洗い直され、その上で国連の役割が検討されていく。

国連の将来のカギ――米国

もう一つ、国連の将来のカギとなるのが米国である。クワコウ教授はその点で、国際社会の諸国家にヒエラルキーの体系を認め、米国が頂点に立つことに必ずしも不信を抱かない。ただし、それが国際社会の平和と安定につながるかは、米国の責任の自覚や外交の見直しが必須条件と主張する。たとえ米国の持つ力が強大であれ、一か国で成し遂げられることに限界があるのはイラク戦争が証明した。イラク情勢で傍観者に置かれた国連だけでなく、米国単独の力もまた、国際平和の達成に失敗したのである。

国連の未来を問い直す論議が世界にあると先に書いた。たとえば、国連事務総長特別代表としてイラクを始め、各地の紛争調停に活躍するラクダハル・ブラヒミ元アルジェリア外相が仏国際関係研究所（IFRI）編集の季刊外交専門誌『ポリティーク・エトランジェール』（〇六年冬季特別号）に、「国連は二〇三四年に生き延びているか」というタイトルで論考を寄せている。将来の国連と米国の関係を三つのシナリオのもとで考察し、国連の未来を論じたものだ。世界の論者たちのこうした論議を、国連を未来永劫の機構ととらえる必要はないとする知的試みの表れと理解するのは行き過ぎであろうか。

日本の国連外交の何が問題なのか

本書は日本版向けに最後の一章を書き下ろし、国連と日本を論じる。安保理常任理事国入りできなかった日本は何をなすべきか。日本の国連外交の何が問題なのかを専門家の立場から指摘し、提言する。私は訳者として、この章まできてこう考えた。国連が求めているのはたんに安保理拡大とか、分担金のより公平な負担とか、国際官僚組織の効率化ばかりではないのではないか。西欧の近代政治思想の申し子たる国連は新たな状況への適応にもがきつつあり、国連がグローバル・ガバナンスの中心に立つために理念上の偉大なる脱皮を迫られているのではないか。日本やインドが常任理事国入りする日があるとすれば、その時、東洋アジアの思想や理念がともに持ち込まれ、国連の基本理念をさらに豊壌なものにしなければならないのではないか、と。

アジア経済の台頭で世界のパワー・バランスは日々変化しつつあり、地球温暖化、テロの日常的脅威、食糧エネルギー枯渇など従来型の安全保障の枠組みではとらえきれない危機と脅威にも直面しつつある。だからこそ、国連が偉大なる脱皮を成し遂げて、グローバル機構として再活性化する日が望まれる。日本が途上国支援や平和維持活動を支えていくだけにとどまらず、国連に理念的な貢献も求められていると考えれば、国連の未来への関わりを狭くとらえる必要はないのだと思えてくる。その出発点として、クワコウ教授がつまびらかにする現在の国連が抱えた限界点を徹底的に読み解いておきたい。

（いけむら・としろう／読売新聞社調査研究本部主任研究員）

国連の限界／国連の未来
J－M・クワコウ
池村俊郎・駒木克彦訳
四六上製　三一二頁　三一五〇円

リレー連載　今、なぜ後藤新平か 21

後藤新平の高い知性と広大な視野

明治大学名誉教授
三宅正樹

後藤新平の東亜経済同盟構想

後藤新平は、一九一六年十月、内務大臣として寺内内閣に入閣した。実質上の副総理であった。後藤は、十一月二十一日付けの覚書によって、新内閣の対中国政策が、東亜経済同盟建設をめざすものであることを明らかにした。後藤はこの覚書の中で、第一に中欧経済同盟、第二に連合国経済同盟、第三に米国の経済財政という「世界経済政策の三要素」に対抗して、東亜経済同盟を設立すべしと主張している（鶴見祐輔著『〈決定版〉正伝・後藤新平』「第六巻寺内内閣時代」藤原書店、二〇〇五年、六九～七〇頁）。

後藤はこの覚書で、欧州大戦の結果、日本の輸出超過による正貨蓄積が増加したが、この余剰財源によって東亜経済同盟の基礎を固めるべきであり、具体的には中国に有効な投資をすべきであると述べている（同書、七六頁）。このような構想の上に立つ後藤は、西原亀三が中心となった段祺瑞（だんきずい）政権への西原借款に対して初めは賛成していた。しかし、一九一八年七月に外務大臣に転じて、北京駐在の公使林権助（はやしごんすけ）からその実態を知らされると、後藤は借款の停止に動く。西原借款は放漫な浪費に終わったが、後藤が停止を働きかけなければ、財政の出血はさらに厖大になっていたであろう。ここで印象的なのは、第一次世界大戦のさなかにドイツ、オーストリア＝ハンガリーの間で企画された中欧経済同盟への動きを、後藤がいち早く的確に把握していたという事実である。

ナウマンの中欧経済同盟構想

一九一五年一〇月、ドイツの政治家であり思想家でもあったフリードリッヒ・ナウマンは『中欧論（ミッテルオイローパ）』を刊行して、ドイツとオーストリア＝ハンガリーが大戦終了後に中欧経済同盟を結成すべきことを説いた。同書は、両国の戦争目的を宣言したものとして英仏でも注目され、ただちに英訳、仏訳が出現した。ナウマンは同書で、大英帝国、米国、ロシアがそれぞれ、ロンドン、ニューヨーク、モスクワを中心とする巨大な経済単位となろうとしている情勢の中で、ドイツとオーストリア＝ハンガリーが大戦後、それぞれ単独で対抗するのはもはや不可能であろうから、中欧経済同盟を結成してこの情勢に対抗しなければならず、このことが大戦で共に戦ったことの結果とならなければならない、と説いている。

▲後藤新平

世界全体への目配り

無類の読書家でたえずドイツ語の原書に親しんでいた後藤は、ナウマンの本を読んでいたのではないかと思われる。後藤の愛読書であり、後藤がそこから新旧大陸対峙論の着想を得たエミール・シャルクの『諸民族の競争』は、独仏両国が抗争をやめて中欧国家連合の中核を形成し、巨大化する米露に対抗すべきことを説いていたから、ナウマンの発想も後藤にとって全く未知のものではなかったはずである。ドイツ側の敗北によって中欧経済同盟は一抹の夢と消え去り、後藤の東亜経済同盟も具体化はしなかった。

後藤の東亜経済同盟構想との間に直接の因果関係はないけれども、このような発想は少し形を変えて、一九三六年に創設された昭和研究会の中心となる哲学者三木清の東亜協同体論にも、哲学者廣松渉が亡くなる直前の一九九四年三月に『朝日新聞』夕刊に寄稿した東亜新体制論にも発現している。

東亜経済同盟論の評価には慎重さが必要で肯定的に扱うのは至難である。にもかかわらず、当時の政治家の水準をはるかに超えた後藤の高い知性と世界全体に目配りしていたともいうべき視野の広さだけは、ここにも十分にうかがわれるのである。

（みやけ・まさき）

リレー連載

いま「アジア」を観る 53

琉球弧にアジアを観る

前利　潔

那覇市牧志にある公設市場には、豚の顔や足などがそのままの肉塊でぶらさがっている。鹿児島から来た記者にとって、これまで見たことがない光景だった。記者だけではない。日本から来た観光客も、市場の光景を見てカルチャーショックを覚えるという。ところが、台湾や香港などアジアから来た観光客は自分たちの生活空間と同じ光景をみて、ほっとするという。（南日本新聞社編『かごしま黒豚物語』）

記者は鹿児島黒豚のルーツをもとめて、奄美諸島から沖縄島へ渡った。「（豚の）鳴き声以外は全部食べられる」（公設市場の女性）。取材を通して記者は、「豚を食べることに対する、奄美や沖縄を除く日本の底の浅さ」を感じた。琉球弧の島々の中に根づくアジア的なものを肯定的に認識したのである。

逆に、琉球弧の島々に否定的なアジアを観たノンフィクションライターがいる。十年前、神戸で起きた児童連続殺傷事件。犯人とされる少年Aの両親は奄美諸島の、ある島の出身であった。

高山文彦は奄美諸島のユタ文化、豚やヤギなどの食文化を断片的につなぎあわせて、その島には「生贄の首を捧げる儀式」があったとでっちあげ、事件と島を結びつけた（『新潮45』九七年一〇月号）。さらには、「この島と海流でつながる東南アジアの少数民族のなかには、（中略）ほかの民族の首を刈りにいかせる儀式があった」と、ゆがんだかたちで島とアジアの他の地域を結びつけた。

日本列島は海流で東南アジアとつながっていないのだろうか。アジアでの日本軍の蛮行を見ると、日本人こそ「首刈り民族」というべきではないか。

琉球弧の食文化は東アジア、特に中国の影響を強く受けている。琉球弧には肉食のタブーはなく、被差別部落は存在しない。高山の琉球弧、アジアに対するまなざしは、日本人の被差別部落に対する差別と偏見のまなざしと共通する。

読者も那覇の公設市場を訪ねて、自分の〈まなざし〉を試してみてはどうか。琉球弧の島々に〈癒し〉ではなく、〈アジア〉を観てほしい。（まえとし・きよし／知名町役場勤務）

■連載・生きる言葉　2

批評に哲学を

粕谷一希

「メタフィジック批評の旗の下に」

三角帽子

この『文學界』に連載された匿名批評は昭和二〇年代の終わりを飾った華やかな文章であった。

三角帽子とは、のちに服部達、遠藤周作、村松剛の三人であることが解ったが、やはり服部達が主唱し、全体の気分と調子をつくりあげていったのであろう。歯切れのよい、批評という行為に哲学（形而上学）再興の必要を強調した文章であった。それは凡庸な左翼批判ともなっていて挑戦的挑発的な文章でもあった。面白い論争が捲きおこることを期待されたが、ナント、服部達の失踪死で挫折してしまった。

のち、遠藤周作や村松剛は、それぞれ、カトリック作家として、A・マルローに倣った右派の行動的批評家として活動を展開していった。ただ、この段階では、服部達はあまりに大上段に構え過ぎ、経験と思想の未熟さが一種の絶句状態を引きおこしてしまったように思われる。

しかし、無頼派や第一次戦後派が、いずれも骨太で、構想力の雄大さをもっていただけに、第三の新人がマイナーな存在として印象づけられてしまったことは、服部達の挫折が大きく関係しているように思われる。

服部達の「われらにとって美は存在するか」の問いは、吉本隆明に引き継がれたのかもしれない。戦中派世代を再考察してみる必要があるだろう。

（かすや・かずき／評論家）

Le Monde

■連載・『ル・モンド』紙から世界を読む　51

文化相対主義の落とし穴

加藤晴久

ドイツ・フランクフルトの家庭裁判所にモロッコ出身の二十六歳の移民女性が夫の暴力に耐えかねて離婚訴訟を起こしたところ、女性判事が訴えを退けた。「不服従が危惧される妻は叱責せよ。別の寝床に追いやれ。ぶて」という『コーラン』の一節（四章三八）を引用し、イスラム教では「妻を罰する権利」が認められている、と裁定を根拠づけた。女性の弁護士の抗議に対して、「この夫婦の文化環境においては男性が妻を罰する権利を行使するのは稀なことではない」と回答した。

マスコミがこれを伝えて、政党、女性団体、イスラム教徒団体を巻き込む騒ぎになった。法務大臣は「特殊なケース」と述べたが、より一般的な傾向の現われと見る向きもある。「名誉殺人 crime d'honneur」に対する刑が軽くなる傾向がある、という。交友関係を理由にトルコ系の若い女性が兄に頭に三発打ち込まれて殺されたが、兄は九年三ヶ月の「寛大すぎる刑」を言いわたされた（〇六年）。離婚を求めた妻を短刀で四八回刺して殺したクルド人男性が「出身地域固有の価値観」ゆえに動機の卑劣さを自覚できなかったという理由で単純殺人罪で裁かれたこともあった（〇四年）。

「今回のフランクフルトのスキャンダルは、文化相対主義がどんなに危険なものであるか、ドイツに暮らすものは基本法（憲法）を尊重しなければならないことを示すことによって、移民統合の問題の論点を明らかにした」と、ある国会議員が総括した（『ル・モンド』〇七・〇三・二四）。

実はこの問題、ドイツに限らない。移民受け入れ大国カナダ・オンタリオ州でも、家庭内紛争をカナダの一般法でなく、イスラム聖法（シャリーア）に準拠して調停する特別法廷の設置を認めようとする動きがあった（『ル・モンド』〇五・一〇・一二）、「信教の自由」の名のもとに一夫多妻の合法化を要求する動きもある（〇六・〇二・一二）。

十八世紀啓蒙時代のたたかいをとおして確立された「トレランス tolérance」という、自由と人権の土台になっている原理と、なんでも認めるのをよしとする「寛容」とを区別する必要があるようだ。

（かとう・はるひさ／東京大学名誉教授）

triple 8 vision 72

"あらゆる限界づけを、……彼=フィリップ・ラクー=ラバルトは、許しがたい不正義と感じていた"

吉増剛造

右の標（しるし／mark）は、『環』（vol.29 p.367）の、ジャン・リュック=ナンシー氏による、優れた、……というよりも、哀悼の小さな火の点（とぼされるとかさなっていて正確には誤用ですので、傍点を）がともされる、このときこそが一期一会の、そのときに綴られたものらしい、心に沁み入るような文章（の息遣い、……）からの咄嗟の引用だった。まづ『機』（vol.188 p.6）の抜粋のページに👁が、ミミがすぐにはそれとは判らない種類の微（きざし、……）のようなものの立ちあがりに驚き、この佳文三篇を、部分的には読んでいたのだが、そのときにも、きっと編集者がしたであろう"切り出し"に、驚いていた筈である。（Emily Dickinson なら）斜めにさすひかり、……というのだろうか、ひとの死の間（あひだ、……）に射すひかりが、もたらすものに、わたくしたちは驚きつづける。その僅かな裂開（……というよりも"裂け"、……）を、稀かな戸口にして、わたくしたちもまたわたくしたちの生の辿（たど、……）りを、僅かに変えるものらしい、その物音を、思いも懸（か）けずに耳にするという経験が、"驚き"の内実であったのではなかったのかと、👁も眩む思いがしていたのであった。絶筆の『消失』への序」で、フィリップ・ラクー=ラバルト氏は、こう書き残していた。"そう、私は二度死んだ……数ヶ月の間をおいて。……しかし、そのたびに私は、世界として立ち現れるものとは、まずなによりも、世界が存在しているという（世界が現前しているという）事実そのものであり、しかもこの世界の存在は、

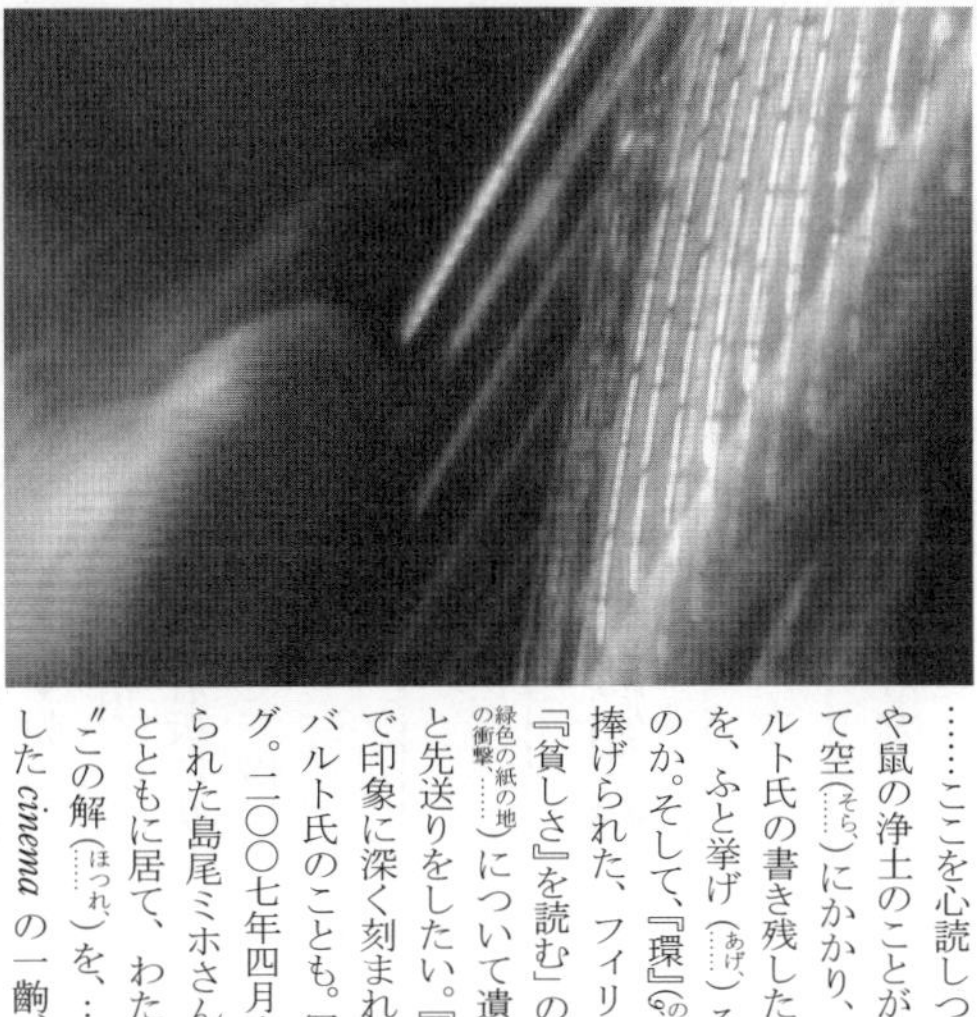

知覚不可能な仕方で、万物の充実した存在に先行しているのだという、束の間の直観をえた"（西山達也氏訳、原文傍点、……）。わたくしの切り出しもまた、幾度も、このひかりの戸口の裂けに戻って来ては、ここに佇んでいたい、……たとえばこれは"心の刃（かたな、……）"の閃きであって、これは理会や注釈というものではない。……ここを心読しつつ、何故かふと、浦島太郎や鼠の浄土のことが、フシギの香りをともなって空（そら、……）にかかり、フィリップ・ラクー=ラバルト氏の書き残したこの行（くだり、……）に来て、頭を、ふと挙げ（あげ、……）るようにしたのは誰だったのか。そして、『環』（p.368～の見開きの）ジャック・デリダに捧げられた、フィリップ・ラクー=ラバルトの『貧しさ』を読む」の手書き原稿（浅利誠氏、同夫人、西泰志さんによって知った緑色の紙の地の衝撃、……）について遺作を読み込みつつ、次号へと先送りをしたい。『環』創刊のとき、東大駒場で印象に深く刻まれたフィリップ・ラクー=ラバルト氏のことも。写真は、縁（ゆかり）のストラスブルグ。二〇〇七年四月十一日、まだ奄美で亡くなられた島尾ミホさんの声と仕草と無言の教えとともに居て、わたくしも舞台に坐りながら、"この解（ほつれ、……）を、……"をと、何故か咄嗟に回した *cinema* の一齣、*Jean-François Pauvros* 氏のギターの糸の言葉の坂（さか、……）、裂（さけ、……）、……。

（よします・ごうぞう／詩人）

連載

帰林閑話 150

夢三夜

一海知義

▼中国人の友人が、「厳師は高弟を出だす」という言葉を教えてくれた。

「しかし」、と私は言った。「偉い先生から先生を超える偉い弟子は出ないもんだよ。孔子しかり、魯迅、漱石、みなそうじゃないか」。

そこへ突然、恩師吉川幸次郎先生が現れ、感にたえたように仰った。

「ほんまやなあ」

びっくりしたら、目が覚めた。

▼陶淵明がわが家を訪ねて来るという。どんな酒を用意して歓迎すればいいだろう、とあれこれ考えていた。

それを聞きつけた中国人の友人が、

「陶先生の故郷の地酒、西林薫酒に限るよ」

と言ってきた。西林は先生の郷里、廬山のふもとにある西林寺である。

「なぜだ」

と聞くと、友人は言った。

「蘇東坡が『西林の壁に題す』で言ってるじゃないか。

廬山の真面目を識らざるは

ただ身のこの酔中に在るに縁る

あの『酔中』は、西林薫酒で酔っ払ったことを言ってるんだよ」

よし、よしと、準備を始めようとしていたら、陶先生からメールが入り、ギックリ腰で行けなくなった、とのこと。

がっかりしたら、目が覚めた。

▼朝、散歩に出た。公園のはずれに「安倍クリニック」という貧相な医院がある。看板に新しいペンキで何か書いてあるので、傍に寄って、見た。

今後、診療科名を次のように改めます。

産婦人科→出産機械科

婦人科→①健全婦人科、②不健全婦人科

①は二人以上出産を望んでいる方、②はしからざる方。

帰宅して、さっそくYという大臣に電話しようと、受話器を取ったら、目がさめた。

（いっかい・ともよし／神戸大学名誉教授）

（パロ旧国際空港壁面に描かれていた龍の絵／ブータン、パロ）

連載・GATI 88

龍の国ブータンがめざす「国のかたち」

—— 雷鳴（龍の啼き声）が宿った吉祥の国／「龍と蛇」考 ⑩ ——

久田博幸
（スピリチュアル・フォトグラファー）

中国とインドに挟まれたヒマラヤ南麓の小国、ブータン王国の正式名称は公用語（ゾンカ語）でドゥック・ユル（龍の国）という。国名の由来は、「西蔵僧ツァンパ・ギャレー・イシェ・ドルジが西蔵で寺院を建立中、突如雷鳴が轟いた。雷は龍の啼き声といわれており、吉祥を意味する。すぐに寺院名をドゥック（龍）に、彼が開祖となる西蔵仏教の宗派もドゥック派とした」という話に因む。

一九七四年に、十七歳で王位を継承した第四代国王ジグメ・センゲ・ワンチュクは、その戴冠式で「大切なのは国民の総生産量よりも国民総幸福量である」と「国のかたち」を明確に掲げた。その後、二〇〇六年末に譲位したが、六十五歳国王定年制、王制下の総選挙の実施、民族衣装の着衣、建築物（ガソリンスタンドに至るまで）の伝統様式維持、森林乱伐の禁止、合成樹脂製品の禁止、戸外での禁煙（旅行者も含む）など厳格かつ明快に自らの国を律する。

リハビリ・介護難民を作り、政治家・役人優先で税金を浪費する一方で、観念的な美しい国を標榜する我国と天淵の差ほどの開きを見る。

四月新刊

後藤新平生誕一五〇周年記念特別企画

環 学芸総合誌・季刊 【歴史・環境・文明】 Vol. 29

［特集］**世界の後藤新平／後藤新平の世界**

〈シンポジウム〉加藤陽子＋木村汎＋榊原英資＋塩川正十郎＋松田昌士＋御厨貴

〈寄稿〉「高野長英、安場保和、後藤新平」鶴見俊輔／「後藤新平とスターリン」G・ボルヂューゴフ／V・モロジャコフ／D・ウヴァ／張隆志／三宅正樹／駄場裕司／武田徹／清水唯一朗／若月剛史／春山明哲

〈同時代人が語る後藤新平〉新渡戸稲造／大川周明／C・ビーアド

「後藤伯大風呂敷の内容」東海隠史

［小特集］**私にとっての後藤新平**

片山善博／増田寛也／養老孟司 他

［小特集］**追悼 Ph・ラクー＝ラバルト**

未発表インタビュー／ナンシー他

〈特別寄稿〉「独創的で開かれた文芸批評家、バルバラ」加藤周一

菊大判　四一六頁　三三六〇円

38億年の生命の歴史をミュージカルに！

いのち愛（め）づる姫

ものみな一つの細胞から

中村桂子
山崎陽子 作 堀文子 画

全ての生き物を、ゲノムから読み解く「生命誌」を提唱した生物学者、中村桂子。ピアノ一台で夢の舞台を演出する〝朗読ミュージカル〟を創りあげた童話作家、山崎陽子。いのちの気配を写し続けてきた画家、堀文子。各分野で第一線の三人が描きだす、いのちのハーモニー。

B５変上製　九〇頁　カラー64頁　一八九〇円

能の現代的意味とは何か

能の見える風景

多田富雄

脳梗塞で倒れてのちも、車椅子で能楽堂に通い、能の現代性を問い続ける一方、新作能作者として、『一石仙人』『望恨歌』『原爆忌』『長崎の聖母』など、能という手法でなければ描けない、筆舌に尽くせぬ惨禍を作品化する。作り手と観客の両面から能の現場にたつ著者が、なぜ今こそ能が必要とされるのかを説く。

B６変上製　一九二頁　写真多数　二三一〇円

Ph・ラクー＝ラバルト追悼企画

貧しさ

ハイデガー＋ラクー＝ラバルト

西山達也訳・解題

「精神たちのコミュニズム」のヘルダーリンを読むことは、マルクスをも読み込むことを意味する――全集未収録のハイデガー、そしてラクー＝ラバルトのマルクス―ヘルダーリン論。

四六上製　二一六頁　三三六〇円

「ドイツ哲学」の起源としてのルソー

歴史の詩学

Ph・ラクー＝ラバルト

藤本一勇訳

「私のテーゼは、〈歴史〉の思考の起源にいるルソーに対する、ハイデガーの片意地をはった盲目さがあるということだ。この盲目状態は、実際ハイデガーの盲点となるだろう。」

四六上製　二一六頁　三三六〇円

読者の声

民俗学と歴史学■

▼最後に赤坂さんの「生」中の生の声が聞こえてきましたね。企みと言おうか覚悟と言おうか。それにしても網野さんの覚悟もまた凄い。自ら「落ちこぼれ」、「焚書の対象」「日暮れて道遠し」などと憮然たる思いを洩らしておられるのを見ると、どこの世界でも「異端」は生き辛いんだなと。網野さんほどの方でも。しかし残るんですね。金子文子も、戸坂潤も、石堂清倫も、竹内好も、武田百合子も、上野英信も。誰かが手渡しで後世に伝えていきます。「はじめに地域がある」とおっしゃる。そう。地方（じかた）、地元こそ各自の生きていく足掛かりであり記憶のようがです。薄っぺらな常識に抗しましょう。

（山口　家守　**岩崎保則**　53歳）

二・二六事件とは何だったのか■

▼小生、松本清張の『昭和史発掘』以来、二・二六関係の出版物を読み、新たな本が出るたびに視野が広がってきましたが、貴社の本書の視点で更に広くなるとともに、新たな課題が見えてきました。特に今回は、二・二六の盗聴を記した本と併読しましたので、ことさら新鮮味を感じました。

（京都　**瀬野一司**　62歳）

▼大正十五年生れ、昭和史全期の生涯を、昭和同時代を共に生きて来た者として、緻密な編集の御努力に対して感動致します。今生有る限り、昭和の日本を誇りに思って、読み、勉強させて頂きます。

（香川　**泉田圭介**　80歳）

いのちの叫び■

▼自室にこもって、二晩で拝読致しました（堀文子さんのカバー絵、とても素敵です）。八十歳を目前の〝むかしの皇国少女〟として特に、鎌田實氏、高橋世織氏の文を感銘深く拝読。はじめて〝社会〟に眼を向けさせ、行動へと一歩ふみ出させてくれた石牟礼氏の全集に感謝しております。

（東京　**竹内光栄**　79歳）

▼「命を大切に」これをもっともっと大声で叫びたい。

（兵庫　臨床心理士　**村山實**　80歳）

『環』27号〈特集・誰のための金融か〉■

▼杉原志啓氏の論考「市場と道徳」を拝読し、坂本多加雄先生の姿や言葉を想い起こしました。坂本先生の仕事を継承し発展させていこうと尽力されている杉原氏に敬意を表します。と同時に、平凡な一学徒に過ぎなかった私も坂本先生から受けた学恩を何らかの形で次の世代へ伝えたいと考えております。〝催合庵〟の試み、素晴らしいと思います！　そうした場で是非「真・善・美」について語り合いたいものです。

（東京　公務員　**松本朗**　44歳）

日本文学の光と影■

▼文学に興味を持っていても、昨今出版される文学の本をほとんど読んでいない。多分、この本も『朝日新聞』紙上で紹介されていなかったら読んでみたいとは思わなかっただろう。この本を通読しただけだが、読み終えた後、何かを書かなければという思いがあるが、充実した時間を持ったということしか書けなかった。この作者の本をもっと読みたいというのが、今の私の心境である。

（兵庫　**池田隆司**　57歳）

入門・世界システム分析■

▼グローバル化が進んでも「国民国家」の枠組が簡単に崩れることはないでしょうが、ネットワークの利用方法では国家の主権の範囲を超えた事実も多く発生しています。この時期にこそ著者の提唱する「世界シス

テム」とその構造の変化に目を向けることは国民国家の方向を定めていくにも必要なことでしょう。

（兵庫　コンサルタント　**石井治**　73歳）

西欧言語の歴史■

▼ラテン語の勉学のようすがに言語の歴史に興味があったので参考のために購入。判りやすく読み易い。訳文もよくこなれていると思います。東洋の言語にもこの様な本があればと思います。

（神奈川　**岡田愛己**　79歳）

ハルビンの詩がきこえる■

▼この本の著者と同時期に同じ場所で生活していたことがあり、非常になつかしく読ませていただきました。（東京　主婦　**尾形勇子**　92歳）

▼ハルビンの日々の生活をつづったものは市販のものとしては少ないのではないか。大方は、敗戦後の混乱を批判的にまとめたものである。本書はロシア人の生活によくふれてあり、当時のハルビンの一断面を知ることができた。

（兵庫　公務員　**久下隆史**　57歳）

鞍馬天狗とは何者か■

▼貴社の出版企画には大変敬意を表しています。他の出版社とは一線を画した方針と私の考え方とは、ほぼマッチしていて、出版される書籍が、一人でも多くの人々に読まれるように祈っています。

（東京　公認会計士　**間宮隆**　56歳）

ジャンヌ■

▼現代作家にはこんな作品は絶対に書けないだろう。——何故なら彼女〔G・サンド〕は作品を頭で書くのではなく、深い詩的心の水面下で書いているのだから……！

（高知　**片山和水**　73歳）

苦海浄土　第二部　神々の村■

▼三十年も前に『苦海浄土』『天の魚』を読みながら、日常の中に埋没してきた自分を大変恥ずかしく思いました。物事を論理的に考えようとして、その論理の網の目から、大事なものを取りこぼしてきたことを思いました。（三重　**吉田光男**　75歳）

雪■

▼イスラム社会への造詣が特に深い訳でもないが、イスラム圏に三年間暮らしてみて、その独特の雰囲気に興味を持った。この小説で描かれているのは、現代的な考えを持つ詩人と、古くからある「神」への信仰に格別深くこだわる人々との心の葛藤の物語で、最終部は一息に読みこんだ。美しくも厳しい「雪」を狂言まわしに、心のうつろいと、人類と宗教のかかわりの終わりのないことを暗示させ、哀しい物語に心を打たれました。次作にも期待したい。

（青森　会社員　**伊賀一善**　50歳）

ハンセン病とともに■

▼岡部伊都子さんの随筆との最初の出会いは高校二年生の時でした。短大に入学してすぐ、『おりおりの心』を買い求め以来、岡部さんの著書を目にするたびに購入し、今も私の宝物です。子育て・仕事・家事との両立で本を読むことから遠ざかった頃も、岡部さんの著書は身近に置いていました。夜、ほんの数行を読むだけで、その透き通るような美しさと真実の言葉に心の淀みが消えてゆきました。岡部さんの著書には、いつも心救われました。

（千葉　**仲田眞利子**）

環境学　第三版■

▼分かり易く、良心的記述で充実した内容（全部を読了はしていないが）大変好感が持てた。

（千葉　**山本俊一**　73歳）

※みなさまのご感想・お便りをお待ちしています。お気軽に小社「読者の声」係まで、お送り下さい。掲載の方には粗品を進呈いたします。

書評日誌(三・一〜三・三一)

(書) 書評 (紹) 紹介 (記) 関連記事
(TV) 紹介、インタビュー

三・一 (書) サライVol. 19 No. 5「伊都子の食卓」(「サライ ブックレビュー」/「読む」/「人生の折節に出会った味を思いを込めて綴った随筆集」/住友和子)

三・三 (紹) 東京新聞「民俗学と歴史学」(「筆洗」)

三・三〜二五 (紹) 共同通信社配信「いのちの叫び」(「新刊紹介」)

三・五 (紹) 読売新聞「イスタンブール」「父のトランク」「環28号〈特集・鶴見和子の「詩学」〉」(「ひと 和久井路子」/「ノーベル賞中東作家の心を伝える」)

三・七 (記) 毎日新聞「後藤新平の全仕事」(「余録」)

三・一〇 (書) 週刊東洋経済「リフレクシヴ・ソシオロジーへの招待」(「竹内洋の読書日記――第六回」/「読んでもわからない翻訳書に学者と学問の病理が見える」)

三・一四 (紹) 撃竹「いのちの叫び」(「柳緑花紅」)

(記) 日本経済新聞(夕刊)「日本を襲ったスペイン・インフルエンザ」(「夕刊文化」/『学ばなかった歴史』に学べ」/「新型感染症 日本の備えは」/「歴史人口学者 速水融さん」)

三・一五 (紹) 週刊文春「黒衣の女 ベルト・モリゾ」(「文春図書館」/「私の読書日記」/「古書、中国人、ベルト・モリゾ」/鹿島茂)

三・一七〜二五 (書) 共同通信社配信「遺言」(「命の限り伝えた死生観」/「多様性認める大切さ」/「胸を打つ病床の記録」/大石芳野)

三・一八 (書) 読売ウイークリー「生きる希望」(「この本にさぷらいず」/「堕落を招いた隣人愛」/「西欧近代に日本の今が重なる」/芹沢俊介)

三・一九 (書) 東京新聞(夕刊)「遺言」(「大波小波」/「鶴見和子の〝遺言〟」)

(記) 南海日日新聞「琉球の『自治』」(「久高島で『琉球の自治』語る」/「次回開催、宇検村に内定」/「文化、住民の生き方まで論議」)

三・二〇 (書) エコノミスト「政党と官僚の近代」(「榊原英資の通説を疑え」/「日本政治の未来と政・官のマネジメント」)

(紹) エコノミスト「空と海」(「新刊」)

三・二五 (紹) 読売ウイークリー「民俗学と歴史学」(「今週の八冊」)

三・二六 (記) 朝日新聞(夕刊)「ブルデュー」(「こころの風景」/「パノフスキーとブルデュー」/黒田日出男)

三・二八 (紹) 朝日新聞(夕刊)「環28号〈特集・鶴見和子の「詩学」〉」「E・トッド インタビュー」(「論壇時評」/「世論の回路」/「少数者も適切に代表」/「専制化せぬ最低条件」/杉田敦)

(紹) 朝日新聞(夕刊)「環28号〈小特集・韓国の民主化運動と日本の役割〉」(「注目!今月の論考」/「思想・社会・運動」)

三・二九 (紹) 日刊ゲンダイ「空と海」

三月号 (紹) クレヨンハウス通信Vol. 314「苦海浄土」「竹内浩三集」(「Woman's EYE Vol. 151」/「本のつくり手による新刊紹介」)

(紹) ゆうゆう「まごころ」(「沈黙の言葉」)

(紹) 国際交流基金 Japanese BookNews「ハルビンの詩がきこえる」(NewTitle)

六月新刊

＊タイトルは仮題

メディアの中の「水俣病」を徹底検証

「水俣」の言説と表象

小林直毅編

なぜ初期「水俣病」は全国報道されなかったのか。活字及び映像メディアの中で描かれ、見られた「水俣」を検証し、「水俣」を封殺した近代日本の支配的言説の問題性を問う。

「戦後文学」を問い直す、画期的シリーズ！

戦後占領期 短篇小説コレクション（全7巻）

3　一九四八年　第2回配本

［解説］川崎賢子　［解題］紅野謙介

尾崎一雄／網野菊／武田泰淳／佐多稲子／太宰治／中山義秀／内田百閒／林芙美子／石坂洋次郎

日韓の碩学による「対話＝歴史」。

歴史の共有体としての東アジア

日韓の相互理解から

子安宣邦＋崔文衡

〝一国化〟する「歴史」。だがどの国の歴史も隣国との関係、世界史の中でしか捉え得ない。日韓の同世代の碩学が、次世代に伝える、渾身の「対話＝歴史」。

ＩＴ＆金融主導の〝改革論〟の虚妄。

「ニュー・エコノミー」批判

21世紀型経済成長とは何か

ロベール・ボワイエ

井上泰夫ほか訳

規制緩和・ＩＴ・金融が、インフレなき成長をもたらすという各国の改革のモデルたる、米国の「ニュー・エコノミー」論。ＩＴ神話と金融バブルを生みだしただけのこの理論の虚妄を衝く。

近代日本社会のグランドデザインを描いた男

『〈決定版〉正伝 後藤新平』別巻

後藤新平大全

必備書

御厨貴編

1　事績集（通史と事績）
2　後藤新平に関する詳細年譜
3　著作・関連文献一覧
4　人名索引（約三〇〇〇人）
5　関連人物紹介（約二〇〇人）
6　人物相関図
7　地図・資料（東北諸藩／水沢／台湾／満洲／外遊ルート／東京都市計画／系図／歴代台湾総督＆民政長官・歴代満鉄総裁一覧／歴代内閣閣僚）

ノーベル文学賞受賞作家、待望の最新作！

イスタンブール

街と思い出

写真多数

オルハン・パムク

和久井路子訳

画家を目指した二十二歳までの〈自伝〉と、フロベール、ネルヴァル、ゴーチエら文豪の目に映ったこの街、そして二〇九枚の白黒写真――喪われたオスマン・トルコの栄華と自らの過去を織り合わせながら、胸苦しくも懐かしい「憂愁」に満ちたこの街を見事に描いた傑作。

4月の新刊

タイトルは仮題

父のトランク ＊
ノーベル文学賞受賞講演
O・パムク／和久井路子訳
B6変上製　一九二頁　一八九〇円

後藤新平の「仕事」 ＊
藤原書店編集部編
A5判　二〇八頁　一八九〇円

国連の限界／国連の未来 ＊
J-M・クワコウ／池村俊郎・駒木克彦訳
四六上製　三一二頁　三一五〇円

戦後占領期短篇小説コレクション 発刊（全7巻）毎月配本
[編集委員] 川崎賢子・紅野謙介・寺田博
2 **一九四七年** ＊ [解説] 富岡幸一郎
4 **一九四九年** ＊ [解説] 黒井千次
四六変上製　各二八八頁　各二六二五円

近刊

イスタンブール 街と思い出 ＊
O・パムク／和久井路子訳

後藤新平大全 ＊
御厨貴編

歴史の共有体としての東アジア ＊
日韓知識人の対話
子安宣邦・崔文衡

好評既刊書

「ニュー・エコノミー」批判 ＊
21世紀型経済成長とは何か
R・ボワイエ
井上泰夫・中原隆幸・新井美佐子訳

「水俣」の言説と表象 ＊
小林直毅編

〈戦後占領期短篇小説コレクション〉（全7巻）
3 **一九四八年** ＊ [第2回配本]
川崎賢子解説

『環』 歴史・環境・文明 ㉙ 07・春号 ＊
〈特集・世界の後藤新平／後藤新平の世界〉
菊大判　四一六頁　三三六〇円

貧しさ ＊
M・ハイデガー＋Ph・ラクー=ラバルト／西山達也訳・解題
四六上製　二一六頁　三三六〇円

歴史の詩学 ＊
Ph・ラクー=ラバルト／藤本一勇訳
四六上製　二二六頁　三三六〇円

能の見える風景 ＊
多田富雄
B6変上製　一九二頁　二三一〇円

いのち愛づる姫 ＊
ものみな一つの細胞から
[作] 中村桂子・山崎陽子　[画] 堀文子
B5変上製　八〇頁　一八九〇円　カラー64頁

高銀詩選集
いま、君に詩が来たのか
高銀／金應教編　青柳優子・佐川亜紀訳
[解説] 崔元植　[跋] 辻井喬
A5上製　二六四頁　三七八〇円

〈ゾラ・セレクション〉8（全11巻・別巻一）
文学論集 1865-1896
佐藤正年　編訳=解説　[第9回配本]
四六変上製　四四〇頁　三七八〇円

学芸総合誌・季刊
『環』 歴史・環境・文明 ㉘ 07・冬号
〈特集・鶴見和子の「詩学」〉
菊大判　三七六頁　三三六〇円

なぜ男は女を怖れるのか
ラシーヌ『フェードル』の罪の検証
A・リピエッツ／千石玲子訳
四六上製　二九六頁　二九四〇円

空と海
A・コルバン／小倉孝誠訳
四六変上製　二〇八頁　二三一〇円

子宝と子返し
近世農村の家族生活と子育て
太田素子　第二回「河上肇賞」奨励賞受賞
四六上製　四四八頁　三九九〇円

遺言 斃（たお）れてのち元（はじ）まる　忽ち4刷
鶴見和子
四六上製　二二四頁（口絵一頁）　二三一〇円

＊の商品は今号に紹介記事を掲載しております。併せてご覧戴ければ幸いです。

書店様へ

▼小社ではこれまでも『環22号〈特集・占領期再考〉』や『ドキュメント占領の秋1945』など、戦後の日本の形を作った6年半に目を向けてきましたが、5月には、新たに『戦後占領期　短篇小説コレクション』（全7巻）を発刊します。この時期に、文学は何を描き、何を描かなかったのか。何を見、何を見なかったのか。厳しい検閲の中で生まれた短篇小説を通して、戦後占領期を検証してみたいと思います。文芸はもちろん、歴史での発刊フェアを是非。

▼今年は「後藤新平生誕一五〇周年」。NHKの「ETV特集　東京を変えた男」（5／20）をはじめ、江戸東京博物館での「後藤新平展」開催、6月の「後藤新平賞」の創設、7月にはシンポジウム「21世紀と後藤新平　part3――地方分権と都市の再生」など夏迄の催しも盛り沢山です。小社も今月、後藤新平の「仕事」をコンパクトに紹介した決定版『後藤新平の「仕事」』を刊行。既刊の『〈決定版〉正伝・後藤新平』（全8巻）、『時代の先覚者・後藤新平』と共に、大きくご展開下さい。

（営業部）

『いのち愛づる姫』刊行記念

〈朗読ミュージカル〉
いのち愛づる姫

ものみな一つの細胞から

38億年の生命の歴史をミュージカルに！
生物学者・中村桂子、童話作家・山崎陽子、画家・堀文子、三人の女性の「いのち」のハーモニー！

山崎陽子
中村桂子
堀　文子

［出演］森田克子／大野恵美
ピアノ・沢里尊子

【日時】二〇〇七年　六月一日（金）
開場・午後六時　開演・午後六時半
【場所】JTアートホール　アフィニス
（地下鉄銀座線「虎ノ門」駅下車五分）
【定員】二五〇名（先着順）
【入場料】四〇〇〇円
※お申込みは藤原書店まで。

第15回「野間宏の会」

生命（いのち）の科学と野間宏

［講演］**大沢文夫**（生物物理学）
中村桂子（生命誌）
岡田晴恵（ウイルス学）
［対談］**富岡幸一郎**（文芸評論家）
中村文則（作家）

【日時】二〇〇七年　五月二十六日（土）
開場・午後一時　開会・午後一時半
【場所】アルカディア市ケ谷（私学会館）
【定員】二〇〇名（先着順）【会費】二〇〇〇円

東京河上会公開講演会

現代版『貧乏物語』

［講演］**原田　泰**（エコノミスト）
田中秀臣（経済学者）
橋本健二（社会学者）　他

【日時】二〇〇七年　六月十五日（金）
開場・午後六時　開会・午後六時半
【場所】アルカディア市ケ谷（私学会館）
【定員】八〇名（先着順）【会費】一五〇〇円

出版随想

▼緑が眩い季節になった。「なんのために／ともかく生きている／ともかく／どう生きるべきか／それはどえらい問題だ／それを一生考えぬいてもはじまらん……」（「五月のように」）

二十三歳でフィリピン山中で戦死した竹内浩三の詩が思いだされる。若者が犬死にを余儀なくされた時代があった。今もある。もちろん日本だけでなく、世界の各地で若者たちが沢山死んでいった。彼らは、何のために死ななければならなかったのか。国家のためか、家族のためか、社会のためか。折角、この世に生まれてきながら、いざこれからやりたいことをやろうと思う矢先に死を選ばざるを得ない人生って一体何だろう。

▼今も戦争は続いている。殺し合い、大量殺人が、近代人が造った近代兵器でなされている。生物兵器、化学兵器、核兵器……と生命（いのち）あるものを殺す手段は、文明人が日々発明を繰り返して生み出している。今も世界のあちらこちらで使われている。ヒト以外の生き物の種（しゅ）が、年々歳々、大量に減ってきていると高名な生物学者はいう。「人が互いに融和すれば、悲歌は賛歌となる」（高銀）と詩人はいうが、生き物を殺すことに何ら痛痒を感じなくなった現代人を救う道はあるのだろうか。「赦す」「祈り」を唱える詩人もいるが……。（亮）

〈略語について〉

IFOR＝ボスニア・ヘルツェゴビナ平和履行部隊
INTERFET＝東ティモール多国籍軍
ISAF＝国際治安支援部隊
KFOR＝コソボ国際安全保障部隊
MINUGUA＝国連グアテマラ監視団
MINURSO＝西サハラ選挙監視団
MINUSTAH＝国連ハイチ安定化派遣団
ONUMOZ＝国連モザンビーク活動
ONUSAL＝国連エルサルバドル派遣団
SFOR＝平和安定化部隊
UNAMA＝国連アフガニスタン支援団
UNAMET＝国連東ティモール派遣団
UNAMIR＝国連ルワンダ支援団
UNAMSIL＝国連シエラレオネ派遣団
UNAVEM I、II＝第一次、二次国連アンゴラ検証団
UNITAF＝統合特別部隊
UNMIBH＝国連ボスニア・ヘルツェゴビナ派遣団
UNMIH＝国連ハイチ派遣団
UNMIK＝国連コソボ暫定統治機構
UNMISET＝国連東ティモール支援団
UNOMSIL＝国連シエラレオネ監視団
UNOSOM I＝第一次国連ソマリア活動
UNOSOM II＝第二次国連ソマリア活動
UNPREDEP＝国連予防展開部隊
UNPROFOR＝国連保護軍
UNTAC＝国連カンボジア暫定統治機構
UNTAET＝国連東ティモール暫定統治機構

国連の限界／国連の未来

凡例

一　原文でイタリック体になっている箇所は、作品名・論文名・強調表現の場合は「　」で括り、単行本・定期刊行物の場合は『　』で括った。強調表現の場合は傍点で示した。

一　原文の（　）は（　）のままである。

一　訳者注は〔　〕で示し、小活字とした。但し、訳注が長文になる場合は、該当語の右側に＊印を付し、段落末に記載した。

序

日本は国連と曖昧な関係にある。まずもって、国連に信義を置いていない。もちろん、国連頼みでは自国の安全保障を確保するわけにはいかないと思っている。このことが第二次大戦後、米国との同盟関係（日米安保条約や経済関係を含めて）に最優先の関心を向けてきた事実の説明となっており、日本は米国を安全保障の主たる保証人、将来のカギの一つと考えている。これはまた、米国か国連かの選択を迫られるような事態、まさしく二〇〇三年イラク戦争の際に起きた事例のように、米国と国連が対立した場合、自国の安全保障への配慮によって日本政府が世界機構よりもワシントンの立場を選び取る理由も説明してくれる。

その一方で、理想主義とまでいかなくても、日本には国連と多国間主義*に対し、むしろ肯定的な見方も存在する。(1) 日本の戦後文化の一翼を担ってきた平和主義への固執が、この現実を説明する理由の一つとなろう。日本国民には、とりわけ若い世代に国連を国際平和の重要な立役者とみなす傾向がある。

＊多国間主義　基本的には三カ国以上の国々が一定の原則と合意を共有し、国家関係を調整すること。近代欧州列強の国際関係を特徴づけた「バランス・オブ・パワー（勢力の均衡）」に比べ、国家集団が協調行動をとることで国際社会の安定に貢献すると評価され、とくに冷戦体制崩壊後、国際関係の主要原理となっている。

国連に対するこの対照的な見方が、日本に特有のものというわけではない。多くの国々で見られることだ。自国の安全保障を確保する上で、ほとんどの国が国連による集団安全保障体制よりも、自助努力（すなわち自前の国防力と、さまざまな形態の同盟関係）に依拠し続けている。同時に、各国の相互依存が増大した結果、いずれの国も、国際秩序の追求にとどまらず、公正な国際秩序の実現のためにも、多国間主義が中心的な役割を担うことを理解している。

日本の国連安全保障理事会入りについて、「脅威と挑戦、変化に関する国連事務総長ハイレベル諮問委員会報告」[2]の公表と、それに続く国連討議[3]をきっかけに、日本国内や国際社会で安保理改革論議が再活性化した中で、国連が機能する環境にどんな制約と可能性があるのか、理解を深めることは日本国民にとって有益に違いない。この点に関し、多国間アプローチに何が可能で、また何が不可能かを、この書で明らかにする。ポスト冷戦期に焦点をあて、国連の対処能力の広がりと限界を明示しつつ、一九九〇年代の平和活動と人道的介入から、二〇〇〇年以後の対テロ戦争を経てイラク戦争に至るまで検証していく。

＊　＊

九〇年代、人権侵害と人道的危機に対処するため、国連は大変な努力を尽くした。平和活動の回数と派遣兵力の数も、その過程で費やされたエネルギーと時間、経費の膨大さとともに、かつてない規模となった。四八年以降に組織された平和活動五九件のうち、三七件が九一年以後の派遣展開である。九一年初頭、ほぼ一万人規模から始まった兵士と文民の派遣規模が、九三年に最大七万八〇〇〇に膨れあがった。[4]九五―九九年半ばにかけて、平和活動の参加要員が減少したものの、九九年後半に入ると、コソボ、東ティモール、シエラレオネ、コンゴ、アフガニスタンと相次いで大規模な平和作戦が展開したことで再び上昇に転じた。九九年一二月、平和活動に従事する兵士と文民総数は約三万八〇〇〇に達した。最終的に九〇年代を通じた平和活動に投入された兵士、文民総数は四〇万となるであろう。

平和活動が取り組む事案自体や、取り組み方の様式もまた、従来の平和活動から大きく様変わりしている。これまでの任務が紛争の調停仲介を主としたのに比べ、九〇年代の活動内容はますます複雑になった。直接的か間接的かにせよ、幅広い活動の多様性となると、冷戦終結前には考えられない内容となった。もっとも包括的なとらえ方をすれば、平和活動とは、しばしば国連加盟諸国や地域機構、非政府組織（NGO）と連携しつつ、人道支援や人道的介入――軍事介入と軍事力行使を含む――、紛争後に集中的に行われる再建努力、そして戦争犯罪人の逮捕と処罰への協力といった任務を要請されるものだ。言い換えると、紛争に巻き込まれた住民の保護や、戦禍に引き裂かれた社会再建に必須な、ほとんどの任務に関わるようになったのである。

多くの分野で、前例を見ないほど国際社会の努力が傾注されたが、それでも非常につつましい努力といえた。過去の平和維持活動に比べ、九〇年代に実施された活動に目を見張るものがあったにせよ、よく考えてみれば、それほど印象深くなくなる。たとえば、同じ期間に主要各国が費やした国防費と比較してみると、九〇年代における平和活動の予算規模の低額さは衝撃的でさえある。九一年から一〇年間、二〇〇〇億ドル前後とされる平和活動予算を同時期に米国、英国、フランスの三カ国が必要な国防にあてた一年間の予算四〇〇〇〇億ドルに比べれば、微々たる額となる。

驚くにあたらないのは、人道的危機に対処するため展開された平和活動には、意義はあっても規模に限界があり、その最終結果が成否あい半ばしたことである。確かに多くの事例で民間人を保護し、その苦しみを軽減するのに役立った。しかしながら、何年にも渡って重大な人道的惨劇の発生も戦争勃発も、ほとんど阻止し得なかった。国際社会は国連を通じ、ルワンダやその他のアフリカ各地はもちろん、ソマリアとバルカン諸国でも、もっと成果を上げられたはずである。

このパラドックスをどう説明できようか。人道的危機に取り組むとともに、人道と人権尊重の名において国際的連帯と責任を表明するために、国際社会と主要な国連加盟国が貢献したとはいえ、まだまだ不十分な現実をどう釈明できようか。国際社会が他のどの時代よりも九〇年代に人道的危機に取り組む意欲を示しながら、狭義な形でしか対処しようとしなかったのはなぜなのか。

これらの疑問に回答するためには、さらに質問を発し、そこにまず回答を見出さなければならない。

つまり、人道的危機に関する国連の役割をどう評価できるのか。国際政治構造――国際法に集約された国際政治の基準の成り立ちを含めて――が、人道的危機に対する国際社会の取り組みにどんな影響を与えるのか。主要な西欧民主主義国家や米国を手始めとして、国連の中軸を担う加盟各国が多国間主義と公正な国際秩序の樹立に向ける曖昧な姿勢を、どう理解すればよいのだろうか。

また、国連と米国の間に懸隔が生じたことに加え、近年、テロと国内治安に焦点があてられるようになった点を考慮すれば、平和活動とはもはや古くさい過去の手法なのだろうか。そうでないならば、十分な平和活動部隊の展開と包括的な平和活動の実践という観点から、もっと活動効率を上げるにはどうすればよいのか。過不足ない部隊展開と活動実践があって初めて、錯綜した危機の中での大殺戮や強制移住を阻止できるばかりか、危機の原因となった状況の再発を防げるのである。

＊　＊

明らかに、冷戦の終結なしには、九〇年代初めから顕著になる緊急性に迫られて、これらの問題点に対処する必要はなかったであろう。東西対決の終焉のゆえに、噴き出た人道的危機に対する国際社会の「最小限行動主義」とでもいうべきものが生まれ、時代のもっとも議論を呼ぶ課題の一つが生まれた。共産主義イデオロギーが世界的勢力でなくなるとともに、力の空白を埋める競争に加え、長年、抑制されてきた不満や、平和に反する手段で目的達成を図ろうとする指導者とか集団の決意が、政治、社会、経済的な苦境に伴う不和や争いを助長して、軍事対決へとエスカレートしていった。(5)九一―二〇〇〇年の間、世界中で軍事紛争五二件が発生した。そのうち、三五件は本質的に内戦であり、一七件が国際紛争であった。これらの戦闘は通常兵器で戦われ、兵士よりも民間人にはるかに多くの犠牲者を出したが、それは内戦に顕著な特徴といえた。最終的に二〇〇〇万の難民もしくは国内避難民を数え、死傷者は二〇〇万以上に上った。

いくつかの事例では紛争への対応を、かなり容易に決定できた。これらの紛争が一カ国か、もしくは数カ国の強国にとって明白な戦略価値がある限り、とるべき行動ははっきりしていた。九一年初頭の第一次湾岸戦争と、九〇年代に起きた旧ソ連コーカサス地方の紛争がそれぞれの形でこの状況を立証している。

イラクによるクウェート侵攻を座視できるわけがなかった。侵攻はあからさまな国家主権侵害であり、西側の石油資源へのアクセスを脅かし、巨大な脅威をもたらすため、ロシアの同意と同盟各国の支持を得た米国が、国連の枠組みの中で軍事同盟を結成するに至り、数週間でサダム・フセインを打ち破ることになった。

また、国際社会の関与という観点でいえば、マイナス効果とはいえ、ソ連崩壊後のコーカサス地方で起きた諸紛争が示したのは、国益と影響圏の維持――それが必然的な結末の一つとなる――が九〇年代においても強い行動因子であった事実である。地域におけるロシアの権益を考慮すれば、国連の本格関与は想定外であった。[6] せいぜい、国連が望めたのはオブザーバーや事実調査団の派遣であり、それが現実にアゼルバイジャンとアルメニアで実施された。チェチェンとなると、国際社会の存在は明らかに一段と見えにくくなった。

古典的な戦略価値のない紛争となると、明確に事態が違った。ソマリア、ボスニア・ヘルツェゴビナ、コソボ、ルワンダ、リベリア、シエラレオネ、ハイチ――いくつかを列挙したまでだが――をそれぞれ崩壊させた危機は、国際社会に苦悩をもたらした。これらの危機が不穏の発生と人道上の惨劇につながった。それでも、どれ一つとっても、従来考えられた集団安全保障に対する深刻な脅威とはならなかった。国際社会全体の均衡が崩れた結果ではなかったので、グローバルな影響が直接もたらされるわけでもなかった。加えて、発生場所が世界の権力拠点からかけ離れていた。もっとも近い所でせいぜい欧州の端に位置したバルカン半島であった。危機の深刻度も低い紛争が多く、正規軍同士の衝突や、先進国の新鋭正規軍が誇るハイテク最新兵器が使用されることもほとんどなかった。[7] さらに、紛争に内在する本質が各勢力の色分けを難しくし、「正義漢」と「悪漢」の区別をできなくした。こうした状況だと、国際社会の関与が現地に必ずしも確かな変化をもたらすとはいえなかった。そうである以上、こうした危機は敵の実体を含め、グローバルな脅威を形成せず、紛争への国際的関与を正当化したり、動員をかけて関与していけるだけの古典的要件を満たさなかった。

とはいえ、米国と同様、西欧においても国際社会に人道的危機へ目を向けさせ、解決を求めようという圧力は強かった。紛争で第一の犠牲者が一般住民だったことや、大規模な人権侵害と人道上の惨劇がメディアの大見出しを飾った結果、世論を刺激し、そして動かし、対応を求める声が高まるばかりとなったのである。国際的関与がこうして始動したのはつまり、人権擁護に馳せ参じるよう要求されたからであった。しかしながら、国際社会とその主要な行為者たちの熟慮と決断、行動が伝統的な行動要因の影響から無縁になることはなかった。道徳的な動機が国際社会の考察や行動を導く上で、唯一の理由とならないのはいうまでもなく、主たる誘導因子ともなりえなかったのである。

＊　＊

本書では、いくつかの理念や概念を知的なロードマップ（行程表）として用いる。「国際的連帯」「国際的連帯のジレンマ」「国際的な正当性」「正当性を規定する国際的基準の歴史性」「国際的連帯と国際安全保障の接合」、そして「国際的な民主主義文化」といった概念である。

「国際的連帯」とは、国境を越えて犠牲者救済を図る国際社会の意欲に準拠する。それは紛争に巻き込まれた人々に対する国際的な責任感を意味するが、その紛争とはグローバルな脅威でないものから、従来型の戦略価値を持つものまでさまざまだ。この連帯の精神を支える国際法は、人道上の権利や人権を扱い、だれであろうと、どこで生きていようと、だれでも基本的権利を持つと定めている。

「国際的連帯のジレンマ」とは、九〇年代の危機に国際社会が対処した際、人道的な懸念に配慮していたとはいえ、国際的連帯の牧歌風な見取り図が描かれたわけではないことを説明し、立証するために用いられる。国連と主要加盟国が熟慮し、決断し、行動する際、中心に存在するジレンマの重さゆえに、国際領域で連帯精神がどう波及していくか、について相対立した説明が生まれる。それが示すのは、「われわれ」対「彼ら」で区分けされる対立性が国際的連帯に強いた劇的な制約である。つまり、人道や人権の国際的基準が存在し、それらの約束事に則った行動の必要性を認めたとしても、狭義の国益を慮った強烈な動機づけに終止符をうてるわけではない。

「国際的な正当性」も本書を貫くもう一つの主題である。これを国際領域の社会化という概念と関連づけて用いる。それゆえ、正当性*とは、行為者（とりわけ国家）が合法的な外交政策を立案し、実現させるためばかりか、法治の原則をますます基盤とする国際社会に貢献する上でも、考慮に入れておくべき国際的権利と義務に関係する。国際システムや国連を始めとする国際的組織、国際社会の政策決定者たちのとる決定や行動に正当性の意味合いを与えるために、政策決定者たち（とりわけ国連安保理の構成国）の目標となるのは、さまざまな基本的な国際的諸基準の間に、すなわち彼らが満足させなければならない（国や国民の）要求の間にバランスを図ることである。これらの要求のすべてを両立させるにはほど遠く、妥協の困難さを考えれば、とりわけポスト冷戦期に国際的な正当性の思想と、その具体化が希求されるに至ったとはいえ、容易ならざる事業であることは驚くにあたるまい。

＊正当性　正当性の考えとは、何よりも統治権に関係する。正当性とは統治権の承認であり、政治権力と服従とを同時に正当化するものである（クワコウ著『政治的正当性とは何か』藤原書店、二〇〇〇年、一〇頁）。それによって権力の執行と服従が構成員に受容される。

国際レベルでいうと、国境を超えた強制力の行使を含め、国際秩序のあり方を正当化することに等しい。国境を超えた力の行使を正当化する事由が正しいと判断されない限り、国際システムの基準と実践に照らし、その行使は不法とみなされ得る。普遍的な人権を基盤として一九九〇年代に展開した国際的連帯の実現は、国際的正当性を追求した一つの試みといえる。

「正当性に関する国際基準の歴史性」とは、国際的に何が正しく、何が間違っているかの判断の根拠となる基準が、概ね歴史の産物である事実を指している。たとえば、集団安全保障体制の中核にある国際的な正当性の基準は、ある時点で国際社会が調和した時に生まれるとともに、長い間の進化の結果なのである。ある程度、これらの基準は過去五〇年、進化してきたし、進展し続けることを運命づけられている。この進化は事変の発生を受け、国連や多国間主義がその監視と対応を迫られることから始まる。それはまた、正当性の国際基準が国際領域の社会的現実に寄せる願望（従って、それが変化を求める圧力と推進力ともなる）によっても始まる。われわれは集団安全保障の伝統的な通念が問われる国際的事変の発生を目のあたりにするのであり、そうした出来事に対し、国際的に正しいとする確立された解釈や判断の基準を適用すべきかどうか考えさせられる。また、国際的現実の評価手段および現実それ自体において、従来通りでよいものと、変更すべきものとの間に、どうやって、どの地点で区別をするのか考慮させられる。それゆえ、国際的な基準と正当性の歴史的（従って順応性のある）本質を常に念頭においておかねばならない。

「国際的連帯と国際安全保障の接合」という概念は、国内の場合と同様、国際レベルでも個人の権利が保護されていないと、何びとの権利も保障されないという事実に関係する。個人の権利侵害は社会の成り立ちに対する挑発の始まりとなって、全員の権利保障を危うくし、不安定状態が襲ってくる。歴史的に見ると、国際社会をとりわけ紛糾させ、危険にしてきたのは連帯の欠如、すなわち国境を越えた共同体意識が欠落したからである。しかし、法治原則の奨励こそが、国際的連帯と国際安全保障の接合を意味するもう一つの表現であり、おそらく国際秩序を樹立し、維持する上で最善の方法であろう。

国際的連帯、そのジレンマ、国際的正当性、正当性の国際的基準の歴史性、国際的連帯と国際安全保障を接合する必要性といった概念が、それぞれ、「国際的な民主主義文化」の重要な側面を切り開くことにつながる。一見したところ、とりわけ平和活動や人道上の緊急事態を論じる書物で、国際的な民主主義文化にスペースを割き、その概念を用いるのは不釣り合いと映るかもしれない。しかしながら、これら平和活動や緊急出動はもともと人権擁護に特別な関心を払いつつ、秩序再建のため実施されたのであり、また、人権とその普遍性が民主主義文化の一つの重要な側面である以上、これら平和活動が国際的な民主主義文化の広がりと限界を判定する上で役立ってくれよう。(8) 人道的危機の対応を意図した平和活動は、国際社会がホッブズ流の対立的な国際関係のとらえ方からいかに遠ざかりつつあり、また民主主義が実権を担う文化へどれほど近づいているかを理解する上で手助けとなろう。

これに加え、二〇〇〇年代に入ると、九・一一同時テロとブッシュ大統領の外交政策(対テロ戦争とイラク戦争を含めて)が、「国際的な民主主義文化」の理念を新たな緊急課題として浮かび上がらせ、考察すべきテーマとした。テロリストとブッシュ外交がそれぞれの手法で推進する「神々の戦争」や対決色の強い取り組みは、人々を結集させるような人間性の特質、つまり国内でも国際的にも民主主義文化の一部を形成する共通の基盤を足場に、正しいことを明確にし、かつ行動していく道筋からはかけ離れた手法である。進行中の対決によって導かれる致命的な危機がさし迫るだけに、このような人間の特質に則って理解され、運用される国際的な民主主義文化がどうなり得て、いかにあるべきか、また、何を達

成でき、かつ何をなすべきか、ますます緊急のテーマとなってきている。(9)

＊　＊

本書『国連の限界／国連の未来』は以下の筋書きで各章が展開する。

第一章では九〇年代における人道的危機に対処するにあたり、国連が主導した顕著な事例と、その結果を分析する。とくに二つの側面に注目する。第一に、国連の平和活動が規模においても質的にも果敢な事業に取り組んだことを明らかにする。第二に、平和活動の実施件数がすさまじく増大したにもかかわらず、国連の努力自体はかなり地味なままで、その成果にも失望させられたことを指摘する。

続く二〜四章で、国連平和活動の枠組みで展開した国際的連帯の広がりと限界——中でも限界の現実——について解釈する。以下のように各章で三通りの解釈を究明していく。これらの解釈によって、国際社会の欠陥のもととなる諸原因に累積効果を見出せるはずだ。そこでは平和活動を機能不全に陥れるにあたり、国連がどんな役割を果たしたか検証することになろう。それはとりもなおさず、国際政治の構造（規範となる構造を含めて）と、それが国際的な政治意志と国連の行動に与えた影響の分析ともなる。また、平和活動に与える米国の影響力を査定することにもなる。

第二章は、平和活動に限界をもたらす国連の機構上の諸問題に焦点をあてる。いくつか主要な平和活動（主にソマリア、ボスニア・ヘルツェゴビナ、ルワンダ）を集中して論じ、二つの問題点を検証することになろう。つまり、平和活動の運用展開に関し、国連で起きた政治的な不一致のマイナス効果であり、もう一つが、国連の実務上の不手際が平和活動に与えた悪影響である。

第三章において国際社会の政治と規範の構造を検討した上で、それらの構造が国際的連帯と責任を実践し、普及させるにあたり、いかに可能性を開く一方で、制約をもたらすかを検証する。国連と多国間主義に宿る民主的連帯の規範は、大がかりな人権侵害の犠牲者に対する国際的な責任を包含している。そうでありながら、国際環境は依然として国内志向優先で構築されているため、「われわれ」対「彼ら」による分割とその悪効果と、国際主義者による人権配慮よりも国益の思惑が優位に立つことなどによって、国際的な責任の発露が阻害されている。この二重の特質が平和活動とその成果を左右する多様な側面に深刻な悪影響を与えており、とりわけ人道的介入と軍事力行使における影響が著しい。

人権という価値観を支える点で、積極性と忌避の両極端な対応に、国連と多国間主義に対する主要な西側民主主義国家の一般的な態度が要約される。これらの国々は規範と政治の両面で、国連と多国間主義の保証人であると同時に攻撃者でもある。このことは米国に極めてよくあてはまる。米国の持つ規範力と政治力がなければ、国連と多国間主義が国際的な社会化を体現し、かつ推進役として出現することはなかったであろう。しかしながら、時間とともに、米国は狭義に定義された国益に専心しないわけにはいかなくなった。

この状態を説明する第四章では、人道的危機に多国間手法で対処したクリントン外交の役割を分析する。第四章全部をその問題に費やすのは二つの点から理にかなっている。なぜなら冷戦後、米国はただ一つ残った超大国として平和活動と人道的介入に関し、その検討や決定、指導力において重大な役割を演じてきたからだ。加えて、人道的介入と軍事力行使に関する米国の決定的な重要性は、将来的にも有効な予見と教訓のいずれをも包含するからである。

この章ではクリントン米政権が当初見せた断固たる多国間主義への関与が、短命に終わった点を強調する。それは、すぐにやや気まぐれな国際主義者の対応にとって代わられた。クリントン外交を弁護するならば、米連邦議会を含めた国内政治の比重が大きいのに加え、明確な国益という特性を欠いた紛争への関与を軍中枢が忌避したため、米国による平和活動参加のあり方を外交、政治、軍事の各方面でふがいないものとしたのだと、説明しなければなるまい。

*　　*

この原稿を企画し、そして執筆にかかっている間に国際情勢が劇的に様変わりした。〇一年にジョージ・ブッシュ氏がホワイトハウス入りし、米外交を保守へ過激に転回させた。その変化が国連と多国間主義に対する米国の関係に作用した。九・一一テロがさらに変化を促進し、とくに〇三年春、国連の公式承認がないまま米国がイラク戦争へ突入して以降、変化の度合いが大きくなった。

疑問点がその時点で表出してきた。つまり、これらの変化とは何を意味するのか。起きた変化が九〇年代を遠くへ押し返してしまい、その変化の中核にあった課題ばかりか、あの時代から導き出せる教訓を、九・一一以後の世界とは何の結びつきもない過去帳へとしまい込むことになるのだろうか。あるいは、九〇年代と二〇〇〇年代との間に何らかの継続性が存在するのだろうか。本書の構想と記述についていえば、これらの疑問点を以下のようにも要約できた。すなわち、本書では主として九〇年代の出来事の検証に集中し続けるべきなのか、それとも二〇〇〇年代の出来事を読み解き、分析を試みるべきなのだろうか。

もちろん、対象を九〇年代に絞るのであれば、より明解な内容に仕立て上げられたであろう。さりとて、二〇〇〇年代に国際社会と、そこで起きる論議の数々が九〇年代とはまったく異なる領域で展開するかのごとしというわけでもない。九・一一テロとブッシュ外交とが軍事力行使の問題と、その行使理由、運用方法に新たな現実性を与えつつあった。〇三年半ばに始まったイラク国内の反乱状態が同時に、九〇年代とよく似た形で、紛争後における和解と民主主義実現どころか、平和と安定を確保することの困難さを改めて思い知らせてくれた。もっと一般的にいえば、国益と国際的利益のバランスの妙や、米国と国連の緊張関係の具合、国際的な正当性の導き手となる多国間主義の役割、そして大西洋同盟の重要性が、それぞれ九〇年代と同じように二〇〇〇年代でも肝要な事象と証明されたのである。これらはすべてブッシュ政権時代の分析を必要とした。また、九〇年代と二〇〇〇年代がそれぞれ時代全体として、国際的な連帯と責任観念、国連と多国間主義およびその将来にどんな意味を持つのか、検討しなければならなかった。これが第五、六章の役目となる。

第五章ではブッシュ大統領の外交政策に焦点をあてる。そこではクリントン政権が国連と多国間主義に与えた限定的な支持から、次期共和党政権の一期目であからさまな無視とはいわなくとも、露骨にそれらを道具として利用する態度に転換した点を議論する。ブッシュ外交の過激主義が米外交本来の潮流と矛盾していたわけではなかった。ただし、ブッシュ外交は潮流の核心にあるいくつかの側面をとことん極端なまでに追求したものといえた。その結末を見ると、大西洋同盟が大なり小なり亀裂を深め、米国と国際社会全体を分かつ巨大な暗礁が生まれた。ブッシュ政権の方もまた、国際的な正当性についてはむろんのこと、正当な外交政策とは何かを米国自身によって決定することさえ、政権の保守強硬派たちが当初想定したほど容易ではなかったことを直接体験で学習した。

この展開が第六章へとつながる。国際的連帯とはただ善行を行うにとどまらず、国際安全保障の確立と維持にも関わるという事実を強調する。さらに論を進めて、国際的連帯の実現のチャンスを高めるために、三つの段階で変化が求められることを指摘する。その変化とは第一に、国際的規範のもつ進歩的な特質を補強する必要があり、そのために、とりわけ多国間主義に備わる権利付与の特性（民主主義的な能力強化の特性を含め）を前面に押し立てることが不可欠であろう。第二に、多国間政治が有する他者を包含する特性を、国連や加盟各国、地域機構、非政府組織（ＮＧＯ）との間で強化していく必要がある。第三に米外交政策の調整が必須となろう。

最後に第七章で日本を扱い、その国連と多国間主義に対する関係を検討する。国連改革論議や安保理改組の諸提言などが、この課題の考察を時宜にかなったものとしよう。この点に関連し、その章で日本の外交政策を条件づける制約と可能性、さらにそれが日本外交の将来にどんな意味をもつかに焦点をあてる。その上で、日本が国益を基盤としながら地域とグローバルな位相で、より大きな国際的責任を担えるような道をいくつか特定してみたいと考える。

第一章　九〇年代の平和活動の広がりと限界

平和活動は国連活動の中でもっとも喧伝された範疇に入る。[1] このことは、とりわけ九〇年代にあてはまった。あの時期、地域紛争や人道上の危機、それに伴って発生した大がかりな人権侵害に対処する上で、平和活動が主たる対応手段となった。冷戦後の余波の中で開始された多様な平和活動と、そこで実施された対応策の広がりと複雑さとが一般の人々の耳目を惹きつけた。さりとて、九〇年代の平和活動に起きた規模と質両面の変化がどれほど実質を伴ったにせよ、過大な印象を抱くべきではない。冷静に見るべき二つの理由がある。まず、主要な国々が平和活動に割りあてた財源は、自国の要求に振りむけた予算に比べ、相対的に小さかった。もう一つには、平和活動が成否入りまじる結果に終わったことである。

I　規模から質に至るまで変容した平和活動

従来と比較すると、九〇年代の平和活動には二つの点で際立った違いが目につく。それは規模と任務内容の両面で起きた。そうであるだけに、国際社会にとってきわめて要求度の高い活動であることが判明した。

拡大変容した平和活動

九〇年代に起きた平和活動の量的変貌はまさしく二つの数字に反映されている。件数と動員された原資（とくに財源と人的資源）の大きさである。九一―〇二年の平和活動の実施件数は三〇件以上を数えた。四八―八八年の四〇年間で行われた一三件に比べ、驚くべき数字である。実施箇所も世界規模で地理的な広がりを示し、瞠目させられた。うち一四件がアフリカ、欧州九件、南北アメリカ六件、アジアで四件の活動が実施された。[2] もっとも案件の集中した時期が九一―九五年末であろう。この時期に一六件の活動が実施され、そのほとんどが困難を極める活動となった。その後、九五―九八年の間、件数こそ減ったものの、国連に託された諸任務の中で平和活動は活発な部門であり続けた。この時期には一一件が実施されている。九九年以降となると、再び活性化し、コソボや東ティモール、シエラレオネ、コンゴにそれぞれ大規模な部隊が派遣された。

■投入された資源　意外なことではないが、国際社会によって平和活動に投じられた財源と人的資源は派遣件数とともに増大した。

財政面では、国連諸機関への財政負担を通じ、加盟各国（とくに最有力の国々）が巨額に上った費用を賄った。九一年から二〇〇〇年まで一〇年の平和活動予算は四八―九〇年までに費やした額のほぼ一〇倍近くに上り、総額で一九九億ドルに達した[3]。それは国連の通常予算一〇年分の総額をはるかに上回っている[4]。それでも、その額は九〇年代を通じ、国連が関連機関の動員を含めて平和活動に費やした総額の一部分でしかなかった。こうした経費に加え、人道支援や再建、その他諸々の経済復興費があり、国連から独立した予算を持つ国際機関へ支払う分担金を通じ、加盟各国がこれらのコストを負担した。そうした国際機関には国連難民高等弁務官事務所（ＵＮＨＣＲ）、世界保健機関（ＷＨＯ）、世界食糧計画（ＷＦＰ）、ユニセフ、世界銀行がある[5]。

加盟各国はまた、それ以外に二つの異なるミッションの経費を直接支払うことで、平和活動に付随して増大する関連諸経費を分担した。その二つとは国際規模の人道的介入と、平和活動に付随した諸費用である。

九〇年代の国際的介入は過去の事例と一線を画した。これらの介入は国際社会の関与する意欲を体現したものとなり、軍事力行使の可能性を踏まえつつ、人道上の危機に対応するものであった。介入の諸作戦を安保理の承認後（九九年春のコソボ危機介入は議論が分かれた例外事例）、一カ国もしくは数カ国のグループ（多くの場合、安保理常任理事国）が指揮をとった。ソマリア、ハイチ、ボスニア・ヘルツェゴビナ、コソボ、東ティモールでこうした作戦が遂行され、その牽引役となった国々には大きな財政負担をもたらした。[6] ソマリアでは国際的介入となった「希望回復作戦」の軍事面の遂行と、国際的介入に伴うさまざまな部門を調整するため組織された統合特別部隊（UNITAF）の維持に、米国が九二年一二月から九三年五月までに一〇億ドル以上を負担した。[7] 米国主導による九四年九月から九五年三月までのハイチ介入作戦の場合、米国納税者の負担は二〇億ドルに上った。[8] ボスニア・ヘルツェゴビナでは、北大西洋条約機構（NATO）指揮下で多国籍の平和履行部隊（IFOR）の展開が、九五年一二月から九六年末までに作戦参加国に計九〇億ドルの負担を強いた。[9] 九九年春のコソボ空爆には四〇億ドル近い経費がかかり、NATO加盟各国、中でも米国がその多くを負担した。[10] 東ティモールの場合、オーストラリアが多国籍軍（INTERFET）にかかった主要経費を引き受け、その成果が国連東ティモール暫定統治機構（UNTAET）樹立へと道を切り開くことになった。[11]

平和活動に関連した他の諸予算で、国連加盟国が直接分担した額も巨額に達した。たとえば、米国が引き受けたハイチ人道支援や再建、難民救済その他の費用は一〇億ドルを超えた。[12] バルカン半島危機でも巨額の必要経費を近隣諸国が負担したのに加え、それらの国々へ何十万ものボスニア難民が流入した。ドイツは、欧州全体で七〇万に上ったボスニア難民のほぼ半数を受け入れた。九二年から二〇〇〇年までの危機対応費用は総額で一〇〇億ドルに迫った。[13] 理論上でいえば、ボスニア・ヘルツェゴビナ一国の問題とはいえ、現実には、六〇〇億ドルと推計されたボスニア経済の再建費用を国際社会（とくに欧州連合）が最終的に支払いつつある。[14] コソボ危機でも同様で、欧州連合が再建費用のほとんどを負担することなっている。

平和活動に投入された人的資源も、九〇年代に国際社会が平和活動支援のため行った前例のない資源投資を示す、もう一つの指標である。約四〇万に上る兵員と文民が九一年から二〇〇〇年までの間、一連の平和活動に投入された。[15] これほどの人員が現地展開した以上、犠牲も避けられなかった。同時期に国連要員の犠牲者は九〇〇人以上を数え、最高時には九二年（死者六〇）、九三年（同二五二）、九四年（同一六七）、九五年（同一二三）の記録が残されており、中でもいくつかの国々がとりわけ尊い犠牲を払っている。[16] 比較のためにいえば、四八年から九〇年の四〇年以上の間に現場展開した国連要員の犠牲者総数は八五〇人である。[17]

平和維持活動への兵力派遣に加えて、加盟国の中でもとくに米国とフランス、英国は人道的介入の主力となる多国籍軍にも多数の兵員を参加させた。最高時に三万七〇〇〇を数えたソマリアのＵＮＩＴＡＦのうち、二万八〇〇〇が米軍兵士であった。[18] ハイチ多国籍軍は当初二万一〇〇〇の兵力のうち、ほとんどが米軍兵士によって編成された。

ボスニア・ヘルツェゴビナには九五年一二月、六万人近いＩＦＯＲが展開した。一年後の九六年末、三万六〇〇〇の平和安定化部隊（ＳＦＯＲ）へ任務が引き継がれた時、うち三万がＮＡＴＯ軍、六〇〇〇がＮＡＴＯ非加盟国の兵員である。[19] 米国、フランス、英国がこれらの作戦に多数の兵員を送り込んだ。コソボも同じ形で恩恵を受けた。コソボ国際安全保障部隊（ＫＦＯＲ）が九九年に創設され、最大で五万の兵力に達した時、そこに米仏英三カ国が多数の兵員を派遣したのに対し、他のＮＡＴＯ加盟国や非加盟国による兵力投入は、はるかに小規模にとどまったのである。[20]

平和活動の質的な変化

ポスト冷戦時代の平和活動も、当初は平和維持を目的とした任務を継続した。冷戦時代に開始された敵対軍同士の兵力引き離しや、停戦監視、緩衝地帯の維持といった任務が、継続活動の一環としてか、あるいは新たに実施された平和活動でも主要任務となった。しかしながら、平和活動もまた九〇年代に大きな質的変化をくぐってきた。これらの変化に伴い、平和活動の概念や実施手法にも重要な変更がもたらされた。その質的変化の結果、平和活動が実施されるような危機において、適用される対応策にそれぞれ三段階で変化が生じた。三つの段階とは危機発生前と、実際の地域紛争および人道上の危機発生時、それに紛争以後を指す。そこで適用される対応策とは、紛争防止（危機発生前）、人道支援と軍事力行使および制裁を含む平和維持（紛争発生時）、さらに平和再建（紛争後）となる。

■紛争防止　国連が九〇年代になって初めて、紛争の事前予防の大切さを発見したわけではなかった。予防外交の概念は国連憲章で言及されているほか、六〇年代初めに当時のダグ・ハマーショルド国連事務総長が、紛争予防活動を国際平和維持の主要な措置と見なすべきだと主張していた。[21] しかし、予防活動がより真剣に検討されるようになったのは、ブトロス・ブトロスガリ事務総長が就任し、その「平和アジェンダ」を発表してからのことだ。[22] 国連部隊の派遣展開が、国家間か国内のいずれかの紛争において、平和活動の主要な構成要素と見なされるようになった。ほどなくして平和活動の一環で紛争予防軍の派遣が現実となった。実に斬新な形で九三年、旧ユーゴスラビア連邦のマケドニアへ国連予防展開部隊（UNPREDEP）が派遣されたのである。

■人道支援と平和強制、および制裁

地域紛争と人道上の危機が発生すると、過去の平和維持作戦の事例と大きく異なり、平和活動の前面に次のような任務がうちだされた。まず人道支援、次に人道支援と平和強制の混合作戦、そして制裁である。

平和活動は明確に、人道支援物資の配給確保を目標に掲げて実施された（初めから兵力引き離しを念頭に置くことなく）。紛争の犠牲者へ食糧や避難所を提供し、かつ生活に欠かせない水、電力の供給再開が目標に含まれていた。多くの場合、こうした人道支援は紛争と同時進行で実施された。そのため、平和活動が人道支援と平和強制の混成という奇妙な形式となったのである。紛争当事者の一方か、もっと多数の敵対勢力が、しばしば食糧配給の妨害に出るため、国連はまず人道支援物資の配給方法を交渉しなければならなかった。時間が経過してなおも、交渉が支援実施の望ましい条件をもたらし得なかった場合、人道支援物資が受益者にきちんと届くよう保証するために、国連憲章第七章の適用を求める声が強まった。民間人向け支援物資の搬送車列を警護するため、最後の手段としてついに軍事力行使が容認された。ソマリアとボスニアにおける国連介入がその具体例である。

平和活動における強制力の側面は多くの事例で人道支援と密接に連動しており、現実の軍事力行使を視野に入れていた。この種の強制介入は人道上の危機緩和を主な目的とし、平和活動の実施前に強行された。ハイチで九四年九月に展開した「民主主義高揚作戦[23]」や、九九年三月、コソボでＮＡＴＯが主体となった「連合軍作戦」、また同年九月の東ティモール多国籍軍(INTERFET)がその例である。これらの作戦はまた、国連の関与と同時進行で実施された。ソマリア介入の「希望回復作戦」がその典型で、当時、現地では国連第一次ソマリア活動(UNOSOMI)が展開していた。最後になるが、ボスニアで最初の国連保護軍(UNPROFOR)を引き継いで編成されたNATO主体のIFOR、次いでSFORの軍事介入が示すように、強制介入は長期にわたる国連の本格関与を経た後、実施されることがあった。UNPROFORと違い、IFORとSFORの場合には自衛以上の軍事力行使を容認していた。

紛争さ中の制裁実施もまた、九〇年代の平和活動の質的な変化を別な形で明示した。国連安保理が国連創設から二五年間に制裁を課したのはわずか二例(六六年ローデシアと九七年南アフリカ)しかなかったのに対し、九〇年代には五〇件以上の制裁案が採択された。[24] イラク(九〇年)、リビア(九二年)、スーダン(九六年)、アフガニスタン(九九年)に対し、安保理がそれぞれ適用したこれらの制裁案件は、平和活動に関連したものではなかった。[25] 一方、同じ時期に採択した他の制裁案はいずれも平和活動と連動した。旧ユーゴスラビア(九一、九二、九八年)、ソマリア(九二年)、カンボジア(九二年)、ハイチ(九三年)、アンゴラ(九三、九七、九八年)、ルワンダ(九四年)、シエラレオネ(九七年)に対する各制裁をこの事例とみなせよう。

■平和の構築　平和活動が九〇年代にくぐった質的な変化は、すでに八〇年代に始まっていた一つの傾向がある意味で深化したものといえた。[26] この傾向には平和活動が、紛争後の平和構築にますます重心を移していく現実が示されていた。平和構築の諸策では、むしろ真っ正面から二つの主要課題に取り組むことになった。それらは、軍事と政治両面に関わる課題である。

九〇年代の平和活動では、戦争で使用された軍装備解除を主な任務とするような紛争の時代に支配していた軍事的発想から前進して、地雷除去の実施や兵員による自主的な武装解除とともに、兵員の民間社会への復帰も目指した。

政治面を見ると、平和構築の諸策には政治機構の再建を目指す多様な任務が含まれ、民主制とまでいかなくても、長い目で見て信頼度、透明さ、正当性を備えた政治機構の創設が目標とされた。これらの対策によってさまざまな位相で、法治原則の強化が図られた（たとえば、現地警察の訓練と機構改造や、司法と裁判制度の改革を通じて）。具体的には、過去および現在進行中の人権侵害を監視し、調査することで人権尊重の精神を高めること。また民主主義前進のため、技術支援（選挙支援や自由なメディア育成を含む）すること、紛争解決と和解の手法を広めることなどであった。ある範囲では、臨時の国際法廷設置も政治施策に含まれ得た。

九一年以後に実施されたほとんどの平和活動には、平和構築に伴う軍事と機構上のこうした対応策が一つ、ないし複数備わっていた。そうした例としてエルサルバドルの国連派遣団（ONUSAL）や、国連カンボジア暫定統治機構（UNTAC）、国連アンゴラ検証団（UNAVEMI、Ⅱ）、西サハラ選挙監視団（MINURSO）、国連モザンビーク活動（ONUMOZ）、第二次国連ソマリア活動（UNOSOMⅡ）、国連ボスニア・ヘルツェゴビナ派遣団（UNMIBH）、国連コソボ暫定統治機構（UNMIK）、国連東ティモール暫定統治機構（UNTAET）がある。九〇年代初頭、臨時の国際法廷が旧ユーゴスラビアとルワンダについて限定的に設置されたが、それ以後も、シエラレオネやカンボジア、東ティモール、イラク各紛争後の再建努力の過程で、国際司法権を犯罪追及の一手段として駆使するようになった。

II　平和活動の評価——より地味な現実

翻ってみると、平和活動が九〇年代に遂げた規模と内容の拡大は、当初思われたほど印象深いものではない。投じられた原資も、もたらされた成果もかなり地味なものといえた。

集団安全保障とえしい原資

加盟各国の、とりわけ主要国が関与した国連の平和再建努力と、主要各国がそれぞれ有する国益と注目課題とを比較してみれば、平和再建の努力が二義的なものだったとわかる。

■投入兵力

まず初めに、九〇年代に主要加盟国が平和活動に投入した兵力は各国の国力全体をみれば、いささか小規模といえた。たとえば、九四年に国連平和活動要員として英国三八〇〇、フランス五二〇〇、米国が一〇〇〇の兵員をそれぞれ派遣した。それに比べ、三カ国の国防軍総兵力は軍、文官を合わせて英国四〇万六〇〇〇、フランス六一万四〇〇〇、米国となると二七六万に上る。(27) このように、国連へ派遣したのは総兵力比で英国〇・九%、フランス〇・八%、そして米国が〇・〇四%以下であった。ついでにいえば、その結果として平和活動が恒常的に二つの弱点に苦しむことになった。兵力展開の遅れと兵員不足がそれである。

■極めて小規模な財源寄与　自国の国防予算と国連平和活動へあてた貢献額との間にある差異が、加盟国の関与の限界を示すもう一つの指標である。九〇年代の国連平和活動の総予算が一九九億ドルだったのに比べ、九一―九九年に世界の軍事予算規模は約六兆九〇〇〇億ドルに達した。[28]九〇年代に発生した危機に対応するため加盟各国が国連に献じた財源は、各国政府が自国軍隊に費やした総軍事費のわずか〇・三%でしかなかった。平均すると、九〇年代の平和活動に一ドルが使われる間に、各国軍隊には三四九ドルが投じられていた。平和活動に大きく寄与した西側の主要各国でさえ、比率ははるかに自国の国防費優遇であった。この現実はまずもって、かつてない軍事予算を費やす米国にあてはまる。米連邦政府予算で九一―九九年の国防費はほぼ二兆五〇〇〇億ドルにのぼり、国連平和活動の総予算の一二五倍規模となる。[29]九〇年代の平和活動でもっとも予算を費やした九四年、米国が平和活動にあてた貢献額は一〇億八〇〇〇万ドルであり、自国の国防費はといえば、三一三六億ドルにも達した。同じ年、フランスは平和維持活動に一億五〇〇〇万ドルを割いたのに対し、国防には四二六億ドル、英国もそれぞれ二億三〇〇〇万ドルに対し、国防費四二七億ドルという具合である。このように、国連平和活動で一ドルが使われる間に、米国が二九〇ドル、フランス二八二ドル、英国が一八二ドルをそれぞれ自国の国防費にあてた計算になる。[30]

結果として、従来に比べ大きく前進し、かつ前例のない規模に拡大したといえても、九〇年代の平和活動に注がれた努力は相対的に地味なままにとどまった。解決を図ろうとした危機の深刻さや、国際世論の高い注目度に実際は釣り合っていなかったのだ。この現実がもう一つ教えてくれるのは、主要国は自分たちで国連を地域紛争や人道上の危機に導き入れておきながら、依然として自国の緊急かつ国益のかかった優先案件に比べ、これらの紛争と危機を二義的とみなし続けていたことである。その過程で主要国は、派遣要請を受けながらも責任を果たせない無為の危機に国連をさらしたのであった。

平和活動、成否の足跡

平和活動を対象として採択された過去の安保理決議の中に、ほとんどの平和活動が基盤とした中核となる三つの目標もしくは基準を特定できる。[31] あらゆる決議で言及された包括的な第一目標が、なるべく短期間で紛争を停止させることであった。二番目が人道支援の実施と、人権尊重を図ること。三番目に平和構築である。これを背景として、当時の主な平和活動を三つの評価に分類できよう。すなわち、成功か、明らかな成功でも失敗でもない場合、そして完全な失敗の事例である。

▩サクセス・ストーリーとしての平和活動

国連の九〇年代の成功物語にあげられるものに四件の平和活動がある。いずれにも三つの大きな特徴があった。まず現地において紛争当事勢力の合意のもとで活動が開始されたことである。結果的に和平を強制せずにすんだ。また、成功した事例では、紛争が実際にはじける前の段階で平和活動の取り組みが始まっていたか（紛争予防）、あるいは平和活動の前に各敵対勢力が紛争停止を真剣に模索しており、国連に国の再建支援を求めていた事情があった（平和構築）。これら成功例にあたるのがマケドニア、エルサルバドル、モザンビーク、グアテマラにおける国連活動である。

第一の成功分野として国連を賞賛できるのが紛争予防であり、国連マケドニア紛争予防展開部隊（UNPREDEP）を例にあげられる。[32] マケドニアで紛争拡大を防ぐうえで派遣軍が大きな役割を果たし、国内安定に貢献したというのが一般的な見方である。[33] 残念ながら、安保理常任理事国の一つ（中国）が九九年二月の派遣延長決議案に拒否権を行使したため、UNPREDEPの任務は終了した。[34] あのまま駐留が継続していたら、〇一年初めにコソボ国境沿いに多発した不幸な出来事をおそらく回避できたであろう。

エルサルバドルやモザンビーク、グアテマラの事例では国連が紛争末期に介入したが、その時点で紛争当事勢力はいずれも戦意と戦力を使いはたしていた。和平合意に基づいて実施される平和構築が、国連の責任の大半を占めることになった。

エルサルバドルの場合、国連エルサルバドル派遣団[35]（ONUSAL）の救援を得て、かつては死と拷問、破壊の代名詞であったこの国が、一〇年を経ずに成功した和解モデルとみなされるまでに変革を成し遂げた。[36] むろん、いくつかの改革が今日もなお障害に遭遇し続けており、土地所有制度の改革がまさしくその例である。それでも、九五年四月、ONUSALが任務を完了した時点で、すでに国の進歩に著しい好影響を与えていた。[37]

国連モザンビーク活動（ONUMOZ）もまた、平和構築に関する大きな成功例とみなされている。[38] もちろん、国連の関与が完璧だったわけではない。いくつもの好機が失われたし、九四年一二月、国連活動の終了時にも（活動開始は九二年一二月）、成就すべきことが山ほど残っていた。農業復興を可能とする地雷除去、医療と教育施設の提供、武器没収が完了していなかった。[39] その上、モザンビークが国際的な財政、人道支援から脱却していくどころか、依存度をますます強めたため、国際開発機関の課題が優先されて一般国民の声がかき消される危険に直面した。にもかかわらず、国連活動の主な目標は達成されたといえた。つまり、ONUMOZが支援に重要な役割を果たし、戦禍に引き裂かれてきた広大な国を着実に平和へ向けて舵取りさせたのである。国連は九四年一二月までに、モザンビークで激しく争ってきたモザンビーク解放戦線（FRELIMO）と民族抵抗運動（RENAMO）両勢力の再抗争を防ぐだけでなく、選挙実施にこぎつけて国を政治再建の道へ導く成果を誇示できた。[40]

国連グアテマラ監視団（MINUGUA）もまた国の発展によい影響を与えた。その名が示す通り、対立し合った政権とグアテマラ民族革命連合（URNG）との戦闘停止状況を監督し、兵力引き離しと、URNG武装解除[41]の支援を担った国連監視団が、信頼醸成メカニズムとして機能した。加えて、高度に軍事国家化し、社会経済面で硬直した階層社会国家の和平に貢献することで、国連監視団が国際支援受け入れの窓口となった。[42] 四〇年近くに及ぶ戦乱で荒廃した国にすれば、小さくない成果といえた。

■成否入り混じる結末の事例

多くの平和活動が成否併せ持つ結果を残している。この場合、明らかな成功でも、また失敗でもないという結末である。これらの事例は主に二つの特徴を持つ。まず、国連の危機関与によって安保理決議が設定した包括的な目標の一つを達成しながら、他の目標達成に失敗した場合である。あるいは、平和活動の目標全般で成否混じり合う結果を残した例もある。ハイチ、シエラレオネ、東ティモールが最初の範疇にあてはまる。カンボジアやボスニア（デイトン和平合意に基づく）、コソボ（九九年春の空爆以後）における国連の平和構築事業が、二番目の範疇に入る。

ハイチでは米国主導の多国籍軍（MNF）と国連が九四年秋から九五年春までの間、数多い成果をあげたのだが、その最たるものが九四年九月の軍事政権追放であっただろう。[43] しかし、それ以後の歳月で、平和構築にかけた国連の努力が見るべき進展をもたらすことはなかった。ハイチの状況はわびしいままであった。国連が改革支援に関わった制度機構（警察と司法）は貧弱なままで、当初の期待通りには機能しなかった。[44] 〇四年になると、状況がさらに悪化し、大規模な抗議行動と政治混乱が突然の政府交替劇を惹起させたうえ、二つの台風が連続襲来して人道上の危機を発生させた。国内安定のため、多国籍暫定軍（MIF）の緊急派遣を承認した後、国連は〇四年六月一日、ハイチでは九三年から六回目となる平和維持活動の国連ハイチ安定化派遣団（MINUSTAH）を創設した。[45] 今日でもハイチ情勢は引き続き深刻なままで、とりわけ武装解除と、一定の政治安定の確保に失敗したことが大きい。[46] さらに、経済面でも進歩がなかった。言い換えると、国連が託された幅広い任務（ハイチの民主主義を確固とした基盤にすえること）が、かつてなく曖昧な成果目標と化したのである。

それに比べ、シエラレオネ平和再建の展望はというと、しつこく残る特有の諸問題（とくに政治の腐敗と不安定）にもかかわらず、そこそこ有望と考えられている。[47] 九九年一〇月に創設された国連シエラレオネ派遣団（UNAMSIL）の成果は従って比較的良好で、二〇〇〇年五月、英軍主導の軍事介入以降、とくに状況が好転している。[48]「治安第一主義」という国際社会のとった戦略がまず対立する全勢力を武装解除に導き、シエラレオネ全土に一万七〇〇〇のＵＮＡＭＳＩＬ平和維持軍が展開した。地方でも政府の権威を復活させ、地域の治安悪化がいかに脅威となるかをより深く理解させるなど、いずれも国連平和活動の功績といえよう。ＵＮＡＭＳＩＬによる兵站支援がまた、長い道のりをたどって国家選挙委員会が直面した行政上の難題解消へと導き、〇二年一月に大統領選挙実施へとこぎつけた。同じ年にその後、国連とシエラレオネ政府の間で特別法廷の設置に合意し、戦争犯罪人の審判を進めている。(49)

シエラレオネの場合、平和構築への国際支援と国内の取り組みが明確に表明されてきていたが、〇四年、シエラレオネ真実・和解委員会最終報告が公表されると、その報告が苦難の過去から一新された国家の再出発につながる転換点を印した。(50) それでも、国連のシエラレオネ紛争処理に手放しで高い評価を与えることはできない。九〇年代後半の取り組み、とりわけ九八年七月―九九年一〇月に派遣された国連監視団（ＵＮＯＭＳＩＬ）の失敗を含め、致命的なほど非効率だった対応を忘れられるものでもない。(51)さらに、国連の努力をもってしても、国民を代表する主権責任を十分に果たせる安定国家の樹立に至っていない。(52) 国際的組織は引き揚げつつあるが、状況はなお国際支援の手を必要としている。(53)

東ティモールの場合、国連が監視監督したインドネシア支配終了と、独立を問うた住民投票をめぐる状況を見ると、成功例とみなすわけにはいかない。社会基盤の破壊や九九年夏の終わり、インドネシア併合派の民兵と政府軍が強制した集団住民移動（国連の監視下で同年八月三〇日に実施された独立の是非を問う住民投票後に、住民の移動が強要された）と、これを傍観した国連東ティモール派遣団（ＵＮＡＭＥＴ）の対応が国連の失敗をすべて露わにしている。(54) これに対し、九九年一〇月に創設され、平和構築にあたった国連東ティモール暫定統治機構（UNTAET）の業績は高く評価できた。[55] 平穏に達成された〇二年五月の独立が証明するように、その業績が末永く東ティモールの歩みに好影響を残すであろう。国連東ティモール支援団[56]（UNMISET）による平和維持支援は〇四年に国家基盤固めの最終年となったが[57]、これらは平和維持活動がどのように平和定着のプロセスへと移行していったかを示す好例となろう。

カンボジアと、デイトン合意以後のボスニア・ヘルツェゴビナ、それにコソボでは平和活動の全体的な目標達成が成否あい半ばする事例となった。カンボジアで国連を待ち受けたのは、大胆極まる大事業と思われた。国連の関与が始まったのは二〇年以上に及ぶ混乱の後である。七〇年、軍事クーデターでノロドム・シアヌーク体制を放逐してから九一年一〇月、パリで和平協定が調印されるまで、カンボジアは筆舌に尽くしがたい苦難の道をたどった。まず内戦（七〇―七五年まで）、そしてクメール・ルージュ時代（七五―七八年の間、強制労働キャンプと処刑場で大虐殺を行った）、七八年ベトナム侵攻（これによりクメール・ルージュ体制を瓦解させた）、さらにベトナムの後ろ盾で成立したフン・セン共産党政権がクメール・ルージュ残存勢力と戦闘を続行した。この悲劇的な歴史を踏まえると、平和構築のカギとなる諸分野で、国連は建設的な成果を残したといえる。

国連カンボジア暫定統治機構（UNTAC）の貢献によって難民帰還を促進し、非政府組織（NGO）の結成がうながされ、人権教育が始められた。さらに重要な点は、九三年に国連が実施した多数政党制選挙の成功であった。しかし、クメール・ルージュと政府側の反駁にあったことと、国連が双方に強い圧力を加えなかったために、和平協定で定めた平和構築に関する二つの重要案件を平和維持部隊の手で成就し得なかった。その二点とは各勢力の武装解除と、行政、治安機関の監視である。[58]その失敗の影響で分裂政治が国政の常態であり続けた。フン・セン氏は九七年七月クーデターによって力づくで権力を支配し、何十人もの政敵を処刑した。独立もしくは中立の立法機関や司法行政、裁判官、警察、官僚組織、あるいは政府を監視抑制し、市民的権利を擁護する主要機関をそれぞれ機能させるに至らないまま、国際的協力が終了し、カンボジアを去っていった。[59]国はなお困窮しており、弱体したままフン・セン党派のほぼ支配下にある。国連の平和構築計画が、そんな国の現状を目指したわけではなかった。それゆえ国連は、これまで以上に責任者の処罰がなく、信頼性を欠くカンボジアの問題点に注意を向けている。[60]

ボスニア・ヘルツェゴビナの平和構築も成否半ばした結果を残している。国連に託された平和構築の主要任務は、デイトン和平合意で大枠が示された。[61]この合意が国連に求めたのは、やや控えめな役割であった。[62]たとえば、国連ボスニア・ヘルツェゴビナ派遣団（ＵＮＭＩＢＨ）に現地警察の養成を要請した。[63]この分野では多少の業績をあげたものの、初めに想定されたほど大きな功績でもなく、速やかな成果でもなかった。悪いことに、事実上、三つの民族が存在し、それぞれ保持した個別の軍隊に加え、三つの警察組織が機能していた。[64]結果的に警察の抱えた病理と治安不穏が地域の宿痾であり続け、平和構築プロセスの適切な進展を阻害し続けている。[65]

最後にコソボにおける国連の平和構築でも成功と失敗が混在する。[66]確かに国連は、数多くの功績を記録に残した。中でも二つの貢献が際立っている。それは法秩序の拡大と、民主的な自治機構の育成であろう。[67]法秩序の面ではコソボ国際安全保障部隊（ＫＦＯＲ）と国連コソボ暫定統治機構（ＵＮＭＩＫ）の双方が、コソボ解放軍（KLA）武装解除の立役者といえた。これら二つの国際的組織は内戦勃発を防ぐ上でも貢献した。混乱しきって暴力の支配した戦乱直後のコソボでは、KLA支持派と、イブラヒム・ルゴバ主導のコソボ民主同盟（LDK）の間に内戦発生の危険が充満していた。国内の法秩序尊重に向けた最低限の基盤を築く上で、内戦を防止できたことが死活的な役割をはたした。同じ程度に貴重な成果が、効率よい諸機構の枠組みづくりであった。二〇〇〇年一〇月の地方選によって地方自治体に機構上、重要な責任が付与された。また翌年一一月の議会選挙を経て、〇二年二月合意による大統領と国会議長、首相指名の実現は国連派遣団の努力がもたらした大きな功績といえよう。[68] コソボのセルビア系住民の投票率が低かったにもかかわらず、〇四年一〇月のコソボ議会選挙でさらにこうした実績が強化され、コソボ諸民族の大多数が平和な民主選挙に参加し、信頼に足る指導者を求めてその意志を表明した。[69]

しかしながら、コソボにおける国連の平和構築が失敗した事例を見逃すわけにはいかない。とりわけ二つの失策が浮かび上がる。一つはKLAを武装解除に合意させながら、その事後処理で重大な過ちがあったことだ。KLA内部で犯罪マフィア同然の地下経済ネットワークを操っていたとみられる一部勢力に対し、真剣な対策をほとんど講じなかった。もう一つ、コソボのセルビア系住民の扱いで有効な戦略をもてなかったことが重大な問題点である。戦争終了後、セルビア人約一五万がコソボから脱出した。さらに、一〇万近くが飛び地か、分断されたミトロビツァ市北部にあるセルビア系住民で固めた居住地域に居残っている。この問題の帰趨は大きい。セルビア人の融合に失敗すると、ミトロビツァ市を南北に分かつイバル川沿いに出来上がった、事実上のコソボ分割線を既成事実化する恐れがある。その場合、コソボに残るセルビア人居留飛び地は、新たな戦闘によっておそらく消滅させられるであろう。[70]

■平和活動の失敗例

ルワンダにおける国連の役割は、デイトン和平合意以前のボスニア・ヘルツェゴビナと、ソマリア、アンゴラ、ルワンダにおける国連の役割は、それぞれ平和活動の失敗例と位置づけられる。これらの事例では、何らかの形で失敗と痛感させられる三つのポイントがあり、そのいずれも九〇年代の平和活動において安保理決議が心血を注いだ領域であった。その三点とは比較的短い期間で紛争終結に持ち込むことと、人道支援の実施、そして平和構築である。これらの分野における失敗をすべて国連の責任に帰するわけではない。紛争当事勢力に本気で平和手段による解決に合意する意思がなかったことも関係する。だが、その事実をもってしても、国連の結果責任は免れ得ない。

ボスニア・ヘルツェゴビナでは九五年秋のデイトン和平合意以前、UNPROFOR（九二—九五年）展開に合わせ、国連が実施した平和の強制と人道支援が無惨な失敗に終わった。第一は、UNPROFORが犠牲者一五万以上に上った大殺戮停止の手段をほとんど講じなかったことだ。第二に、人道支援物資の搬送がボスニアのセルビア民兵に常に妨害されていながら、その現実を多かれ少なかれ甘受したことである。UNPROFORがいわゆる安全地帯と呼ばれた、とりわけスレブレニッツァに幽閉された住民を救出できなかった点や、より一般的には平和維持部隊が民間人の殺戮や強制移住を拱手傍観したことが、国連の失態を要約する容赦のない現実といえよう。[71]

国連平和活動の失敗はアフリカにおいて一段と深刻に映る。もちろん、九二—九三年、ソマリア国民に施された人道支援の大切さを軽視すべきではない。その支援が間違いなく大勢の人々を助け、人命を救った。しかし、最終的には国連のソマリア介入を失敗とみなさなければならない。[72] 国連の関与による「平和強制」と「平和構築」のいずれの諸策も、平和をもたらし、国を正常化の道へ戻すことに失敗した。紛争から一〇年以上を経てもなお、ソマリアは政治と経済崩壊によって躓いたままだ。真の中央政府が存在しないまま、現ソマリア政府が引き続き、全土で武装民兵組織の抵抗に直面している。[73]

アンゴラは国連にとってより大きな失敗例かもしれない。そこでは戦争の終焉どころか、人道支援供与も平和構築のいずれも果たせなかった。アンゴラ解放人民運動（ＭＰＬＡ）と指導者ホセ・エデュワルド・ドス・サントスを中心に樹立された政府と、ホナス・サビンビ率いる反政府派アンゴラ全面独立民族運動（ＵＮＩＴＡ）の間に、国連は最後まで和平をもたらし得なかった。七五年の独立以来、両勢力は国の支配をめぐって、戦い続けた。[74] 八九年一月、国連がアンゴラで関与を開始し、国連第一次アンゴラ検証団（ＵＮＡＶＥＭⅠ）を派遣した。使命として託された現地キューバ軍撤収監視の任務を各勢力の協力で成功裡に完了した。[75] 事態はその後、転げ落ちるように悪化していった。九一年六月から九五年二月まで展開した第二次のＵＮＡＶＥＭⅡは紛争各勢力を停戦に導く適切な手段も、権威も持ち合わせなかった。[76] とりわけ、国連が支援した九二年九月の選挙結果をサビンビに受諾させる説得工作に失敗した。その結果、ほどなくして再び内戦に突入してしまった。九五年二月から九七年六月に派遣された第三次のＵＮＡＶＥＭⅢはきわめて脆弱な和平を達成したに過ぎなかった。[77] こうした経緯を経て平和構築プロセスが初動局面で破綻した。平和進展の確かな証左となるはずだった二つの条件、すなわちＵＮＩＴＡ民兵の武装解除と、全国土における政府行政権の確立拡充をいずれも実現できずに終わった。最終的にアンゴラで真の停戦への希望が蘇るには、〇二年二月のサビンビ死去を待たねばならなかった。

九四年、国連がルワンダで大虐殺阻止に向けた真摯な努力を欠いたことは、もう一つの失敗例であり、おそらく九〇年代における国連最大の失策と考えられよう。ここでの失敗は内戦勃発と人道上の惨劇、そして虐殺発生を防げなかったことにつきる。「国連ルワンダ支援団（UNAMIR＝九三年一〇月―九六年四月）の教訓に関する包括報告書」の冒頭を引用すれば、あの機会に国連がどれほど深くルワンダ国民の期待を裏切ったかを理解させてくれよう。

「① 九四年四月―七月までに、ツチ族を主体とするルワンダ人五〇―八〇万が虐殺された。各国が瞬時に断固とした反応をしめさなかったために、国連ルワンダ支援団（UNAMIR）の目前で虐殺が進行した。部隊は軽武装の平和維持部隊であり、アルシャ和平合意の実施支援のため、九三年一〇月から現地派遣されていたが、その時点で和平合意の崩壊が明白であった。虐殺が起きたのはUNAMIRにわずか四〇〇人の平和維持部隊しか残されていなかった時のことで、虐殺を阻止する明確な使命と権限、手段、必要な支援のいずれをも欠いていた。

② 派遣開始から実際の撤収までUNAMIRはルワンダの現実から常に一歩遅れをとっているように見えた。九三年一〇月に和平プロセス実施を支援するため派遣されながら、そのプロセスは開始以前からすでに行き詰まり状態と見られていた。危機の頂点にあったのに、いくつかの政府が勝手に自国派遣部隊の撤収を決定したことにより、UNAMIRの残留部隊は一段と弱体化し、危険に

さらされた一般住民に保護の手を差し伸べることができなくなっていた。うち続く虐殺に対応して九四年五月、UNAMIR増強が図られた時でさえ、公式目標兵力の五五〇〇に達したのがやっと九四年一一月のことで、その時点までに内戦は終了し、必要なのはもはや治安維持の支援ではなく、国家の再建支援だったのである[78]」

次いで国連は中央アフリカでも内戦拡大を阻止できず、コンゴ、ルワンダ、その他の諸地域を混乱に巻き込んだ地域紛争の拡散防止でも失敗し、何百万もの民間人犠牲者を出すに至った。

＊　＊

多岐に及ぶ複雑な平和活動を同時期に実施することにより、国連は大変なリスクを負ってきた。以前よりはるかに豊富な財源を得て、広く注目を集めても、主要加盟国にとって平和活動の優先順位は低いままにとどまった。それゆえ、九〇年代の国連平和活動は成否の混じる複雑な結果に終わった。この点でいえば、平和活動の成功と失敗は、紛争の時間的推移に呼応する傾向がみられた。成功するのは国連が危機勃発前に関与するか（紛争防止）、紛争末期に介入するか（平和構築活動）のどちらかであった。反対に失敗に終わるほとんどの事例は、危機の渦中か、関係勢力が依然として戦闘状態にある間に平和活動に取り組む場合に起きた。このことはとくに、平和強制が国連平和活動にふさわしくなかったという現実を示している。強制力を用いて紛争当事勢力に和平交渉を強いるのが、達成しがたい目標だと判明したのである。

これは当時の人道上の危機対応にあたって、国際社会が過剰と過小の両方の反応を同時に示していたという印象につながる。なぜそんな曖昧な対応をとったのか。なぜ国際社会は人道的危機に過剰と限定の混ぜ合わさった関与で応じたのか。それが続く第三章で分析する命題であり、まず手始めに国際官僚組織としての国連の役割から分析してみたい。

第二章　国際官僚機構としての国連の欠陥

国連は、平和活動の曖昧な成果の説明を求めるべき第一の場所である。このためには、国際機関として国連の抱えた政治と活動の両側面にある限界について、その影響を分析する必要がある。国連の政治的欠陥を検討するにあたり、平和活動の概念と履行に関して異なった見解から生じる諸問題に、集中して注意を向ける必要があろう。その見解の違いは、第一に国連事務総長と安全保障理事会の間に存在し、第二に安保理常任理事国同士にもある。国連が活動面で抱えた限界の影響に関しては、次の三つの問題を検討しなければならない。つまり、国連本部を支配する外交的文化と現場の要望との間に存在する緊張状態、ニューヨーク国連本部の行政能力と現場のニーズとのギャップ、そして意思疎通のために国連が本来とるべき政策の欠落である。

I　国連の政治的欠陥と、平和活動に対するその影響

国連内部の重要な意思決定者たちには、協力的な相互関係が期待されている。これが十分でなければ、意思決定者らはすぐに行き詰まりに直面してしまう。一九九〇年代、主要国間の協調は概ね成し遂げられ、国連の人道危機取り組みが可能になった。しかし、その協調関係は順調というには程遠いことが分かった。事務総長と安保理、そして安保理常任理事国間の不一致が、国連の断固たる態度や首尾一貫性と調和の実現、すなわち効果的なリーダーシップを発揮する能力を弱めることになった。

国連事務総長と安保理の権限――理論から実践まで

ソマリアやボスニア・ヘルツェゴビナ、ルワンダ（九〇年代の特徴的な三つの危機）に対する国連のアプローチに関し、事務総長と安保理メンバー国の間に生じた不一致の影響を検証する前に、事務総長と安保理の権限の相互作用を理論と実務面から概説しておくことが、国連の審議や意思決定の枠組みを理解するのに役立つであろう。

■国連憲章による事務総長と安保理

国連憲章では、事務総長と安保理のそれぞれの地位と役割は明確に規定されている。また、明らかに確立されているのが両者の既存の権限の不平等性である。憲章は安保理に事務総長を上回る地位を与えている。

事務局機能に焦点を当てた憲章第一五章の五つの条文によって、事務総長の地位と権限が規定されている。[1] 九七条で事務総長の地位に言及し、国連の行政官トップと記述される。事務総長の責任の範囲と限界がこの規定に由来する。九八条は事務総長の行政権限の中で、さまざまな機関の会合で国連を代表すると明記する。九九条はまた、その政治的権限について述べているが、「事務総長は国際平和と安全の維持を脅かす可能性があると認める事項について、安保理に注意を促すことができる」と記述するに過ぎない。[2] この条文をこれ以上簡略化するのは不可能であろう。その事務総長の権限には国際秩序に影響する危機の特定が含まれる。それにもかかわらず、「安保理に注意を促すことができる」という表現は、安保理に対して事務総長の強い権限を保証するものではない。一〇〇条には事務総長の役割が持つ倫理面の指針と、国連職員のそれとの双方の記述がある。それは事務総長の公平さと客観性の要約となっており、[3] 加盟国の背後にある特定の利益を超えた地位に位置づけ、国連全体の代表としている。最後に一〇一条では、国連の構成とその専門性および道徳的資質に関する事務総長の制度的責任についても言及する。

事務総長と比べ、憲章が安保理に与えた関心と権限はかなり大きい。安保理は国連の執行機関と規定され、国際平和と安全保障問題に関する主な政策、活動決定のカギを握る。中でも三つの要素が際立っている。一つは、安保理が国連への加盟資格、つまり、いずれの国の加盟を認め、認めないかを決定する。[4] また、加盟継続や追放の決定も行う。[5] 次に、安保理の決定と行動には代表者としての性格がある。安保理は国連の組織全体のために加盟国を代表して発言する。[6] これは国連と安保理の主要な責務となる国際平和と安全の維持について、特に当てはまる。[7] 最後に、国際平和と安全の維持に関して安保理の持つ権限が挙げられる。それらの権限は憲章第六、七、八章で扱われている。

第六章において、紛争が国際平和と安全に対する脅威かどうかの判断権限を安保理に付与している。[8] また、当事者間で紛争を平和的手段で解決するための支援権限も与えている。つまり、安保理は交渉、調査、和解、調停、司法解決、解決を探るための地域機関や取り決めへの訴えなど、広範なイニシアチブを取ることができる。[9]

第七章は、「平和に対する脅威、平和の破壊、侵略行為」を取り扱う安保理の主要な役割を端的に示したものだ。すべては脅威の存在を判定し、決定する権限を安保理に付与する第七章三九条から始まる。脅威の解釈と判断の権限は重大である。それが国際的な行動への出発点となるからである。国際平和と安全への脅威に対処する現行の措置は、制裁に始まり、その他のオプションがない場合に選択する武力行使まで段階的に定められ、四三条から五一条に明示される。[10]

第八章では国際平和と安全の維持における地域機関の役割の枠組みが示される。ここでも再び、安保理を不可欠な機関と位置づけている。一般的な解釈に立てば、安保理には地域問題の査察権が認められている。例えば、第八章五四条の規定では、紛争に対処するため、地域レベルで実施されたいかなるイニシアチブも安保理への報告を求めている。安保理はそれ自体で、地域紛争に対応するイニシアチブを取ることもできる。[11] そこで国際平和と安全を維持する方法としての強制と武力行使となるが、五三条の内容はさほど明確とはいえない。それでも五三条は安保理に対して地域的取り決めを通じ、武力行使の容認に関して指導力と独占的なイニシアチブの権限を与えている。地域機関はそれ自身では行動できない。安保理の許可に依存しているのである。その結果、安保理は原則的に、集団安全保障に関して世界的、地域的レベルにかかわらず、争う余地のない支配権限を有することになる。[12] こうした権限に加え、安保理は事務総長を圧倒する力も有している。事務総長が安保理の推薦に基づき、総会によって選出される事実が、この関係を痛切に理解させてくれよう。[13]

■事務総長と安保理の実務上の関係　憲章は事務総長と安保理の権限の間に大きな不平等を明記するものの、事務総長の役割が重要でないと結論づけてはならない。実際には、事務総長は規定で示された以上に、より本質的な役割を果たすことができる。事務総長の日々の職務には、その権限の重要性を示す多くの特徴が含まれている。

事務総長の権限を詳細に明記したり、規定したりしないことによって、憲章は規定した場合よりもその権限の持つ余地に幅を持たせている。ある程度、権限の限界を状況判断や現場の人々の裁量に委ねているのだ。したがって、歴代の事務総長は出来るだけ有利な解釈を下すことによって、その権限の定義に関連する空白部分を補完する傾向にあった。弱体と言われてきた事務総長でさえ、この点では遠慮を見せなかった。[14] また、国連本部事務局の意思決定プロセスで示されるように、事務総長は自由になる手段も有しており、これが注目すべき権限につながる。特に事務総長報告を通じ、直近の重要問題について安保理に対して指摘を行い、自分の要望を知らしめる手段として活用する。[15] さらに、事務総長は政治的なプレーヤーでもある。国連トップとしての座が各国の国連代表と対話し、交渉する地位を保証しており、とりわけ加盟国同士が互いに対立し、紛糾状態にある場合、調停人となる一面も備えている。

この点で事務総長は政治的な重要性に加え、象徴的かつ道義的権限を有することになる。国連の構成要素（加盟国）の総体として以上に、国連の精神を具現するよう期待されている。安保理常任理事国をはじめ、構成国が絶えず利己的なイニシアチブを発揮したがるのに比べ、事務総長が危機解決への支援を呼び掛ける上で、これが重要な資産となっている。[16] この資産のおかげで、事務総長は「最後の手段」としての地位に立てる。さらに、事務総長の座にある人物の人柄によって、事務局の影響力増とはいわないまでも、注目度を高めることもできよう。

九〇年代の事務総長と安保理

事務総長と安保理（より具体的に言えば、西側常任理事国）双方が、ソマリア、ボスニア・ヘルツェゴビナ、そしてある程度はルワンダの場合においても、危機に際して見解の相違を埋められなかったことは、これらの国々に対する首尾一貫した国連の効果的な関与を危うくし、重大な形で負の結末をもたらすことになった。

■ソマリアに関する見解の不一致と、国連平和活動努力に対する影響　九二年一二月、ソマリアの人道的危機を停止させるため、国連主導で最大三万の部隊派遣を決定した点では、ブトロス・ブトロスガリ国連事務総長と安保理との間に大きな齟齬（そご）はなかった。数カ月に及んで人道支援機関と報道機関から圧力が強まるのに伴い、ほとんどの国際社会の関係者が飢餓と数十万人に上る死者に終止符を打つため、思い切った何らかの対策を講じる必要性を感じていた。しかしながら、米国の関与のあり方をめぐり、事務総長と米国間に生じた三つの不協和音が影響した。この不協和音とは、ソマリアにおける部隊の駐留期間についてであり、任務の意義、特に治安回復をどうするか、そして活動のさまざまな段階での指揮命令、調整に関してである。

ソマリアにおける米軍部隊の駐留期間の問題については、「希望回復作戦」および作戦に引き続いて予定された国連第二次ソマリア派遣団（UNOSOMⅡ）に対する米国の支援に関して提起された。当初から、父ブッシュ米政権は作戦を二、三週間という短期の展開と想定し、事後を国連が引き継ぐという計画でいた。しかし、ブトロスガリ事務総長の考えでは、現地治安を満足できる水準に立て直せることがUNOSOMⅡ派遣の条件であった。この条件が達成されたかどうかの評価が、米国と事務総長の争点の一つとなった。九三年一月末までに、米政府は情勢が十分に安全であると主張したが、[17]国連本部の見解はまったく異なっていた。[18]三月、事務総長の治安状況に関する判定は、依然として否定的なものであった。[19]それにもかかわらず、米国の主張が優勢となり、米国から国連への引き継ぎが九三年五月三日、公式に行われた。この時点ですでに、米国は国連の消極的態度にうんざりしており、撤退を開始していた。[20]事務総長と米国の合意が不調に終わったことで、UNOSOMⅡは展開当初から危機にさらされてしまった。国連主導による軍部隊には抑止力と信頼度が欠けており、人道的な援助活動を実施する環境を確保できなかった。

国連事務総長と米国は、米軍指揮下の部隊に任された治安環境を保証する任務についても衝突した。

ブトロスガリ事務総長は、「希望回復作戦」の成功は次の二つの主要条件にかかっていると考えていた。つまり、米軍のソマリア全土での展開と、ソマリア国内の勢力各派の武装解除である。[21] これら二つの要件に関して、米政府は極めて異なる見解を有していた。まず、ソマリア全土での部隊展開を望んでいなかった。勢力各派の武装解除でも、実務上の計画に基づく政策というより、現場で適宜対応する努力目標くらいに理解していた。[22]

任務に関する解釈では、どちらが正しかったのか。米国の正しさを主張したがる声もある。結局、ソマリア統合特別部隊（ＵＮＩＴＡＦ）の任務を大枠で示した九二年一一月二九日付の安保理あて書簡で、事務総長はＵＮＩＴＡＦの全国土展開について、可能ならばと条件付きとし、必須要件とはしなかった。結果として、決議七九四はソマリア全土展開の必要性を明示していない。[23] 確かに、事務総長は全国土展開について、その後、改めて九二年一二月八日付のブッシュ大統領宛書簡、および同一九日の安保理への報告で強く主張するが、その必要性の理由付けはソマリアの治安確保という面では筋が通っていたのである[24]（実際、恐らくはより理があった）。

各派の武装解除についてはどうであったか。事務総長の解釈は正しいと思える。九二年一一月二九日付の安保理宛書簡で、事務総長は治安回復のためには重火器の撤去が決定的な要件と明言していた。[25] この書簡を受けた決議七九四は、武装解除について明確な任務を与えた。それにもかかわず、米国は重火器から被り得る自国部隊の最小限のリスクも負いたがらず、その任務から距離を置いた。こうして、米国は武装解除の機会を逸した。[26] 力の均衡に極めて敏感な各武装勢力は、ＵＮＩＴＡＦが重火器の排除に積極的ではないことを見て、それを奇貨として「希望回復作戦」の開始から受け入れていた服従路線を放棄した。結局、米国が重火器排除の任務を引き受けなかったために、その責務はＵＮＯＳＯＭⅡが担う――ブトロスガリ事務総長が当初から恐れていた事態――ことになった。ＵＮＯＳＯＭⅡにとって気の重い任務であったはずである。

指揮命令と調整の問題は、ＵＮＯＳＯＭⅡとの関係において深刻な難題と判明した。二九カ国で構成するＵＮＯＳＯＭⅡに対する米国の貢献は、兵站部隊八〇〇〇、緊急展開部隊一二〇〇に上った[27]。ＵＮＯＳＯＭⅡ担当はジョナサン・ハウ退役大将（父ブッシュ大統領の元国家安全保障担当次席補佐官）。彼が国連事務総長特別代表として統括し、米軍の兵站部隊は国連の指揮、監督下に入った。国連指揮下の最初の米軍部隊として、その参入は何ら大きな問題を生じさせなかった。しかし、米軍の緊急展開部隊は別だった。ＵＮＯＳＯＭⅡの軍事コンセプトを特に分析した九三年三月三日の事務総長報告も、またＵＮＯＳＯＭⅡ創設を決定した決議八一四も、ＵＮＯＳＯＭⅡと緊急展開部隊の関係がどうなるのか、正確には言及していなかったのだ。

こうした重要な問題（武力行使への関与を含む）で明快さを欠いたのはなぜなのか。答えは簡単である。問題が重要だったからこそ、明確さを欠如させることが最も大切であった。対立の程度を表沙汰にして、米国の関与実現を危うくするよりも、曖昧にしておく方がよかったのである。ＵＮＯＳＯＭⅡへの米軍参加を要望していたブトロスガリ事務総長は、武力行使の可能性に直面した米軍が国連指揮下に置かれるのを望まないことを承知しており、曖昧さを残すやり方を受け入れた[28]。曖昧とはいえ、少なくとも緊急展開部隊はUNOSOMⅡと調整し合って行動することになっていた。実際には協調行動はほとんどなかった。さらに悪いことに、UNOSOMⅡとアイディード派の緊張激化に伴い、双方の調整強化が不可欠かつ必須であったにもかかわらず、逆比例して調整行動は消滅していった。[29]

その状況は特殊部隊デルタ・フォースと陸軍レインジャー部隊がソマリアに到着した九三年夏に完全に一変した。米軍精鋭部隊の任務は緊急展開部隊の米軍部隊を援護し、ソマリアの主たる不安定要因とみられたアイディード将軍追跡に加わることにあった。[30] レインジャー部隊はUNOSOMⅡの公式指揮系統の枠外に置かれ、フロリダ州タンパにあるマクディル空軍基地の米中央軍から指令を受けた上、アイディード将軍に対する作戦についてはワシントンの軍上層部から許諾を得ていた。[31] 事務総長と国連は、概ね蚊帳の外に置かれた。米軍の行動が九三年一〇月、銃撃戦に発展し、米軍に一八、ソマリア側に数百の死者を出した。これにより、ソマリアに対する国連関与の終焉が早められ、最終的には失敗に終わることになる。

■ボスニア・ヘルツェゴビナの平和活動

国連関与に消極的な事務総長と曖昧な安保理との狭間で——ブトロスガリ事務総長と安保理常任理事国の米英仏三カ国がまず、ボスニアに国連が関与すべきかどうか、次いで関与の方法について対立したことが、戦争終結の支援に向けた国連の政策と能力に対する信頼性を傷つけた。

最初の事務総長の消極性について言えば、紛争当初、そして紛争の継続中も、事務総長は国連のバルカン危機関与に賛成ではなかった。もちろん、何かが行われるべきであるのは承知していた。しかし、国連が行動を起こすのには慎重であった。国連の関与に成功を望めないと考えていたためだ。[32] バルカン地域は滑りやすい坂道のようなもので、不安定な上、失敗した場合、国連がスケープゴートにされてしまうと懸念していた。[33] 一方、米国、フランス、英国は国連の関与を働きかけた。三カ国は関与を要請する一方で、とことん国連を支援するわけでもなく、ボスニア・ヘルツェゴビナ和平達成に国連が必要としている支援提供にも消極的であった。

事務総長の消極的態度は、ボスニアでの国連関与の方法をめぐり、自身と安保理常任理事国の西側三カ国との見解が食い違ったことによって増幅された。双方の不一致は、主に次の四点で生じた。すなわち、①設定された目的達成のために国連が実施する措置②指揮系統のあり方③武力行使の是非④平和活動任務の内容――である。

まず、米英仏は安保理で国連に対して多角的で複雑な任務を与えながら、任務履行のために必要な手段を提供しなかった。現地に派遣されてくる部隊は、しばしば遅れて到着し、しかも、当初に期待され、もしくは示唆されたものより小規模の編成配備となった。安全地帯の事例は、この状況の格好の例といえる。事務総長は九三年六月一四日付の安保理への報告書で、安全地帯（スレブレニッツァ、サラエボ、ツズラ、ゼパ、ゴラジュデ、ビハチとこれら各都市周辺部）を保護するために、力による抑止効果を上げるには約三万四〇〇〇の追加兵力が必要であるとした。安保理はこの勧告を拒否し、わずか七六〇〇の追加派遣という軽微な対応をとったにすぎなかった。ただ、この最低限の要求でさえも兵力派遣国によって充足されることはなく、地域に展開した国連保護軍（ＵＮＰＲＯＦＯＲ）のプレゼンスは大きく制限される

ことになった。(34)

事務総長と安保理との争点の二つ目は、指揮系統で起きた。ブトロスガリ事務総長はある程度、部隊派遣国に現地指揮権を認めた。平和強制行動は言うに及ばず、最も単純な平和活動でさえ、計画し、支援し、指揮する国連事務局の能力が極めて低いがゆえに、派遣国による指揮権維持が正当化された。その上、部隊派遣国が、自国兵士の安全にできる限りの責任を持ちたいということも理解できた。その一方で事務総長は、作戦指揮に各国が口を差し挟むことでUNPROFORの配備に影響が出てはならないと考えていた。UNPROFORはすでに兵力の分散展開により、危険なまでに弱体化していたからである。(35) この問題に関して合意が成立しなかったことで、UNPROFORは中核を失い、首尾一貫性と効率性を欠いてしまうことになった。

空爆による武力行使の時ほど、両者の不一致が明白になったことはなかった。UNPROFORに関する任務と取り決めでは、地上での武力行使を明確に禁止しており、空爆が唯一の武力行使の手段であった。国連かNATOか、いったい誰が空爆実施の決定責任を有するのか、不協和音の大きな原因となってきた。事務総長は空爆の最終決定権を自分自身、少なくとも国連事務総長特別代表が保持することに固執した。米国はナポリのNATO南部軍司令官が空爆実施を自由に指揮できるよう要求した。部隊派遣の主要貢献国、とりわけフランスとカナダは、UNPROFORの指揮官が航空戦力の投入に関して拒否権を持つべきであると主張した。(36)

妥協は最終的に成立した。複雑な「二重のカギ」手続きが作成された。NATOはUNPROFOR

側の同意――国連部隊のリスクを最小限にするための取り決め――があった場合のみ、空爆を実施することになった。重要なのは、こうした攻撃に対する承認が、事務総長により権限を委任された現地の事務総長特別代表によって与えられなければならなかった点だ。承認手続きの複雑化は、空爆の意思決定プロセスに関連する討議と並び、国際社会の抑止力を強化するにはあまり効果をもたらさなかった。事実、この「二重のカギ」手続きは作戦面から見れば、極めて非実戦的といえた。米国が期待した航空戦力の投入を容易にするどころか、当の明石康特別代表は空爆承認に消極的であった[37]。

任務をめぐる混乱が、事務総長と安保理の緊張をもたらす最後のポイントとなった。当初、UNPROFORの任務は次の三つの目標を達成することにあった。まず、人道援助物資の引き渡しであり、次いで「飛行禁止区域」や安全地帯、排他地帯などの設定を通じ、紛争当事勢力に制限を加えて紛争を封じ込めること。最後に、地域ごとの部分停戦やその他の取り決めを交渉し、可能であるならばこれらを維持し、全般的な政治解決を目的とした支援手段の提供により、和平の展望を促進することである。現地の各派の同意がなければ、こうした目標は達成不可能であった。段階を追ってUNPROFORは、平和維持と平和強制の相混じった性格を帯びるようになった。こうした状況の副産物として、UNPROFORとはいったい何か、その優先目標は何か、何を実施するのかなどについて、鮮明な姿を描くことが困難になっていった。ブトロスガリ事務総長が、これだと破滅への処方箋となるという見方を示したのに対し、少なくとも九五年晩春の時点では、まだ全面的な武力行使に踏み込んでいなかった（英仏米が実施を拒否していた）ものの、英仏両国は何ら武力行使しないよりましであると主張していた。

結局、事務総長と安保理の主要国との対立のため、ボスニア・ヘルツェゴビナでの国連活動は暫定的で、不安だらけの取り組みと映った。これはさらに国連の機能遂行能力をたわめ、立案段階でさえ、極めて疑わしいとみられた手続きや施策を現地で実施に移してみると、大惨事を生じさせるだけとなった。スレブレニッツァの悲劇で、煩雑な「二重のカギ」手続きが果たした役割はまさにこの悪しき典型例である。[38]

■ルワンダで国連関与を求めた事務総長の最初の呼び掛けから、国際社会の断念に至るまで　国連によるルワンダ関与の当初から、安保理は事務総長が示唆したような派遣団創設に気乗り薄であった。九三年八月四日に調印されたアルシャ協定は包括的かつ広範なもので、ルワンダの政治的・軍事的・組織的改革を提示していた。[39] 協定は、ハビヤリマナ大統領のフツ政権とツチ族のルワンダ愛国戦線（ＲＰＦ）の紛争に平和的解決をもたらすことを狙い、ルワンダに民主的に選ばれた政府が樹立されるまで、広範な基盤を持つ暫定移行政府の樹立を期待した。また、中立的な国際軍に合意履行を支援するよう求めた。合意の当事者たちは国連が責任を担い、国際軍部隊を指揮するよう要請した。国際軍に対し、ルワンダの治安全般の維持、隠匿された武器の捜索、武装勢力の無力化、地雷除去とともに、軍の解体、新たな国軍と国家憲兵隊創設の支援を望んだ。さらに、人道援助の引き渡し、難民帰還、避難民とりわけツチ族の再定住への支援も要望した。

九三年九月二四日付の安保理への報告でブトロスガリ事務総長は、ルワンダには平和強制ではなく、伝統的な平和維持任務が必要であると主張した。事務総長は協定の当事者の希望を受け入れながらも、二つの大きな要請を排除した。というのも、ソマリアでの経験から、ルワンダ全土に及ぶ治安確保と、武器押収というアルシャ協定の要請を安保理が受け入れそうにないことを知っていたからだ。そのため、ルワンダに対する勧告を首都キガリおよびその周辺の治安確保に限定し、武器管理をただ監視にとどめて、武器押収への支援を除外した。[40]

これら二つの除外例をみれば、ルワンダの国連派遣団は脆弱で、ほとんど平和維持任務を遂行することは無理と思われた。しかし、安保理はこうした限定的な任務でさえも実施したがらなかった。とりわけ米国は多くの事務総長勧告に反対姿勢を鮮明にした。米国は、支出を最低限に抑制するのが優先課題と主張した。[41] 象徴的に一〇〇人の兵士派遣にとどめて、平和維持の役割の軽減を要求した。

九三年一〇月五日、安保理は決議八七二を採択し、ルワンダに小規模で脆弱な平和維持部隊、国連ルワンダ支援団（UNAMIR）の派遣を決定した。これは妥協の産物であり、意欲の薄い関与といえた。安保理は最終的に二五四八人の部隊派遣に合意したが、任務の範囲は限定された。それはただ、「特にキガリの治安に貢献する」ことだけだった。[42] また、アルシャ協定と九月二四日付の事務総長報告が、平和維持部隊に対し、帰還難民の安全確保支援を要請したのに比べ、決議八七二で与えられた平和維持部隊の任務は「ルワンダ難民の帰還プロセスを監視すること」にとどまった。[43] 難民の安全については一言も触れられていなかった。さらに、現地で直ちに明らかになったのだが、実際に派遣された部隊二〇〇〇の装備と対処能力は、UNAMIRに求められた限定的任務にさえ適応していなかった。[44]

この時点で、国連のルワンダに対する強力な関与の展望は、かつてなく暗い見通しとなった。安保理はそれまでに、平和維持活動の現状以上の関与を忌避しており、ソマリア介入の失敗とボスニア・ヘルツェゴビナ、アンゴラの情勢悪化に伴い、この態度を強硬にしていった。事務総長とその幹部スタッフは、ルワンダで何が起きていようと、三大国にとって優先課題ではないのだと認めざるを得なかった。ブトロスガリ事務総長は、その年の冬の間、ルワンダのさまざまな代表団と会談し、国際社会（例えば安保理の常任理事国）がルワンダに真剣に関与する意思がない以上、ルワンダは自らの責任で進んでいかなければならず、その行方（平和か戦争か）は自国の政治指導者にかかっていると警告した。

この幻滅感を見れば、事務総長と幹部スタッフが九四年の冬から初春にとった不干渉主義の対応を理解できるのだが、弁解にはなりえず、むしろ国連幹部にも責任の一端がある。そこに疑いの余地はない。[45]一月から四月の間、平和維持活動局はＵＮＡＭＩＲの司令官ロメオ・ダレール准将が国連本部に送った武器隠匿と暴力の激化に関する警告情報を見過ごした。[46]さらに悪いことに、当時、コフィ・アナン氏が責任者を務めていた平和維持活動局の指導部は、あまりにおぞましいニュースが引き金となって、安保理がルワンダからのＵＮＡＭＩＲ撤収決定を行いかねない懸念を持っていたため、こうした情報を安保理側に伝達しなかった。

ブトロスガリ事務総長の態度も、事態改善に寄与しなかった。大量虐殺開始のニュースが入った時、事務総長は出張先の欧州に滞在していた。ルワンダ情勢の劇的な展開にもかかわらず、直ちにニューヨークに戻る決断をしなかった。結果として四月二〇日に帰任し、安保理に直接報告したが、すでに虐殺が始まってから二週間が経過していた。四月七日から二一日までにあった虐殺封じ込めの糸口をつかみ損ねてしまった。[47] さらに、四月二〇日に安保理に提出した報告書の中で、ルワンダで起きていることは二つの対立勢力による内戦と断定した上で、虐殺の責任は双方にあると指摘し、フツ族過激派によるツチ族への組織的かつ周到に準備された虐殺と見なさなかった。[48] そうすることで、事務総長は軍事介入を行うべき格好の道義的事例を葬り去るのに手を貸したのかもしれず、間違いなく九四年四月二一日に採択された決議九一二へ道を開いていた。その決議とは、国連部隊の規模を象徴的なレベルである二七〇人に縮小させ、まさしく内戦が進行する地域の状況に適応するよう調整した内容となっていた。

一方、安保理メンバー国も行動を起こす熱意を持つようには見えなかった。[49] 安保理各国は九三年九—一〇月にルワンダへの大規模な対処措置を忌避していたのに加え、悲劇が迫っていたにもかかわらず、従来通りの無関心を示す数多い徴候を露呈させていた。

第一に、安保理常任理事国の中には、現地のダレール司令官以上にルワンダ情勢に精通した国があったと思われた。[50] とりわけ、フランス、おそらく米国も、自国の情報機関が収集した広範囲な情報を保有していたであろう。[51] 虐殺が起きる数カ月から数週間前に行動を起こす気があれば、可能であったろう。[52] 加えて、虐殺行為が猖獗を極めていた四月の安保理協議では、安保理主要国の消極姿勢が際立った。すなわち、ルワンダに対する軍事介入をまったく視野に入れていなかった。[53] UNAMIR増強の可能性を討議したのは、虐殺への対応措置という観点からではなく、自国民保護が目的であった。[54]

また、事務総長と幹部スタッフがあくまで措置行動を求めていたならば、米国の反対に直面していたであろう。この時期、事務総長はこれまでになく米国の指導力に期待を寄せていたが、五月初めまでにクリントン大統領の大統領令二五号（ＰＤＤ―25）が発動され、その数カ月前と比べ、事務総長がルワンダへの国際的介入を承認するよう安保理を説得することは一段と困難になっていた。その大統領令をめぐる検討は数カ月をかけて準備され、ソマリア紛争後の状況を規定していた。それは冷戦後の多国間平和活動に関する初の米政策の包括的再検討であった。将来に向けた国連の平和維持活動の支援に関し、厳格な条件を設定していた。今後、米国の関与には、特定の基準が満たされることが条件となった。その条件とは、米国の権益、世界平和への脅威、緊急対応を要する人道被害、明確な任務目的、停戦の実施、受容可能な費用、議会や国民、同盟国からの支援、決然たる指揮権と統轄、確定された出口戦略などである。[55] このうちルワンダについては、暴力と結びついた緊急の人道被害という一つの条件しか該当しなかった。安保理決議九一八（五月一七日）採択の裏には、この条件だけでは米国介入には不十分という現実が示されている。

五月初め、ルワンダへの部隊派遣をめぐり、別の解決策を模索しようとした事務総長の試みは、失敗に終わった。[56] ルワンダの虐殺は続き、事務総長は再び安保理に要請した。五月一三日に安保理に提出した事務総長報告書の中で、危険な状況にある民間人を保護し、人道支援活動のための治安を確保する目的で、キガリに向けて、一個旅団（十分な装備を持ち、訓練された約五五〇〇人）の即応部隊の空輸作戦を提案した。[57] ただし、この部隊に平和強制の任務は想定されていなかった。この作戦提言はニューヨークの本部に四月八日付でダレール司令官が送付した電信の原案に基づいていた。この提案に対して直ちに米外交官から不満の声が上がった。オルブライト米国連大使は、平和維持参加を規制する新たな大統領令をふりかざした。大統領側近は大統領令に照らして、ルワンダの計画は不適切であり、現地情勢の評価判断が欠けると指摘した。その結果、決議九一八により、UNAMIRとして五五〇〇人の追加派遣を最終的に承認したものの、まったくの見せかけに過ぎない対応であった[58]。その時までに、国際社会はすでにルワンダに対して門戸を完全に閉ざしていたのだ。

事態に別な展開が可能であっただろうか。事務総長と安保理の間にもう少し一致点があれば、ソマリア、ボスニア・ヘルツェゴビナ、ルワンダの国連関与の際、両者の緊張関係が強いた代償を回避できたであろうか。回避可能だったろうと考えたくなる。最も必要とするプレーヤー同士を敵対関係に置くことは、とりわけブトロスガリ事務総長にとって賢明な策ではなかった[59]。安保理を守勢に立たせたことで、その政治、財政、兵站面における支援強化を促すことができなかった。劇的に拡大する危機に際し、個人の激情を排除し、崇高な道義に基づく選択が求められていたにもかかわらず、最終的に緊張関係が個人の自尊心を傷つけ、任務遂行の妨げとなった。波風をたてない事務総長であったならば、平和活動の概念と実践を改善する上で役立ったであろうし、その結果もまた違ったであろう。

ブトロスガリ事務総長の後任であるコフィ・アナン事務総長にまつわるエピソードは、抑制のきいた楽観主義者であることを示している。アナン氏は、事務総長という職務を考慮する上で、重要な政治資質となるある種の人間的特質を有していた[60]。ブトロスガリ事務総長が自らの考えを述べ立てることに、より関心を払うのに対し、アナン氏は人の話を聞くタイプであり、また、前任者が周囲の信頼できる人の輪から大半の人々を追い出しがちだったのに比べ、アナン氏は逆に人を招き入れる。また、ブトロスガリ氏があまり好まなかったチーム・スピリットと仲間意識にも相通じ合う。人々を威迫しないし、いらだたせる態度も見せない。しかしながら、その人間的、政治的資質をもってしても、そして安保理（事務総長の資質が少なからぬ役割を果たす組織）との良好な関係にもかかわらず、安保理に人道的危機解決への強い関与を求めた際、大方のところ、前任者以上のことを成し遂げられなかった。九〇年代後半、アフリカのシエラレオネとグレート・レーク地域〔ビクトリア湖などを囲むルワンダやコンゴ共和国等の国々、地域を指す〕へ示した安保理の消極的対応は、双方の良好な関係だけでは十分ではないことが示されている。

安保理内での不一致と、平和活動に対する影響

安保理常任理事国の影響力は、拒否権を有しているため、多国間政治において極めて大きい。九〇年代も例外ではなかった。常任理事国の対応が平和活動を大きく左右した。当時の人道的危機の取り組みにあたり、それは死活問題であった。冷戦の終了とともに状況は変化し、安保理は人道的危機に対して何らかの責任を取らなければならないと認識するようになった。同時に常任理事国間に生じた見解の相違が、中でも平和活動が平和強制を伴う場合、何らかの形で否定的な役割を演じることとなった。[61]

安保理常任理事国には、はっきり二つのグループがあった。中国とロシア、もう一方は米英仏である。中国とロシアは現状維持を支持し、国際的介入とそれに伴う武力行使に乗り気ではなかった。米英仏は、より積極的で柔軟性を持つ強制的アプローチの採用に前向きであった。これら二つのグループ内にはいずれにも、それぞれの国家の特異性に起因するもう一つの対立があった。究極的には中ロと米英仏の間

の溝が、西側三カ国相互の対応の相違とともに、平和活動の形態や現地、そして広く世界での受けとられ方、さらに活動の成果に大きく影響した。

■中ロの立場および平和活動に与える影響

中国とロシアは、安保理が立ち向かう人道的危機に対して、大なり小なり政治的に同じ立場にあった。外交的、政治的チャンネルの活用と調停継続を支持し、平和維持と平和強制の混成に神経を尖らせた。人権と人道優先の名に基づく武力行使の可能性は、国際関係における中ロの見方と対立し、両国の既得権益にも反した。

中国の側から見れば、平和活動における強制の側面は以下の理由で問題があった。つまり、一般的に見て、強制は主権と領土保全の相互尊重、内政不干渉という諸原則に反しており、これら諸原則は国際システムの安定と正義を保つカギとみなせる。結果として中国は、たとえ外国による明確な敵対行為と侵略があったとしても、武力行使を含んだ憲章第七章の規定に不快感を抱いてきた。[62] 中国はまた、さまざまな制裁（経済、外交、その他）の支持でも、とくに紛争が本質的に国内問題である場合、腰を引いた。人道的な大災厄や人権侵害をもってしても、主権国家の内政不干渉という原則の侵犯を正当化できるものではないと考えているのだ。より具体的に言うならば、人道的介入をもたらす平和活動は、西側の国際的な影響力、特に米国の影響力をさらに強化すると懸念していた。人道的介入を実施するのがすべて先進国以外の地域であるという事実が、この反抗的態度を強硬にした。結局、国内および周辺地域に既得権益を持ったため、九〇年代の平和活動にあった特徴に不快感を覚えていた。自国の過去の人権問題、支配下にある周辺地域の人権状況（特にチベット）への絶え間ない批判にかんがみ、中国政府は人道および人権問題を対象とする平和活動が将来、自国に向け実施される前例になることを恐れた。これらのことにより、中国は現地の当事者の同意に基づく派遣という伝統的な平和維持を、唯一とは言わないまでも主たる対応策と考えていた。

平和強制に反対していたにもかかわらず、中国は安保理では穏健な態度をとった。人類の苦難を救う上で障害と見られたり、無神経と思われたくなかったからである。さらには、介入の対象となった国々の問題の深刻さが、主権や領土保全の原則主張を遠慮がちにさせる事情もあった。結局、中国政府は武力行使をソマリアにだけ容認した。UNITAF創設を盛り込んだ決議七九四（九二年一二月三日採択）を支持しつつ、あくまで特殊な状況であることを強調した。ただし、台湾問題に関してだけは拒否権を行使した。[63]

九〇年代のロシアの国連問題への関与は限定的であり、選択的であった。ロシアの主な関心は、バルカン半島における国連の関与に向けられた。たんにスラブ文化を共有するという理由以上に、この地域が西側に完全支配されるのを防ぐ必要があったためだ。ボスニア・ヘルツェゴビナやコソボについて、ロシアは紛争解決の手段として第七章に基づく安保理権限の適用に反対した。制裁や武力行使のいずれもよしとしなかった。それにもかかわらず、拒否権の行使は例外的な場合に限られた。九四年一二月二日、ボスニア問題で武器禁輸をめぐり、その拒否権を行使した。[64] もしコソボにも空爆が行われることにでもなれば、確実に再び拒否権を行使したであろう。[65] ロシアは棄権によって反対の本音と不快感を表明しがちであった。九三年から九五年にかけ、ボスニア問題の討議でロシアは五回にわたり棄権した。[66] コソボ問題では、決議一一九九（九八年）の条項順守を検証するため、検証に同意を求めた決議一二〇三（九八年一〇月二四日採択）と、コソボ、モンテネグロ、およびユーゴスラビア連邦の他の地域で追放された国内避難民と、コソボ難民への支援に関する決議一二三九（九九年五月一四日採択）の二件で棄権している。(67)

中国とロシアの対応は九〇年代の平和活動の概念、実践、成果に大きく影響するものではなかった。しかし、この間、中国とロシアが他の常任理事国と協調しなかったことで、平和活動の信頼性に代償を払うことになった。平和活動に着手、履行する際、安保理内部のコンセンサスがあれば実現したであろう政治的利益と、基準となる正当化のあり方を阻害することになった。安保理の人道的立場がより西側のものと同一視されるのに伴い、平和活動は西側の義務の表明と色づけされるようになった。平和活動の連帯の側面が見落とされ、西側の影響力を推し進めるために平和活動を利用するという隠された意図、つまり陰謀説にとって代わられる危険性があった。このことで、西側とそれ以外の地域との間の溝が深まったとする見方が強くなった。人道的危機の解決に向けた西側諸国の関与が不透明だった上、紛争地域における権益の軽重によって西側諸国間の連帯感が異なる響きを示すことが、非西側諸国の感情の混乱をあおった。

■米国、フランス、そして英国　平和活動の不安定な指導力の帰結——米英仏の安保理常任理事国西側三カ国は、当時の人道的危機について、何らかの措置を施すべきという一般的な認識を共有していた。こうした基本的な共有感情からこれら三カ国は、安保理に人道的危機への対応を付託し、かつ自ら主要な役割を演じた。しかし、米英仏はこれらの危機が死活的、すなわち三カ国の国益にとって極めて重要とは考えていなかった。このため、行動には限界があった。これが、ほとんどの平和活動がたどったシナリオである。最悪の場合、ルワンダの事例が示すように、ほとんど何も行われないことになる。

米英仏の見解の相違は抑制されるどころか、この制限された関与のせいで食い違いをさらに拡大させ、持続させていった。決然さを欠き、思考と行動の確固たる方針もなかったため、齟齬を克服することができなかった。[68] こうした状況は不一致が微妙な問題にかかわる場合、平和活動にとってやっかいな問題を惹起させがちとなった。とりわけ武力行使を含む平和活動について、このことが言えた。ボスニア・ヘルツェゴビナに対する国連の関与はまさにこうした事例である。

ボスニア危機では三つの主要なポイントをめぐる対立が、一方にフランスと英国、対して米国という二つのグループに分裂させた。すなわち、武力行使、武器禁輸、バンス＝オーウェン案をめぐる対立である。フランスと英国は武力行使（特に空爆）と武器禁輸解除に反対し、一方、米国はこれらを支持する方向にあった。[69] 米国はバンス＝オーウェン案を承認しなかったが、フランスと英国はこれを支持した。[70]

こうした見解の相違はＵＮＰＲＯＦＯＲにとって極めて重大な問題となり、三点の欠陥を生じさせた。まず、政治レベルでは、ＵＮＰＲＯＦＯＲの中核を支えてきた英国とフランスの信頼性を傷つけることになった。

戦略的見地からすれば、安保理における英仏と米国の分裂は、敵対する各派に誤ったシグナルを送る結果となった。空爆と武器禁輸解除への米国の支持は、バンス＝オーウェン案への承認を渋る態度と合わせ、ボスニアのイスラム教徒勢力に対し、支援の手が迫っており、これにすがるべきであるというシグナルに等しかった。逆に空爆と武器禁輸解除に反対する英仏の態度は、ボスニアのセルビア人勢力にすれば、報復を受ける大きな恐れがなく、これまでの暴力的な行動を引き続き許容する示唆と受け取れた。

作戦上の観点から見れば、この分裂が相拮抗する二つの任務の同時遂行を求めた平和維持と平和強制の組み合わせにつながった。こうした混乱がまた、人道活動を危険に陥れがちであった。紛争当事者の態度を両極に分断させた上、人道援助物資の配給にまつわる利害関係を強め、それによって配給作業をさらに困難なものにした。結局、米英仏が現実的には関与しないまま、武力行使を可能とする決議を提案したため、国連活動を二つの側面で失敗の危険にさらした。それは政治交渉と抑止効果の両面においてであり、その結果、アメとムチによるバランスがもたらす効力を危うくした。

ボスニア・ヘルツェゴビナの事例にとどまらず、安保理の西側常任理事国同士の不一致と、その対立がUNPROFORに与えた影響によって、次の点が明らかにされた。すなわち武力行使を含め、平和活動が複雑になればなるほど、西側三カ国には不一致点を際立たせる余裕は許されないものとなった。二義的な問題での見解の相違や、危機に関する立場の違いは容認できた。[71]しかし、重要な問題について、いくつかの政策をそれぞれ三カ国が同時に実行するとなれば、失敗の処方箋となりえたのである。

Ⅱ　平和活動に関する国連の作戦行動の欠陥と代償

九〇年代の平和活動が国連によって履行された際の具体的な状況は、成否あい混じった結果を説明するもう一つの要因となる。それらの状況が国連本部と、現地派遣の部隊間に三つの懸隔をもたらした。まず、安保理と現地の平和活動との文化的な食い違い。次いで、平和活動を監視する国連関係部局（平和維持活動局と、やや関連度が低い政策局）と現地派遣団の要求に生じる対応策の相違。最後に、国連本部と現地の間のコミュニケーション・ギャップと、対外広報の齟齬である。

安保理の外交的文化と、現場の要求とのギャップ

安保理決議は直接的か間接的にせよ、その時々の国際社会の重要な側面、つまり各国間の力の配分とか、時代の紛争対応に際し、国際社会が提示する制約と可能性をそれぞれ反映している。しかし、安保理決議が国際政治の力学への格好の入り口とはいうものの、決議がその意図と目標の全面的な透明性を保証したり、あるいは決定と行動の直接的な因果関係を示すものでもない。決議とその履行の関係は必ずしも明解ではない。決議はその記述と追求する目標の関係において、しばしば曖昧である。これは特に九〇年代に見られた事例で、かなりの部分、平和活動が貧弱な結果に終わったことの説明となる。

■安保理決議と外交的文化

九〇年代には、それ以前の時代と同様、安保理決議は概ね六つの主たる目

的を有していた。まず発生した危機に安保理の注意と議論を引きつける。紛争当事者への期待と要求をまとめあげる。危機の性質を評価する。この評価を基盤に国際社会の名において、適切な行動を正当化して承認し、そこに正当性を付与する。活動任務を通じ、取るべきイニシアチブを概説する。実行を託された行為者に権限を付与する――。決議を成立させたこれらの包括的な特徴と特質が、決議自体に実務と政治面で強い決定力を付与した。それでも、人道的危機とそれに対処する平和活動に関した膨大な数の決議は、その目的、方法において曖昧かつ、いかようにも解釈が可能であった。

こうした明確性の欠如には理由がある。安保理決議そのものの本質がここでは要因となった。行動に向けた決議でさえ、作業計画を詳細に記述する命令形式の文書となっていない。決議は平和活動の任務を正確に描写するために使用され得るし、特定の方法でそのように行うことも可能だが、一般的に決議自体はその履行の細かな管理について関与せず、実施に向けた詳細な計画を練り上げるのは主に国連本部事務局、とくに平和維持活動局と安保理に対する事務総長報告、平和活動に従事する加盟各国の責任となる。外交上のゲーム規則と、それらの規則が安保理決議形成を補完する様式とが、その曖昧さを支えるもう一つの要素となった。外交とは、差し引きゼロのゼロサム・ゲームとは確かに異なる。積極的でない関係国を関与させるため、曖昧な論述に加え、そこに比較的、漠然とした意味を持たせることがあるのは明白な事実である。(72)外交の表現、産物、手段として、安保理決議も例外ではない。決議文書の曖昧さを認めることは、関係国の相違を減じるために必要かも知れず、そのおかげで拒否権も行使されないことになる。(73)

冷戦後の国際情勢に存在した移行期の特徴が、こうした手法の必要性をますます強めた。人道的危機への対処をめぐる五大国間の不一致を考慮すれば、安保理でしばしば調整が必要なのは当然であり、その結果、決議が採択され、行動が起こされていった。さらに、決議の異なる面に力点を当てたり、あるいは同時に異なった方向（例えば平和維持と平和強制の混成）に効力を持たせることによって、安保理の西側常任理事国は全員が勝者となる「ウィン・ウィン」の政治的戦略を意図した。人道的危機に対しては、断固とした決意を実行するほど死活的とはとらえないものの、危機進行の阻止のため、何かを成すべき程度には重要と見なすような国際的環境において、決議が曖昧なおかげで、さまざまな目標とそれぞれの支持者の声にかなうという利点が生まれた。

■平和強制と対立する外交的文化

言うまでもなく、外交的、政治的見地から可能になった曖昧さの利点は、実践の見地に立つと失われた。安保理決議の不確定性によって、平和活動の実現とその結果が代償を払わされた。問題がより複雑化し、微妙になるにつれ、任務の持つ明確性に加え、達成のために焦点を定めた任務目標や条件整備が一層必要になるはずであった。だが、極めて重大な状況で逆のことが発生した。

最も困難だったのは平和強制にあった。武力行使の際、他の場合以上に交戦命令や規則の明快さが根本的問題となるからだ。これは軍事的文化と、それに伴う指揮系統にとって一つの重大な側面である。九〇年代の安保理決議の大半が本来、軍事的関与の成功に不可欠だったはずの明解で一途な決意を提示していなかった。ボスニア・ヘルツェゴビナの例が示すように、外交と政治的な目的によって条件付けられた状況において平和活動の軍司令官が武力行使に踏み切ろうとしても、ほとんど不可能に近いことが判明した。

国連事務局と現場のギャップ、平和活動に伴う犠牲

平和活動を担当する国連本部の主要部局と現地との間のギャップもまた、平和活動の履行とその結果にかなりの打撃を与えた。この点に関し、とくに次の三点が重要である。すなわち、現地の要求に比べて乏しい国連事務局の人的資源。次いで平和活動を担当する国連部局につきまとう、任務の主対象となる地域と問題点に関した専門知識不足。それに、国連本部が人道的危機の対処で見せがちな紋切り型の普遍主義と、本部気取りの対応の取り合わせ――がそれである。

■現地の要請に釣り合わない国連本部の対応手段

九〇年代初頭、国連本部事務局の能力を向上させるため、相当数のイニシアチブが発揮された。九二年春、それまで政治局が担当した平和活動は新規の創局である平和維持活動局（DPKO）に委ねられ、そこが平和活動を全面的に担当することになった。同時に、人道問題局が設立された。これらの関係部局の人的資源と、人道危機関連の問題を扱う多くの現地プログラムを補強するため、九三年に新たな企画が実施された。[74] 九三年四月、一日二四時間機能し、現場の活動を監視する危機管理センターの創設は、本部事務局の能力強化を図る努力の一環といえた。[75] このように、平和活動を支援するため、国連本部は能力向上に努力を重ねたものの、現地の要請とニューヨークで可能な人的資源との間に、大きなギャップがなおも存在する事実を覆い隠せなかった。この状

況が平和活動の履行にどう影響するかを考察するには、任務に対する平和維持活動局の責任の実態について多少とも知っておくのが助けになろう。

概ね、平和維持活動局は国連本部と現地の調整役として、平和活動のさまざまな局面を監視する職務を担う。その責任には三つの主要な機能が伴う。まず、ニューヨーク国連本部で意思決定者（事務総長、事務総長側近である補佐官、部局長、安保理加盟国）が事態の展開に関して適切に情報を得て正確な決定を下せるように、現地からの情報収集に務めること。収集された情報に基づき、政策提言を策定すること（この点で国連で議題となる紛争に関した事務総長報告の草案作成にあたり、部局担当官が重要な役割を担う）。最後に安保理や事務総長とその事務局、あるいは平和維持活動局などの命令を現場に伝達する――ことである。[76]

これらの三つの機能（それは平和活動の適切な実行と一体性のために死活的に重要）を十分に果たさせるために、適切な人員配置は最低限必要なものだ。しかし、九〇年代初頭に努力が重ねられた後も、実際に処理すべき仕事量と、既存の人員規模には大きな隔たりが存在した。例えば、九二年から九四年にかけて、ボスニア情勢を平和維持活動局のわずか五人のスタッフ――担当官、部局長、情報収集官を含む――で担当していた。[77]こうした状況はアフリカでの危機の際も改善されなかった。九二年四月から九五年三月の間、ソマリア情勢を平和維持活動局と政治局のそれぞれ一人ずつの係官が担当した。九三年一〇月から九六年三月の間のルワンダについても同様であった。こうした状況はまったく馬鹿げていた。[78]人的資源の欠如に照らし、国連事務局が成し得るベストは、せいぜい打撃を最小限にとどめることに尽きた。

明らかに、これでは十分ではなかった。

■国連事務局の専門知識の欠如　国連事務局の人的資源の欠如による悪影響が別の問題によって助長された。つまり、問題となる地域と解決すべき課題に関する専門的知識の不足である。この問題は平和維持活動局よりも政治局においてより顕著であった[79]。平和維持活動局が監視すべき紛争と諸活動の進捗が、常に担当官をスタンバイ状態とさせ、最新の情勢を把握させる上で一定の圧力となった。これに比べ、政治局の問題点は危機が発生しかけている、あるいはすでに発生した国々に関して、しばしば説得力ある本質に迫った背景分析を提供できなかったことにある。これらの分析は危機を防止したり、直面する危機の性質や紛争地域の特徴に見合った解決策を探るために極めて有用なはずであった[80]。さらに、分析の脆弱さが、国連本部と現場をつなぐ機能面と専門的な連携の欠落によって一層悪化した。政治局と平和維持活動局のスタッフは現場の人々の稼働状況と要請に本来、最も精通し、敏感であるべきである。しかしながら、スタッフの大部分は現場経験がほとんどないか、あるいは皆無で、往々にして現場経験を持とうとさえしなかった[81]。こうした理由で、現場を監視し、適切に連携するには困難を伴った。

■平和活動における国連の普遍性と本部文化の影響　人道的危機の解決のため、本部事務局は状況が異なっても同じ方法と技術を援用できると考えた。一つの状況で使用した手段が多かれ少なかれ、別の状況でも適用可能と考えた。カンボジアでできたことがボスニア・ヘルツェゴビナでも可能なはずと確信した。こうした画一的なアプローチは他の官僚組織と同様、定番で一般的な範疇を生み出し、直近の問題に対応する際、それ固有の特徴から故意に目をそらす国連の傾向が反映した[82]。この考え方が有用な点もあった。平和活動にロードマップを提供してくれたからである。しかし、あまりに行き過ぎると、非生産的になり得た。常識的な要因（例えば、紛争を解決するには、紛争当事者が活動してきた現地の条件、考え方、彼らの動機付けと価値観、歴史的、経済的、政治的事情を理解することが必要となる）を見落とすことで、問題の解決能力が減じられた。このことがいくつかの事例で見られた。ソマリアはその一例である。ソマリア社会固有の特殊性と門閥血族文化が織り成す相互作用の理解に、国際社会が努力を惜しまなかったならば、多くの誤りが避けられたであろう。[83]

紛争処理に向けた画一的な対応では、現場の諸課題の取り組みに必要な行動をとらせるよりも、時として国連の部内政治（事務局や安保理、その他加盟国全般の部内、国内政治を含む）に結びついた要求に応じてしまう本部文化とあいまって、全面解決には役立たなかった。紛争についての理解が実際の状況と乖離し、これに本部の内向きの配慮が組み合わさって、状況の正確な評価を現場に提供すべき国連の能力が一段と阻害された。さらに、国連の抱える政治的な依存体質がこの動きに輪をかけた。このため、国連幹部は決定を下す前から事前に加盟国（特に有力な加盟国）の反応を想定し、行動の際に慎重すぎる道、つまり最も論争の少ないであろう方法を選ぶようになったのである。[84] 国連の公平哲学も同じ無難な方向に作用し、事務局の組織的な分断感覚を深めることになった。[85] 社会的無関心とまではいかなくても、機構にひそむ臆病さがよしとされた。[86] 現場から離れ、疎遠になったため、国連の意思決定者が現場実態を取り繕うことにもなった。ルワンダの状況についてダレール司令官の評価と本部の反応の相違が示すように、ニューヨークからだと紛争の現実性がはるかに薄れて見え、現場よりも状況を割り引いて考えがちであった。全体として、手近にある最低限の資源を最大限に活用する運用能力を欠いたため、人道的危機において望ましい解決をもたらすことができなかった。

平和活動に関するコミュニケーション崩壊の代償

良好な意思疎通は平和維持活動の成功に不可欠だが、九〇年代になり、そこに大きな弱点があることが判明した。[87] これは複雑な任務を有し、武力行使を求められる派遣団について、とくに当てはまった。問題は大きく二点存在した。まず、国連本部と現地の間だけでなく、現場に展開した派遣団内部の意思疎通の難しさであり、もう一つは国連の外、すなわち、国連と介入対象となった地域の住民との間、そして世界全体との関係にあった。

■部内意思疎通の欠如の代償

現場とニューヨーク国連本部の意思疎通は劇的な状況の場合でさえ、しばしば滞り、首尾一貫性を欠いた。現地の命運を決する決定を下さなければならない時でさえ、こうした欠陥が対応の遅れを生じさせ、派遣団の機能や信頼性にも、そして国連の威信のためにも役立たなかった。[88]

意思疎通の問題点は現場そのものにも悪影響を与えた。平和活動に参加するさまざまな関係者の適切な意思疎通や調整の欠如は、現地で何度も再発する問題であった。現地展開する兵士の国籍の数だけみれば、その普遍性を反映するかのように見えるし、平和維持活動の長所の一部でもあるが、逆にコミュニケーションを難しくした。しかし、活動任務の複雑さと変容こそが、ここで大きな障害と判明した。

ボスニア・ヘルツェゴビナがその格好の例であろう。現地における国連の任務は当初から錯綜しており、時がたつにつれて、より複雑化し、組織の変更が続いた。その結果、現地で任務の遂行にあたる要員にとってさえ、任務内容を理解するのが難しかった。

加えて、UNPROFORの指揮系統も混乱していた[89]。

これらはすべて、国連の活動が何を達成しようとしているのか理解させることを極めて困難にした。

■平和活動と外部世界とのコミュニケーション・ギャップ　こうした状況下だと、外部世界との意思疎通が理想的に運ぶことを期待しえないであろう。自らの組織内部にいる人々に明確な機能と目的を提示しえない組織が、外部から最良の形で理解されるであろうか。これが国連平和活動が九〇年代に直面した課題の一つである。

平和活動が明確さを欠いたために、部隊が展開していた地域住民との関係にも影響を与えた。数多くの任務があり、強制力を伴うような平和活動の場合はなおさらだった。これは、地域住民の不満を惹起したとまでは言えないにせよ、しばしば消極的な協力につながった。この点における平和活動の失敗が往々にして現地勢力の自信を増幅させ、戦火に油を注いだが、元々はそうした勢力に向かってこそ国連による抑止と封じ込めの効果が期待されていたのである。

国連は情報戦を成功裏に導く上で無力であり、これが世界全体に向けた国連のメッセージ伝達能力にも作用した[90]。一般的な見方からすれば、広報とコミュニケーションは国連にとって死活的な要素である。国連がその基盤を確立し、支援を受けるためにはまさに不可欠である。そのために最善の方法の一つは、国連が何を、なぜ、どのように実施するのか、また、なぜ任務遂行が容易でないのかを公衆に明確に伝えることである。[91] 九〇年代、国連が複雑な平和活動に深く関与するのに伴い、意思疎通の課題が何より重要であることが判明した。西側主要国は国連を人道的危機に関与させるのに重要な役割を果たす一方、自分たちが関与しようとする範囲と限界はある程度、世論によって条件付けられていた。[92] それゆえ、国連が世論に訴える必要性は決定的に重要であった。さらに、西側諸国は平和活動が首尾よく運ばない場合、その責めを負いたくはなかった。紛争処理に深く関与している加盟国は極めて多くの場合、無関係を装った。だからこそ、国連にとって問題の別の側面を語ることが肝要なはずであった。そうすれば、大衆の支持と政治的支援を失うことにはならなかったであろう。しかし、国連は概ねこの点で失敗した。しかもメディア、中でも米国の報道機関は自国政府の見解を何よりもまして大きく伝えていたのである。

＊　＊

国連の政治的欠陥は、その脆弱な指導力に起因した。国連は分裂しており、優柔不断だった。活動上の欠陥に関して言えば、その場その場での（機能的でなく、制度化されてもいない）対応をとる傾向にあり、過去の教訓に学ぶ能力に欠けたこととあいまって、限界を拡大させた。だが、国連だけが九〇年代の平和活動の失敗を含めた、曖昧な成果の責任を負うべきなのだろうか。答えは「ノー」である。

組織の効率性や非効率性を、孤立した状態の中でとらえたり、あるいは一つの自立的な統一体とみなして判定できるものではない。諸機構（国内、国際あるいは公的、私的を問わず）が効率的か非効率的であるかは、ある部分、持てる資源を合理的に最大限活用できる自己能力にかかっているとはいえ、その効率性の水準は組織機能に携わる利害関係者との関係においてばかりか、実際に機能する環境との関連性からも判断されなければならない[93]。国連と重要な加盟国との関係がまさしくこの範疇に属している。

第三章　国際政治と連帯のジレンマ

国連の特異性だけで冷戦後の平和活動の曖昧な結果を説明するのは十分ではない。それらは国際情勢のより広い脈絡と、安保理常任理事国メンバーとして米英仏が九〇年代に果たした役割を通じ、理解されなければならない。これが取りも直さず、保守主義と進歩主義の混在と、当時、特徴的であった人権および人道上の問題における国際的な政治意思の広がりと限界に対し、それぞれ光を当てることとなる。

I　国際的連帯の進展から限界まで

冷戦後に起きた国際的な権力配分の変化が、主要な西側民主主義国家に以前よりまして人道的危機に注意を向ける余裕を与えた。しかしながら、国境を越えた被害者救済となると、現代的連帯の本質と国際社会にある国内志向性によって制約されたままであった。

国際的連帯の進展

冷戦の開始以来、ほとんどの国際関係を成立させてきた世界的規模の紛争発生の可能性は、東西対立の終焉とともに国際政治の形成能力を大きく失った。[1] 西側の「勝利」によって生じた安全（物心両面で）の拡大によって、西側諸国の強迫観念の中で必須条件といえた生存と国家安全保障の持つ重要度を低下させてくれた。このため、西側諸国は自国の安全を維持し、それに資する外国への関与を想定する一方で、今や当面の戦略的利益に関係のない危機に対しても、一層の配慮を施す余裕を持つに至った。地域紛争に伴う人道的危機に対応することは、一つの選択肢以上のものとなった。このことが当然、安保理の西側常任理事国の態度にも影響した。

■国際的連帯の倫理に基づく行動　米英仏三カ国にとって人道的危機に対する国際的な関与を正当化するために、安保理で一から行動を始める必要はなかった。これらの国々はただ、人権尊重の原則に一層の注意を払い、国家の主権と内政不干渉の諸原則に関する伝統的認識を問い直すだけでよかった。いずれの国も、歴史的に国際法にある連帯の側面および国連に貢献してきたため、それだけこの方向性を受容しやすかった。九〇年代の人道的危機に伴う大規模な人権侵害は、三カ国がそれぞれの方法で国際的基準と国際構造の一部とすべく多大な努力を払ってきた人権尊重の原則を否定していた。[2] 当時の人道的悲劇を看過すれば、国際的人権への関与を主張する三カ国の信頼性を損なわずにはおかなかったであろう。

国際的なレベルでの連帯意識に対する三カ国の貢献が、国内の民主主義的文化の中核にある価値観と権利に根ざすがゆえに、手をこまぬいて何もしなければ、問題を惹起したであろう。彼らがその誕生を助けた連帯の国際化とは、それぞれの方法で国内で認められた人権の普遍性と平等の価値を対外的に広めた結果であった。何ら国際的な共感と連帯の姿勢を見せないとすれば、自分たちの原則を無視し、裏切ることを意味した。(3)

国際社会での現代的連帯の限界

国際的な連帯の持つ意味が九〇年代に進展したのは確かだが、その限界を覆い隠すべきではない。冷戦終結後もそれ以前と同様、現代的連帯の持つ本質と国際社会の国内志向性が、国境を越えた連帯の広がりを制約した。

■現代的連帯の裏面　伝統的な連帯と比べ、民主的な価値観と権利から生じた現代的連帯は拡大を見せている。(4)連帯は、その範囲を狭めて排他的傾向を有するメンバーシップのような形に押し込められるよりも、可能な限り最も広範な帰属性や一体感を育み、追求していくために、むしろ拡大する。民主主義的文化の中核にある普遍性と平等の価値観と権利が人々の間に結合性を招き入れ、その実現を求める。この結びつきは、個々人が生まれた社会の境界を超えた一つの大きな共同体という経験への手ほどきをしてくれる。ここから極めて遠大な義務と責任の観念が導き出されるのである。この観念は原則として、だれであれ、また、どこに住んでいる人であろうと、個々人が責任を持って他者の権利尊重を保障するよう求める。歴史的に、このことが国内レベルで連帯感を広げ、深化させることになり、そして結果的に国際レベルでも連帯を機能させてきた[5]。

しかしながら、現代的連帯にはもう一つの側面があり、それはその限界を説明する上で重要な部分をなしている。現代的連帯は伝統的な連帯よりも幅広いものの、希薄になりがちである。現代的連帯が人々の間のつながりを幅広く拡大するため、その結合濃度を低下させるのだ。普遍性と平等に基づく価値観と権利が現代的連帯に付随する優先度の格付けとヒエラルキーの考え方ばかりか、それらの必要性も排除しない点を考慮すれば、それだけかえって現代的連帯の結合濃度の低さが明らかになる。優先度の順位付けは、それがなければいかなる方向性も打ち出せない以上、人間生活には不可欠である。加えて、運用できる資源に限りがあるため、資源割り当てのランク付けが必要となり、すなわち選択的で限定的な連帯の投射となる[6]。さらに、普遍性と平等に基づく価値観と権利の影響下にある人間社会の輪の拡大に伴い、人々と関係を保ち、連帯をわかちあう能力はますます抽象的なものとなる[7]。

このことが国際レベルにおいて、連帯に最大限に作用する。人々の最も大きな輪として国際社会というものは、一体感と参画という少なくとも統合された国家の国内レベルで存在する支援体制の恩恵を受けていない。国際的連帯を主導する力は、利己的な考え（国家利益）が計算に入ると（しばしば起きるが）、さらに弱体化する。これによる非一貫性によって、国際的連帯は順守すべき至上命令として真剣に受け取られなくなってしまう。こうした状況下では、普遍性と平等のレトリックにもかかわらず、国際的連帯につきまとう二義的な重要性という性格を見ないわけにはいかなくなる。

▩現代的連帯および国際法、国際問題

九〇年代、依然として国際社会を形成している国家中心の枠組み

が、こうした事態の影響を全面的に受けた。事実、この時代に特有といえた国力と国際的影響力との死活的な相関関係が繰り返され、国際的連帯の実践にあたり、犠牲を伴わせた。安保理常任理事国の西側三カ国もまた、国際的連帯の広がりと限界を決定づけた。こうした背景の下で、国際的連帯に向けた米英仏の消極姿勢には、大規模な人権侵害を停止させるために決然たる行動をとらせる真の国際的な法的義務の欠落が反映していた。

確かに、国際法において人権の重要さを認識したからといって、国際法に関わる諸機構に対し、人権の最も重要で具体的な守護者たる任務を託すまでには至っていない。人権に対する法的義務は基本的に国内で果たされると想定されている。こうした状況にはプラスの要素もある。人権尊重の第一の責任を国家に課すことによって、人権に力を付与することに役立っている。しかし、問題も発生する。国家が人権への関与を尊重しない場合、どうなるのか。一国家内で起きた大規模な人権侵害を防ぐため、国際法はどのような法的救済手段を提供しているのか。国際社会に行動を起こさせ、かつ行動を正当化するために適用可能な法的手段が果たして存在するのか。

現実には、この問題に対応する国際法上のいかなる規定もほとんど存在しない。人権侵害が国家間の友好発展を阻害する場合、行動を取るのは可能である。人権問題を国際平和と安全保障の問題と結びつけることで、行動の動機付けと正当化が可能となるのである。しかし、国際法には実際のところ、人権侵害だけを停止させる解決手段の提示はない。また、国家に対して人権問題の順守責任を強制するメカニズムも用意していない。(8) 大規模な人権侵害解決のため、介入を容認する国際的な権利を想定したり、具体化したりもしていない。人道危機が発生している国の領土に国際部隊を展開させるために、その国家の同意が必要という事実は、人権の名において主権に取って代わる外部からの介入が、それ自体では何らの権利としても認められていないことを明らかにしている。人道的介入の責務あるいは道義的責任についていえば、一片の可能性すら示されていない。大量虐殺と同程度の極端な場合でさえ、それに関与すべきとする法的強制は存在しない。ジェノサイド防止条約も、介入する義務を諸国家に対して明確に認めているわけではない(9)。

国家主権以上に人権保護を明確に重んじる法的ヒエラルキーが欠如する中、外国人を救うために介入するかどうかは主に倫理的問題となっている(10)。武力行使の可能性も視野に入れた人道的介入は、国際社会にとり、正しいことをなすべきか否かの感情の問題となりがちだ(11)。このことは何もしないよりはまだましであろう。しかし、人道的介入には道徳に準拠して国際的な行動を起こすという勲功があるとはいえ、法やさまざまな機構に基づいたり、その支援を受ける活動よりも、依然として危険な選択である。

法的な裏づけのないまま国際的介入を導く道義的起因の脆弱さは、資源不足に突き当たり、それによって法に準拠した場合より、道義性そのものが傷ついてしまうことにある。倫理を基盤にした介入では、法を伴った場合の「正しさ」が享受する制度化や組織化という利点がない。

法が基礎とするのは、個々人の生活や他者との関係において、権利として確立されるほどに重要とみなされる価値観の承認や履行である。権利として認められた価値観には法的な保証があるゆえ、それらの価値観が社会化に向かうための基盤や指針となり、現実世界の範囲を定めるものとなる。価値観は法治原則の一部となり、その原則が価値の尊重を保証する。法の支配の下では、法の執行機関はもとより、要求や異議申し立てへのアクセスも保証される。[12] 諸々の侵害行為、もしくは、より広範に言うところの社会的病理は阻止されたり、制裁の対象となる。結果的に、道義的に正しいことの実践と法の順守とが一致するようになる。それらは一体となって、相乗効果をもたらす。法は、社会が自らと一体とみなす道義性の将来像実現に向けて、一連のメカニズムを提供するのである。

一方、正しいことの実践は第一義的に、道義的な判断の問題であり、基準となる法と多少、不調和が生じる場合、その実践が摩擦をもたらすのは避けられない。それを実行しても、法の限界といえるもの——すなわち緩慢な司法プロセスや手続き主義——の存在によって、縛りを受けないかもしれない。しかし、法がもたらす社会、政治的利点の恩恵は享受できない。とりわけ、その種の行動は予測可能なコースをたどるわけではない。人は正しいことが起きることをあてにするわけにはいかない。正しいことが起きるのは概して自発的なもの、選択の問題だからである。それは国際的な行為主体、つまり国家が道義的に行動してくれるかどうかにかかっている。さらに、道義に基づくイニシアチブだと、他の行為主体や諸機構から法に合致した支援を取り付けたり、適切な履行にしばしば不可欠な支援を得るのに困難を伴いがちである。このことは、法的裏づけがないために逆に道義的な正当化を求めることが、議論と疑義を惹起させる点を見れば、なおさら理解できるであろう。[13] これが九〇年代の人道的介入の際に起きたことだ。一つの決定を下すことがこうして、難しい選択の問題となる。このことはむろん、大胆さを誘うわけではない。むしろ、行動における臆病さや最も安全な政治的選択の採用を促すことではないにしても、注意深さが求められることになる。

安保理の主要各国は、この制約された状況において、九〇年代に発生した人道的危機について何をなすべきか討議し、決定を下すようになった。その時期には、主要各国にとって無視し得ない道義と政治的圧力が生じていた。何かが行われなければならなかった。国際法や国連憲章に国際的介入を求める法的義務を見いだせないため、安保理は憲章第七章三九条と平和への脅威の定義を拡大解釈し、これまで憲章第二条で各国の国内法管轄権の問題と考えられてきた国内紛争と人道的危機に対する国連の介入を正当化した。[14]それにもかかわらず、これらの危機に対処する行動誘因はいつも比較的低レベルにとどまった。大規模な人権侵害を停止させる国際法上の義務が事実上、存在しないため、主要大国は主流にある国際平和と安全保障問題という理由がない限り、国際領域への全面的な関与に躊躇した。

II　人道的危機と国際的連帯のジレンマ

国際的連帯の支持勢力と、これを阻止する勢力が生じさせた緊張関係によって、九〇年代の人道的危機に対する国際社会の対処法が形づくられた。国際的連帯の諸問題により多くの注意を払ったからといって、安保理の西側常任理事国がそれだけに焦点を当てられたわけではなかった。西側常任理事国は自国の国内情勢に向けた責任を見失わないようにした。安保理が着手した討議や決定、行動には、国際および国内レベルから生じた要求に共同して対処する傾向が示されていた。それらの要求の一部には相対立する特徴があったため、安保理の行動を阻害した。政策決定プロセスをジレンマに陥らせた。国内の支持者に対する義務と、国際的連帯への責任の狭間で困難な選択を強いられた時、まず重視するのは前者となる。

国際的連帯と安保理のジレンマ

安保理の討議と決定において中心テーマとなった行動をめぐる難題は、移行期にある国際政治の中で、競合する要求のバランスをとることがいかに困難であるかを明らかにした。そこには相互に関係した二組の苦しい選択が関係した。すなわち、目的に関するものと、大半が目的から導かれる手段に関したジレンマである。

■目的のジレンマ、人道的危機、国際的関与　歴史的にみて国際的行動のジレンマとは、目的と手段との関係において、主に手段（規範的にも実践的にも）を目的に合致させる必要性から生じるものと理解されがちであった。武力行使の場合、jus ad bellum（開戦法規）――武力が合法的に行使され得る理由を特定する（なぜ武力行使なのか、という問いに回答すること）――と、jus in bello（交戦法規）――どのように武力を効果的に、かつ正当な方法で行使できるか定義する――その両者の均衡点を見いだすことが問題であった。[15]九〇年代も、この問題では例外ではない。しかしながら、国連の枠内における冷戦後の国際行動（武力行使を含む）のジレンマは、二つの特徴を背景に発生した。第一は、一般的な見方からいって国連が武力行使を採用する場合、戦争を主導して勝利するよりも、和平達成を目的としていること。第二に、九〇年代に国連が武力行使も視野に入れた関与を行った主な動機は、人道的危機への対処であったという点にある。これらの二つの要因は、国際的な関与の目的を文句のつけようのないものとするどころか、むしろ議論の中心に据えることになった。

人道的危機の解決を目指し、国際社会の関与を導く政治倫理がどうあるべきかの議論の中で、安保理の主要国は国際協調主義的な義務（国際的連帯）の追求を内政の優先課題を犠牲にしてまで行うべきではないと考えていた。このため、安保理の討議では、人道上および人権保護の価値の軽重比較をめぐり、ジレンマが生じた。そして、①人権保護の至上命令が有する正当化と動機としての力と、国際平和と安全保障の脅威に関係した国益からの要請との対立②選択的介入主義の是非③介入に伴うリスクの最小化の方策――それぞれのテーマについて賛否を評価する必要があった。

①人道的危機と大規模な人権侵害は、国連憲章が国際介入の正当化に想定した国際平和の破壊シナリオとは完全に合致していない。しかし九〇年代を通じ、これら人道的危機を無視できなかったことから、安保理常任理事国の西側各国は国際的な関与を有効とし、動機付けるため、二つの主張を組み合わせ、展開した。すなわち、人道的危機に対応した人権保護の必要性と、国際行動の引き金として最も強い論拠である国際平和および安全保障に対する伝統的な脅威を結びつけ、さらに国益の動機をも関連づけたのである。この戦略は利点と限界を伴い、板ばさみの状態をもたらした。言うならば、得られるものがある一方で、失うリスクも負ったのである。

人権擁護は、安保理の西側常任理事国にとって国内レベルでは国際関与の論拠として相対的に薄弱と思われた。確かに、西側三カ国は人権について現代の主要な唱道者となり、人権擁護を国際社会で実践する上で原則的に献身してきたが、いずれの国でも、その外交および世論は、他国の人権尊重それだけでは強靭で持続する国際的な関与を正当化できるだけの戦略的な問題とみなさないし、言及もしたがらない。これはとくに米国において当てはまる。人道的危機に際して、人権を国際的関与の正当化に利用することがまた、国際レベルで問題を惹起させた。こうした形の論拠と行動に不満の意を示したのは、安保理常任理事国の非西側国（ロシアと中国）だけではなかった。大半の開発途上国も、たんに利己的な動機（例えば自国の過去の人権擁護履歴）だけでなく、真の懸念に根ざした理由（主権尊重の原則）があるゆえに、この道をたどることに不安を示した。

国際的な関与を正当化する他の事由（例えば国際平和と安全保障に対する脅威への対応や国益の要請）も、概ね人権擁護の論拠の脆弱さを補填する一つの方法として用いられたが、これもまた問題を残した。国益をめぐる議論を引き合いに出すことは諸刃の剣といえた。国際的介入のために国内的な政治支援（特に保守派から）を獲得する目的で国益論議を活用するのは、国内的にも国際的にも問題を生じさせた。国内的には、人道的危機には真の戦略的利益がないとする認識があり、国益に基づく正当化を根拠薄弱とした。米国内ではこの見方があるゆえに、国際的連帯への関与を躊躇させることになった。国際的には国益に介入の論拠を求めると、人道的介入に対する非西側および開発途上国からの反発を強める傾向をもたらした。このことは非西側および途上国が、西側は利己的な理由で介入を利用していると結論づける誘因となった。国益による介入の正当化が米国のレトリックの重要な側面を成した事実も、疑念を増大させるだけとなった。米国の国内環境で、多国間の枠組みによる行動を正当化するために必要なもの（国益の問題と訴えること）が、米国の国際的関与を利己的な自己中心性の影の中に投じることになった。[16]

②選択的介入の問題はもう一つの難題を創り出した。あらゆる人道的危機への対応が不可能（資源が限られ、あらゆる局面に同時に対応することが不可能なため）であることは、選択を不可避とした。それとともに、選択的介入主義に伴う難題が生じた。問題は、人道的介入に対する差別的手法、すなわち、ここでは人権擁護のため介入するが、あそこではしないといったように得失を正当化し、比較考量することにあった。[17] この点でいえば、アフリカで戦争が多発し、最も重大な人道的被害がもたらされていたにもかかわらず、安保理が大規模な行動に消極的であったゆえに深刻な結果をもたらし、国際的連帯の普遍性の理念をあざ笑うことになった。[18]

③人道的介入に伴う犠牲者リスクの検討において、安保理は次の選択に直面した。つまり、リスクを負う価値があるとしながら、結果的に多数の犠牲者が出る事態を受容できるか、または、犠牲者回避を絶対的な懸念ととらえるかである。これらの選択肢にはそれぞれが孕む難しいジレンマが存在した。犠牲者を不可避と見るのは、安保理の西側加盟国（特に米国）にとって、国内的な不満を惹起させがちであった。他方、どのような対価を払ってでも犠牲者回避を主眼とすることは、人道的介入のもつモラルと政治的価値を減じさせ、介入を推進する動機の誠実さを疑わせる結果となった。[19] 何よりもまず最初に犠牲者の有無を憂慮することが、あやふやなメッセージを送ることになった。

介入部隊（主に西側諸国部隊、より具体的には米軍部隊）に対しては、自分たちは武力を行使でき、場合によっては相手の殺害を許されるが、逆に自分たちはあまりに善良だから殺されてはならないという誤ったメッセージをもたらした。これに対し、危機にある住民とその地域には、あなた方には救援の対象となる価値はあるものの、自分たちが犠牲を出すほどの価値はないとする告知となった。しかも、この限定的な関与を支援するかどうかは、地域住民が文化的、地理的、戦略的に西側とどれだけ近接するかによって決定されがちという警告が含まれた。

■目的のジレンマから手段のジレンマまで

安保理が直面した手段の苦しい選択には、履行の問題と関係があった。それらは①政治、軍事的措置の均衡を図ること②紛争地域で交渉相手とするパートナーの選択③制裁④武力行使の最も効果的な方法——に関連した。

①政治と軍事的手段のバランスを図ることは特に課題となった。紛争の政治解決を模索するのは国際社会にとって好ましい選択だが、危機が長期化すれば、政治解決は武力行使を含むより幅広い措置の一側面となるだけであった。武力行使の可能性を背景として、政治的手段によって紛争解決を図ることは理にかなっていた。しかし、九〇年代の人道的危機において、交渉の論理と武力の論理の間に内在する緊張関係のために、安保理は錯綜した苦境に置かれた。過剰な交渉と不十分な交渉のいずれをも回避するだけでなく、過大な威圧と不十分な威圧をも避ける必要があり、その中で交渉の追求と武力行使の適正なバランスを図るのは難しい課題であった。

②二番目の困難、それは紛争地域でだれを交渉相手とするかである。現地で実権を握る者、あるいは

実際に現地で実権奪取の闘争を繰り広げている人物たちを交渉に関与させないわけにはいかなかった。彼らの軍事、政治的な影響力を無視することはほとんど不可能であった。それにもかかわらず、これには欠陥があった。多くの場合、地方の軍事、政治指導者は直接的にせよ間接的にせよ、人権侵害の当事者責任を有していた。しばしば人権侵害の主たる原因となった人物を、一段の権限を与えることなしに交渉プロセスに引き入れるのは容易なことではなかった。一つの代替案は、権力の中心から距離を置く大衆指導者や学者、長老、宗教指導者といった、より民主的な思想を持つ中間レベルの指導者とともに、現地社会の信頼構築のために努力を重ねることであった。[20] しかしこれは、ほとんど政治的実権のない人物たちとの交渉という問題を抱え込むことになった。[21]

③制裁は国際的な政策決定者にとってジレンマの第三の原因となった。それらの制裁は時として救済の対象とする人々を、制裁の対象とした人々よりも傷つけた事実を見逃すわけにはいかない。とりわけバルカン半島では、制裁発動が苦い結果をもたらした。ユーゴスラビアに九一年から九五年まで科せられた武器禁輸措置が、うかつにもセルビア側に軍事的優位を与えてしまったことがある。

④最後に、武力行使に伴う窮地の選択は最も重大な課題となった。これは地上軍を投入するか、それとも空軍力の投入にとどめるかの難しい選択という形で現れた。肯定的な面でいえば、地上軍は最も効果的な武力行使とみられがちだった。その行使は、できるだけ早期に危機を終結させる本格的な関与を意味し、保証するものでもあった。一方、地上軍の投入は兵站面で困難な点があり、さらに言うならば、部隊に重大な犠牲者を出す可能性があった。地上軍が難しいとなれば、犠牲者リス

クを最小限に抑制できる利点から空軍力が次善の策とされ、少なくとも地上軍を派遣していない国々にとって好ましかった。ただし、空軍力の抑止効果は地上軍に比べて高くはなく、ましてや、主要な加盟国の一部からの、むしろ低い水準の関与を示唆するがゆえに抑止効果は減じられた。

国際的連帯および道義的社会

これまで検討したジレンマの数々は、九〇年代において国際的な民主主義文化がどこに立脚していたかについての物語の一部をなしている。この物語から対照的なメッセージを読み取れた。まず一方で、非伝統的な戦略的理由からグローバルな規模で連帯と責務の観念を拡大しようとした場合、その当時の国際社会を主導する政策決定者たちは、国際的関与を唱導しつつ実は国内領域とその目標を国際領域より優先していた。これは、国境を超えて人々に果たすべき道義的義務の現実に対する冷めた見方を示している。国内領域に根ざす道義的社会の方が、普遍的な道義的社会より優勢であり続けてきたのだ。しかし、九〇年代の物語をより前向きにとらえる見方もある。安保理がジレンマを抱えつつも当時の紛争に取り組み、人道や人権に配慮してきたという事実だけみても、前進を意味している。それは、国家権利だけが国際レベルで問題となる唯一のものではない、とする認識を示している。

国際システムにおいて、相対立する数々の正当性と利害関係者が作用しているために、安保理は大規模な人権侵害と人道的危機に対し、競い合う数々の要求の間に受け入れ可能なバランスを探ることによって、対応しようとした。これは、状況の検討と対応において、保守的であれ進歩的であれ、政治的、規範的な適切さを検討することを意味した。この検討プロセスは紛争地域の住民の命運にかかわっていた。また、主要な民主主義強国と、こうした国家が保証に寄与する国際システムの名声と評価にも関わった。さらに、その時代の風潮がいかにして未来の性格付けを行うかにも関係した。そのプロセスの過程で保守と進歩主義の間で問題となったのは、さまざまな主要国の役割や重要な権益、価値観を考慮しつつ、国際秩序やその決定的側面、内実の発展をどうとらえるかにあった。問題となったのは、採用された政策が正当性という国際規範の歴史性をどの方向に後押ししていくかにあった。

九〇年代、安保理は道義、政治、法的義務と苦闘しつつ、その間にバランスをとる中で、だれであれ、またどこに住んでいようと、その個人に対して国境を超えて国際社会が有する責務の増大を認識した。普遍的な道義的社会のこうしたとらえ方は、とうてい完璧なものとはいえなかった。なぜなら、それが選別的な普遍主義の領域内で起き、しかも臨時に設置された国際法廷で具現されたア・ポステリオリ（帰納的）な正義を通じて生まれたものであったからだ。この認識に基づけば、行動に向けた最低限の動機をつくり出すために、伝統的な国益の定義による人権配慮を持ち出さなければならなかった。自国内の個々人によって担われている国家の道義的社会の方が勝っているがゆえに、これは完璧というには程遠い。しかし、さまざまな苦渋の選択の中で紛争に対応することは、国境を超えた道義的社会の増大する正当さをかつてないほど認識させた。他者に対する責務を有した社会が、国境でとどまるものではないという事実を認めさせてくれた。安保理の討議においてジレンマの核心が示すのは、国内を超えたグローバルな道義的社会がいまや十分に強力となり、政策決定者たちに国際的関与を連帯と責任の発露として、対価に基づく一つの交換行為の見地から考察させるまでになったことである。

＊　＊

安保理の西側常任理事国三カ国が果たす現代の政治的役割の中心には、ある種の分裂した人格的特徴のような自己矛盾が存在する。一方では、これらの主要な民主主義諸国は民主主義理念の発展や、現代政治の立憲制化のために国内でも国際的にも多くのことを成就し、今後も貢献し続ける。他方、米英仏は、国益の追求を自国の外交政策の決定的な要素としてきたし、現在もそうである。

民主的価値観とその普及に密接な連携を維持しながらも、国益とリアリズムの政治に対するこの固執が曖昧さという遺産を残してきた。この不透明な遺産によって、米国と英国、フランスは国際政治の本質にある近代と現代性の混合の主たる源泉となり、その国際政治はといえば、国際主義者と国家権益派の双方によって彩られ、構造化されている。それに続き、その事実が三カ国の国連に対する曖昧な態度を概ね説明してくれる。一方で米英仏は国連に強く関与するのだが、それは国連がほとんど自分たちの創造物であり、また自分たちの基準とする文化の延長と考えるからだ。他方、国益に基づく政治に依然として固執するため、国連を猜疑の目で見ることにもなる。

冷戦後の国際的な力の再分配により、安保理の西側常任理事国は国際情勢の二つの局面——国際主義と国益の両局面——と、それらに対する自分たちの関係を再検討し、再評価した。九〇年代の平和活動は、米英仏三カ国にとって優先度の高い地域を考えるチャンスとなった。民主主義国家として三カ国は価値観の共通性と一体性を共有しており、これが国際的連帯と責任の推進という課題に対処する格好の位置どりを与えてくれた。逆に主要国として、国益を考慮する伝統的な政治に帯同し続ける誘惑にも対処しなければならなかった。

強力な民主主義国家として、他の要望を犠牲にして一つの方向に進むよりも、ある程度、国際主義者の要求にも配慮する中庸の道を選択しながら、国内領域を優先するのが最善の方策であると決意してきた。国際的な連帯や責任の意義を唱導しながらも、自国の国益に固執した。その結果、国際レベルで連帯と責任の拡大に役割を果たす一方、彼ら自身が大きな制約を設けることになった。もし、九〇年代に民主主義国としてのジレンマ、つまり国内と国際領域が必然的にもたらした責務の苦しい選択に直面した国を一つ挙げるとすれば、それが米国であった。

第四章　クリントン外交——国益と国際的利益の相克

九〇年代に米国が人道的危機に対して果たした役割には、決然さと消極性が入り混じっていた。その時期を特徴づけるいくつかの国際的介入の引き金となり、介入を実現させる上で役立ったという意味からすれば、米国の役割は決定的といえた。たとえば、米国の支持がソマリア希望回復作戦や、その後の国連による介入にとって不可欠であった。また、九五年夏にボスニア・ヘルツェゴビナ戦争を終結させ、その秋のデイトン和平合意交渉へ導く重要な役割を果たした。九九年春のコソボ作戦もまた、米国の指導力がなければあり得なかった。米国はその後、九九年九月には東ティモール問題解決の試みを支援し、つまりオーストラリア軍の展開部隊に対し、外交面と兵站部門への支援を供与した。[1] しかしながら、同時に人道的危機への対応に消極性も示した。クリントン政権が九五年春まで、ボスニア・ヘルツェゴビナ戦争で見せた及び腰の対応や、九四年のルワンダ虐殺阻止に気乗り薄だったことが、その好例である。米国がグローバルな脅威からほとんど自由であり、それゆえ、国家アイデンティティーと外交政策の一部を形成する国際主義者の価値観に基づいて行動する絶好の立場にありながら、人道的危機に向けた曖昧さをどう説明できるだろうか。そして米国の対応が国際社会の行動にどの程度影響を与えたであろうか。こうした疑問がこの章の焦点である。

I　クリントン政権の及び腰の国際主義

民主党員としてビル・クリントン大統領は、国際主義者と思われていた。九二年大統領選挙戦で、クリントン氏が父ブッシュ政権に対し、当時の人道的危機阻止に十分な行動を取らなかったと批判した実績が印象を助長した。ブッシュ氏は国際関係に関して、現実主義者の視点に傾斜し、普遍的な原則よりも地政学的解釈で国益を定義する傾向にあった。クリントン氏はブッシュ氏とは異なり、米外交は米国の歴史の根幹にある道徳的原則から遊離すべきではなく、ほとんどの米国国民はこの諸原則に一体感を有していると主張した。そうでありながら、国際主義者の価値観に関与する米外交へクリントン氏が与えた支持は実際のところ、いささか基盤薄弱なことが判明した。

クリントン流国際主義のレトリックと現実

クリントン政権の優先事項は当初から経済と国内問題に集中した。このため、クリントン政権の国際主義が実のところ、制約されていたことは驚くにあたらない。

■クリントン政権と、その短命な国際主義

大統領に選出されるや、クリントン氏が結成した外交チームは、公言してきた国際主義の信念を外交の重要な柱として反映させた。ウォーレン・クリストファー（国務長官に任命）、アンソニー・レーク（国家安全保障担当補佐官）、マドレーヌ・オルブライト（国連大使）、ストローブ・タルボット（特命大使に任命されたクリントン氏の親友）のような人々は国際主義者として四つの共通項を有していた。[2]

第一に、彼らは純粋なパワー・ポリティックスが持つ「冷徹な微積分」に嫌悪を表明した。勢力均衡と伝統的な地政学は新たな時代にそぐわない上、国の富を浪費し、海外派兵の十分な理由とはならないと考えていた。第二に、米外交はこれまでよりも人道目的を追求すべきだと考えた。この点に関し、民主主義の領域拡大が、人権の保護や推進と同様、優先事項でなければならなかった。[3] 第三に、伝統的な意味で定義された死活的利益の防衛だけに武力行使を限定すべきではないという見解でいた。それはまた、道義あるいは人道的原則の名の下に実施される介入にまで拡大されるべきだと考えていた。必要ならば、武力は案件ごとに、そして注意深く適用されるべきだとした。第四に、単独行動は誤りであると主張した。前述した領域と課題について、米国は多国間外交を可能な限り展開する必要があるとした。米外交は、少なくとも部分的には国連を中心とする集団安全保障メカニズムの中に自身をはめ込むべきだと指摘した。他国への民主主義拡大を中核に確立されたこの国際主義の概念と適用は、諸原則の重要性に固執し、介入の必要性を強調しつつ、実務的かつ政治的な基盤を有していた。つまり、多国間協力が、より介入主義者的な米外交を支持した初期クリントン政権の志向をさらに促進するとみられた。

まさにこの背景の下で、クリントン政権が国連平和活動の再検討に取りかかった。九三年二月初めに署名された大統領再検討令第一三号は、伝統的な平和維持から戦争寸前の大規模な平和強制まで、あらゆる側面を検討する幅広い指令を与えた。その再検討は四点の基本的な問いを提示した。すなわち、国連平和活動に関与する適切なタイミングはいつか。平和活動を実施するのは国連か地域組織、あるいは適宜かつ随時の国家連合なのか。どうすれば平和活動を向上させられるか。また、どのようにすれば米国が体系的に平和活動支援を強化できるか——であった。これらの問題点を吟味するため、大統領再検討令は国連平和活動と米国の参画能力を強化する長期的な計画策定を命じた。九三年七月までに、計画の基本枠が出来上がった。資金面と指導責任をめぐる意見対立を解消できなかったものの、草案には平和活動に対する米外交の大きな変化が含まれていた。最も重要なのは草案の全般的な基調であり、平和活動のより積極的な活用を支持し、米国の政治、軍事、財政的側面での全面支援を提唱していたことである。[4]

しかしながら、二、三カ月のうちに大統領令の性質は根本から変化した。その最終案が九四年五月五日、最終的に大統領決定令第二五号として公表された。それは、九三年前半にクリントン政権が表明した声明から著しく逸脱していた。平和活動に対する米国の関与を実際には、強く束縛することにつながった。[5]その文書は活動の改革と改善に向けて六つの主要問題への取り組みを提唱した。その主要課題とは、①いずれの平和活動を支援するか、規律ある首尾一貫した選択を行う②国連活動に充てる米国のコストを削減する③平和活動における米軍の指揮と管轄権に関し、政策を明確にする④平和活動を管轄する国連の運用能力を改革し、改善する⑤平和活動の運用と財源手当てについて、米政府の管理を是正する⑥米国の行政府と議会、国民のよりよい協力体制を構築する――である。[6]

このうち、三点の考察が際立つことになった。第一は、大統領決定令第二五号で、米国の国家安全保障と国防政策において、平和活動の占める限定的な役割が強調されたことだ。大統領令は、米外交政策の目標が平和活動の実施件数を拡大することでも、米国の関与を促進させることでもないと明示した。むしろ、米外交の目的は平和活動を選択的に活用し、より効果を上げる点にあるとした。第二に、米国の平和活動への関与に際し、一連の厳しい条件を提示し、即時もしくは最終の目標を定めた明確な時間表や、人道的支援の努力と共同歩調をとる政治、軍事面の統合戦略を要請した。戦闘へ発展する可能性がある国連憲章第七章に基づく作戦に米国の大規模な参加が想定される場合、より厳格とさえいえる付帯条件が適用された。第三に、平和活動の有益性の評価を大方の場合、国家安全保障と国益に関連づけて行った点である。結論として、大統領決定令第二五号は次の最終評価を下した。

「適切に組織されれば、平和活動は米国益を推進し、わが国の安全保障上の目的を追求する上で、一つの有益な手段となり得る。米国は世界の警察官にはなり得ない。また、いくつかの国における民族紛争、内戦、政権崩壊の増加――こうした危機は個々であれ、また、複数のまとまったものであれ、米国益に影響を与える可能性がある――を無視することもできない。今回の政策指針は平和活動を集団安保のより効果的な手段とするため、国連と米国の双方に対して規律を求めるものである」[7]。

これは、クリントン氏の国際主義の中核として当初提示された理想像を保証するには、程遠い内容といえた。国益に配慮した関与を正当化することで、多国間主義のいかなる介入にも適用できる現実主義の新たな形態のように見えた。クリントン政権発足当初に表明された平和活動への全面的な支持は消え去っていた。

ソマリア介入の大失敗の悪影響が、この変容を説明してくれよう。九三年一〇月から大統領ポストを離れるまで、クリントン氏は平和活動に関して自己弁解の姿勢に転じ、米兵を危険にさらすことはほとんど不可能になった。このことはつまり、ソマリアがクリントン政権の政策変更の原因というよりも、かなりの確率で、いずれ現実に起きるはずだった政策変更の引き金であったことに等しい。ソマリアの出来事が大きな衝撃となったのは、クリントン外交の全般的な性格がその事態に重要な意義を与えていたからこそである。この点でいえば、政権が経済問題に焦点を当てたことは人道問題を舞台脇に追いやるだけとなった。

■クリントン外交の経済優先主義

クリントン大統領は米経済の成功を任期中の最大の売り物にした。こうした経済面の強調は、クリントン政権の国際問題に対する考え方と密接に関係した。国際関係の支配要因が伝統的な安全保障から経済問題に移行しつつあると確信していたため、大統領は国際関係を主に経済的観点からとらえていた。これは驚くにあたらなかった。七〇年代の末期から、そして八〇年代には急速に、国際経済問題が国際システムの創設と発展に関し、ますます重要な地位を占めるようになっていた。さらに、九〇年代において、クリントン大統領の任期期間が技術革新と政治的な潮流の歴史的な合体と一致し、そこに市場開放や緩やかな国境、民主化、インターネットといったものが含まれた。

これが数多くのチャンスを提供した。大統領は、グローバル経済を米国繁栄の増大手段としてだけでなく、国際的安定を促進する手段としてとらえた。ついでにいえば、グローバル経済の熱狂はクリントン政権が無視しえない病理も発生させた。

国際関係の経済的側面への集中には、それでも短所があった。クリントン外交（排他的な市場アクセス達成への関心を含めて）が鼓舞した攻撃的な経済ナショナリズムと自由貿易政策との両立は、国際的なライバルたちにすれば、むしろ説得力を持たないことが明らかであった。[8] それに、もっと重要な点は経済問題への傾注によって、あまりにしばしば他の国際問題に対する十分な配慮を欠けさせたことだ。このことは、とりわけ人道と人権の問題に当てはまった。火急の事態を除いて、クリントン政権がこうした問題に費やした時間は最低限のもので、とくに一期目にその傾向が目についた。[9] さまざまな側面（外交、政治、軍事面）で、人道的問題にただの反応型やダメージ・コントロール以上の形で真剣な取り組みを求める声が上がったのに対して、たとえ反応したとしても、せいぜい大統領がいつもの激励で応じるだけであった。国際主義者の価値観を慮るレトリックと善意の表明はあっても、実態は違った。意義はあったものの、人道上の権利や人権に対するクリントン大統領の関与は他の関心事に比べ二義的で終わった。

クリントン大統領の共感能力（「あなたの痛みを理解する」式に要約される）は国際領域でも発揮された。国際的レベルにおける連帯と責任観念の拡大を通じ、人道と人権の危機を阻止すべきだと理解していた。たとえば、ボスニアのイスラム教徒住民の運命を案じたその懸念が、本物ではなかったと断じる理由はない。そうでありながら、これらの危機に対応するため、積極的な方法を取るべきだと米国民に訴えることに気乗り薄だったのは、大統領と政権にとって極めて肝要な問題といえなかったからである。よくクリントン大統領は自身の消極的な態度の理由を説明する上で、米国民は祖国を人道や人権を理由に国際的な関与に乗り出させようとは思っていないと指摘した。[10] これと逆に、九〇年代半ばに行われた研究で、スティーブン・カルとI・M・デストラーは、人道的な緊急事態に対するクリントン政権の対応を束縛したのは、国際的関与に対する国民の忌避よりも、政権自体が危険な選択を不安視したためだと断じている。

II　議会、軍当局と対立したクリントン大統領の国際主義

国際主義者の価値観にしぶしぶ関与を表明したのでは、むしろ問題を生じさせがちだった。二股かけた方法（片足を国際主義に置き、もう一方の足をそこから離しておく）をとろうとすることで、クリントン大統領には選択肢を広げておく政治的利点がもたらされた。そのため、危機への対処がうまくいかない場合、出口戦略の可能性が生まれ、あたかも米国は発生していることにほとんど無関係な態度を取ることができた。しかし、その二股戦略は内容においていくつか欠陥があった。[11] 中でも、クリントン民主党政権にとって、たとえわずかであれ、その外交が関与する国際主義者の特徴を実現する上で、絶対に必要とした国内の二つの行為主体からの協力を一段と得にくい状況をもたらした。それが議会と軍当局である。

平和活動と国連をめぐる議会とホワイトハウスの確執

クリントン政権と議会の関係に関し、九〇年代の中心となる話題の一つが、平和活動について米国の立場を形成する相互努力をめぐるものであった。結果的に議会が重要な役割を演じるようになり、ホワイトハウスの政策を動かすこともしばしばであった。これはクリントン政権の一期目によく見られ、二期目にはさらに顕著になった。こうした脈絡の中で、多国間による問題解決の際、平和活動の予算の割り当てや米軍関与の形式をめぐる議論が、議会と政権間の大きな軋轢に発展した。

■国連平和活動に関する議会とクリントン政権の緊張

九〇年代を通して続いた議会と民主党政権の平和活動をめぐる緊張関係が、突如として発現したはずがなかった。その緊張関係は米外交の確立された政策集団に相応のものであり、米外交の可能性と制約、それにその集団でさまざまな行為者が演じる役割に似つかわしいものといえた。この状況の背景には三つの理由があった。それはまず、国益以外の動機で国際的な関与の必要性を議会に納得させることの全般的な困難さであり、次いで国連（多国間）の枠内で実施される非伝統的な安保政策への協力に、議会の共和党勢力が二の足を踏むことである。最後に、人道、人権の非常事態を終結させるために米国を関与させることについて、民主党政権自身が抱く懸念であった。

権力分離の概念は、米憲法の起草者の目にはよき政府のために重要な要件であった。外交の分野を見ると、この概念が起草者の願望であることが明白であり、それゆえ、議会には宣戦布告や条約批准、課税および支出を通じた軍創設の権限を与え、一方、大統領には軍最高司令官の地位を付与した。[12]その前向きな効果にもかかわらず、この憲法上の取り決めが確執の原因ともなった。立法と行政府が不一致ならば、一つの政策をめぐる対立につながる可能性があった。しかし、不一致の危険性があるとはいえ、重大な危機に直面した場合、その不一致は抑制されることが判明した。外部からの脅威の現実性に疑う余地がない場合、ホワイトハウスの権限が議会を上回る傾向にあり、議会が行政府に抗することは困難であった。[13] これに対して、危機の水準が低くなるにつれ、行政府の権限が減じ、逆に議会権限が増大する傾向をたどった。そしてまさにこうした場合にこそ、立法と行政府との不一致が最も生じやすかった。

実際に発生したように、冷戦終結とソ連という脅威の消滅により、議会とホワイトハウス、そして議会内部で、新たな環境において米国の国益にどんな脅威が存在するかをめぐり、激論が生じた。ソ連の危険性が今や記憶のかなたに消えていく中で、クリントン大統領が直接学んだのは、何が国益を構成するかをめぐり、連邦議員が議員同士、あるいは大統領と対決しやすくなることであった。また、この変化した国際情勢の脈絡において、海外で米軍の関与と武力行使を視野に入れた大統領決定に対し、議会側が挑戦できることも直接、理解した。平和活動ほど、議会と行政府の関係の変化が表出した分野はなかった。ソマリア、ボスニア・ヘルツェゴビナ、ハイチに関し、九三年と九四年に起きた論争が示したように、米国益にとって明白な利害を持たない地域や危機において火中の栗を拾うことは、議会からの強い反発を招いた。必ずしも共和党議員に限ったことではないが、議員にすれば、人道や人権を動機として米国力の海外展開を十分に正当化できるとは考えられなかった。

人道的な危機解決のため、国連の枠組みで米国力を発揮させる点でもまた、米外交の目標と手段に関する共和党の考え方と相対立した。国益が米外交にとって唯一の指針とは言わないまでも、最優先に置く共和党の理念に反したのだ。さらに、共和党はクリントン大統領とそのチームが進めた多国間主義と国連への支持（たとえ、ためらいがちでも）に不快感を抱いていた。国益と、多国間および国連の世界観の核心にある国際的利益とを混交させる動きに疑いの目を向けていた。これは、とりわけ当時の議会多数派を占めていた共和党の保守化傾向を考えれば、明らかな動きといえた。[14]

共和党は反対することで政治的な利益を得ようとしたからこそ、米国が国連の枠内で非伝統的な安保危機に関与することを、ことさら強く批判した。激烈な党派対立を展開していたがゆえに、共和党は国連問題の活用と道具化を公正な政治ゲームの一つとみなした。このことは平和活動が困難に陥った時に、とくに顕著にあてはまった。[15]国連と平和活動に関するクリントン大統領の外交運営を批判することは、政権の力を弱める一つの便法になった。九四年一一月、共和党が上下両院を四〇年ぶりに支配することになり、政権攻撃が容易になった。共和党はクリントン流の国際主義に対し、九五年以前だと、主に議会運営規則を巧妙に駆使することで抵抗していたが、新たな議会多数派樹立により政権への抵抗がはるかにたやすくなった。そうした経緯を経て、米軍部隊がＮＡＴＯ傘下でボスニア・ヘルツェゴビナ（デイトン合意後）、コソボ（九九年開始）にそれぞれ展開して初めて、バルカン半島への米軍介入に対する共和党の非難がやっと消滅した。米国のＮＡＴＯとの一体性は、ある意味で国連のそれに比べ、はるかに強靭であり、ＮＡＴＯとその行動力を弱体化させないよう批判を差し控えることは事実上、国益の問題でもあったためだ。

■議会による米国の多国間介入の具体化

これまで説明した理由により、議会は人道と人権をめぐる非常事態に対処する上で、ホワイトハウスの政策を制限できる重要な権限を得るに至った。それは主に二つの方法で実施された。

第一に、議会は予算権限を活用した。共和党支配の議会はとくに、平和活動に割り当てる予算の制限によって、可能な限り米国の介入を制約するよう図った。例えば、最初の予算案提出の際、クリントン政権は平和活動のために総額九億一三〇〇万ドルを要求したが、これは父ブッシュ前政権の最終年の予算四億六〇〇〇万ドルのほぼ二倍に上った。その予算案には二つの「追加」項目が含まれていた。九三年予算への二億九三〇〇万ドルの追加要求、そして九四年予算の六億二〇〇〇万ドルの一部として、予備費一億七五〇〇万ドルを予定外の不特定な平和活動費として計上したのである。平和活動の増加により、資金が是が非でも必要であったにもかかわらず、二件の追加項目はいずれも議会によって拒絶された[16]。この経緯は、民主党政権が平和活動の予算計上で遭遇する難局の基調を示したもので、とくにクリントン政権一期目に見られた動きだった。

結果として、財政上の困難は平和活動政策をめぐる議会と民主党政権の関係を阻害しただけでなく、平和活動そのものにも影響を与えた。米国が平和活動の要請に見合った財源の手当てをできないことは、活動の停滞を招き、深刻な問題を生じさせた。国連の負債が大きくなればなるほど、それだけ国連から部隊兵士への給与支払いが滞り、さらに部隊を派遣する貢献国の獲得にますます困難をきたした。また、財源不足によって、国連は米国に求められた平和活動の管理向上に向けた資金不足に一段と苦しむことになった。

九六年以降になると、この財政問題はそれほど対立要因にならなくなっていた。九〇年代後半、(九〇年代末に再び増加するまで)平和活動件数の減少に伴い、平和活動予算をめぐる米議会承認の必要性や軋轢が減少したからである。それにもかかわらず、議会はあらゆる機会をとらえ、財源に関する問題を通じて国連平和活動の削減を図り続けた。[17]

議会は、平和活動における米軍部隊の派遣条件に関して留保をつけるという別のやり方で、クリントン政権に挑戦した。これについて、議会は五項目の関心事を表明した。第一に、米軍の平和活動参加をめぐり、事前協議を求めた。多くの議会メンバーが、米軍部隊が危険な状態に置かれる場合や可能性があるとしたら、部隊参加の議会承認が必要であると主張した。第二は指揮、管轄の問題である。米軍の平和活動参加は、外国人将官の指揮あるいは管轄下に入るべきかどうかの議論を生じさせた。指揮権の問題は時に象徴的な命題として提示され、世界における米国の指導力や集団安全保障メカニズムの活用に関係する一段と大きな関心を反映した。しかし、実務的な側面も含んでいた。すなわち米国は自国兵士の生命を他国の将官の判断に委ねるべきかどうかという問いかけであった。[18] 第三の関心事は、米軍がその性質、戦略、訓練のあり方から見て、平和活動の遂行に適しているかどうかであった。この脈絡にある一つの問題点には、軍兵士が戦闘員になるべき本性と技能を磨くのに対し、平和維持に必要な技能と本性は法執行訓練によって叩き込まれる性質という相対立した事実が関係する。第四は、往々にして犠牲者の問題が、武力行使や多国間作戦に関した議会審議で中心議題となることにあった。[19] そして最後に、米軍の即応態勢（軍が国土防衛のため訓練や装備面で、どの程度、準備万端かに関係する）のテーマが、平和活動で米軍がどの範囲まで関与すべきかをめぐる議会討議において、絶えず論点とされたことである。米軍がますます平和活動の実施を求められるのに対し、冷戦の終結以降、米軍の大幅削減が議会を憂慮させていた。このため、議員たちは米軍がその中核の任務、すなわち国の死活的利益が脅かされる場合の国家防衛を、それ以外の活動に手広く従事していて本当に遂行できるのか、と疑問視したのであった。

軍中枢と対立したクリントン政権の及び腰の国際主義

民主党政権が外交政策に根ざした非難に対処しなければならなかったのは、議会との関係だけにとどまらない。軍中枢とも同様の状況に直面したが、それは軍部の持つ外交決定プロセスへの影響力を無視できなかったからである。[20] 民主党と難しい関係にある状況で、軍中枢は人道と人権の危機や平和活動に取り組む余地をほとんど許さない関与戦略を支持した。

▩民主党と軍中枢との懸隔　クリントン大統領が就任した時点までに、民主党と軍中枢の関係は軍側から見て相対的に厳しく、疑念に駆られたものであり、相互の政治的距離が広がる傾向にあった。このため、クリントン政権にとって軍部を自陣に引き入れるのはことさら難しくなっていた。

民主党と軍部の緊張関係はベトナム戦争時にまでさかのぼる。ケネディ、ジョンソンの二人の民主党大統領はベトナムで無分別な戦争拡大に導いた中心的人物であった。同時に、大半の反戦運動は民主党のリベラル左派勢力から湧き上がったもので、そこに共和党の一部の穏健中道派が加わって展開した。

こうした経緯から軍中枢は民主党に対し、二重に不快感を抱いていた。国内の支持を欠いた戦争の激化を許し、さりとて米国民を強く説得しようともしなかった党の態度に怒っていた。さらに、ベトナム戦争以来、軍事力活用に関係した民主党の外交実績も、軍側に好ましくなかった。民主党が六八年から九二年までの二四年間のうち大統領の座を獲得したのはわずか四年間(カーター大統領時代の七六年から八〇年)だけで、しかも、この四年間の外交と軍の展開活用が納得しかねるものであったという点にも、軍側は落胆させられた。カーター政権最後の年である八〇年四月、駐イラン米大使館の人質救出作戦の悲劇的失敗が、国際危機に対処し、米国力を効果的に発揮する上で民主党の抱えた欠陥を如実に示す証左と映った[21]。

七〇年代から九〇年代にかけ、軍のくぐった政治的展開があからさまな党派的選り好みにまで至り、クリントン政権に対する軍部の不快感を助長する、もう一つの役割を果たした。むろん、国家の中立的な奉仕者たることが軍の変わらぬ目標であり、現実であり続けた[22]。しかし、とくに将官クラスでやや特異な政治的色合いが強まっていった。自らを独立派とみなす将官の比率はほぼ半数(四六%)から少数派(二七%)に落ち込んだ。逆に共和党員とするのは約二倍に増加(三三%から六四%)した。その結果、九〇年代初頭、文官エリート層や大衆が多かれ少なかれ半々に割れたのに対し、軍将官では一人の民主党員に八人の割合で共和党員となった[23]。

これに加えて、権力に駆け上る時期に見せた明白なつまずきも、クリントン大統領が軍の信頼と加護を獲得する上で妨げとなった。これには二つの要点があった。

一つは、徴兵をめぐる問題である。九二年一月、ニューハンプシャー州予備選のキャンペーン中、『ウォールストリート・ジャーナル』紙にクリントン氏が六九年に徴兵を巧妙に回避し、ベトナムで従軍せずにすむよう画策したとする記事が掲載された。最終的に、クリントン氏はその難局を乗り切ることができた。要するに、徴兵を逃れるために策を弄した米国の若者はクリントン氏だけでなかったし、中にはその後、国家的な有力政治家としてのし上がっていく人物もいたためだ。[24]それにもかかわらず、徴兵逃れのレッテルは、軍指導者たち、中でも九二年に統合参謀本部議長であったコリン・パウエル氏のような人物にとっては無視できなかったであろう。その徴兵忌避問題の際、それほど隠されたわけではない国家機密の一つが暴かれつつあった。それは、高い教育を受け、恵まれた人たちが概してベトナムに従軍しなかったという事実である。パウエル氏は、だれがベトナムに行き、だれが行かないかを決定づけた差別の存在を侮蔑しきっていた。[25]もう一つは、就任直後のクリントン大統領が同性愛者問題を看板テーマの一つに掲げ、軍中枢を遠ざける要因を作ったことである。ゲイの人々を堂々と入隊させる。それが大統領の選挙公約の一つであった。その公約を果たす決断は、保守的な軍機構の助言を無視して、大統領と政策顧問たちだけで決められた。大統領に選出されるや、この問題に真正面から突っ込んでいったが、鼻先を血で染める結果となり、最終的に撤収した。[26]この問題のために、すでに疑念の目を向けてきていた軍部に対し、大統領は一段と受身に立たされることになった。

■米軍事ドクトリン、人道的危機そして平和活動

まさしく、この背景の下で、たとえ曖昧なものであったとしても、民主党政権の宣言した国際主義が軍部の世界観と対立したわけである。人道的危機と平和

活動は、平和強制も含め、米軍事ドクトリンの核心を成す三つの柱に合致しなかった。軍中枢が軍の第一の任務とみなしたもの、すなわち、軍の考える参戦理由、戦うべき紛争の種類、軍が受容する参戦の形態、そして犠牲者をできる限り最小限に抑制したい軍側の意向——これらのいずれにも適合しなかった。

九〇年代を通じ、議会の求めに応じて国防総省が実施したさまざまな国防問題に関する研究は、ソ連崩壊と冷戦の終結に照らし、米軍事戦略の再構築を意図していた。[27] これらの研究は兵力削減を前提とした九七年の「ベース・フォース」構想、国防政策の見直しを図る「ボトムアップ・レビュー」「四年ごとの国防計画見直し」と、国防長官の諮問機関である「国防パネル」による報告書で構成された。[28] これらの研究あるいは補充報告書のいずれも、人道的危機および平和活動の重要性を認識し、そこに大きな意義を与える方向に軍事戦略を変更するものではなかった。

九〇年代初頭、パウエル統合参謀本部議長は「ベース・フォース」という新たな用語を提示した。この新語は、政治家が新たに定義した国家安全保障の目的に対応し、とくに二正面の戦域戦争に必要な最小限の軍事力を備えた軍事構造を意図していた。この概念は九三年ボトム・アップ・レビューを構成する主な要素となった。このレビュー文書によって地球規模で起きた安保環境の大きな変化を承認した。その上で、民主主義推進と平和的解決による紛争予防を図る一つの戦略が明らかにされた。しかし、その焦点はあくまで二正面の大規模戦域戦争のシナリオにあった。[29] そして平和活動もこの文書で提示された軍事的思考においては、依然として極めて末端の問題にとどめられた。

九七年国防計画見直しで概略が示された戦略も、この方針を根本から変更するものではなかった。この見直しでは二正面作戦シナリオを軍再構築の手段として維持し、人道的危機に対する多国間の取り組みには以前ほどの重要性を認めなかった。過去の国連平和活動に伴う失敗の苦い記憶のせいで、軍当局はそこで思考を変える気にはなれなかった。九七年国防パネルはといえば、二正面作戦シナリオが冷戦思考に基づく軍構造の正当化につながるとして批判を加えたものの、ここでも平和活動は米軍事ドクトリンの中で極めて瑣末な事項として提示された。国防総省の補充報告でも平和活動の評価について思い切った変更はなかった。「複合緊急作戦管理」と題された大統領決定令第五六号は、この点を明らかにしている。[30] つまり、この大統領令では人道的支援と平和活動の機能性向上を視野に入れているものの、強制行動とその他の早期予防戦略とを組み合わせるには至らなかった。[31]

多国間作戦の重要性の認識が米軍中枢内部で明らかに欠落していたのは、担当官の性格、特に統合参謀本部議長のそれに左右されたかもしれなかった。例えば、九三年から九七年まで統合参謀本部議長を務めたジョン・シャリカシビリ氏はパウエル氏よりも人道目的の米軍の多国間活動参加に寛容だったといわれてきた。[32] しかしながら、だれが米軍全体を率いたにせよ、国連活動と人権上の緊急活動は、概ね最低限の意義のものと見られ続けた。それらはたんに、米軍部が最も重視する紛争の種類や、介入のための動機付けに合致していなかったのだ。その結果として、九〇年代を通じ、国防総省の平和活動と紛争予防部局があきれるほど小規模にとどまったことは驚くに当たらない。[33]

多国間の枠組みによる人道的危機に対する関与のあり方は、軍を不快にさせたもう一つの問題点といえた。大方の平和活動を立ち上げ、実行する上で四組の懸念が立ち塞がった。それは、介入と撤収時の必要条件を含め、任務と目的の明確化であり、さらに武力行使と交戦規定、指揮権、任務の性質――に関してであった。

任務と目標の明確化という必須条件は、第二のベトナム（および第二のベイルート）を避けるという軍中枢の本能的な必要性に根ざした[34]。また、軍事力を政策オプションとして考慮する場合、任務と目的の明確化を重要な要件の一つとした、いわゆるワインバーガー・ドクトリンにまで遡るものであった[35]。こうした立場にある重要ないくつかの側面が引き続き、父ブッシュ政権に受け継がれ、パウエル氏の統合参謀本部議長任命により、クリントン政権の初期にまで継承された[36]。介入の計画策定と履行の機会を与えられると、パウエル議長はかつての上司の信条に忠誠を示し、実際はワインバーガー国防長官が打ち出した理念が、時代を超えてパウエル・ドクトリンとして生まれ変わることになった。この方針は、米国がその死活的利益に関わると判断した危機に対し、米国単独か、もしくは米軍主導による多国間の枠内で発動した軍事作戦に適用されることになっていた。パウエル・ドクトリンは本来、平和活動には適用を想定されていなかったものの、そこにおいても一つの要因となった。実のところ、このドクトリンは平和活動や、より広範な秩序維持に向けた軍事介入にさえ、米軍がその直接関与を極力、制限するために利用する一つの大きな手段となった[37]。

平和活動における武力行使の諸条件も同様に、軍中枢の見解と相容れなかった。圧倒的な軍事力は選択肢ではなかった。平和活動では軍事的勝利のごとき成果を目的としないため、武力行使が制限される傾向にあった。敵を打ち破る手段としてではなく、紛争当事者に圧力を加えるために武力行使が求められていた。軍部の見解によれば、クリントン政権がせいぜい「何か手を出しておく」だけの態度を示しがちであったために、圧力が求められる状況において、武力行使の意味がますます薄れたととらえられていた[38]。

さらに指揮権の問題があった。九〇年代を通じ、NATOとはより協調的であったとはいえ、軍中枢は部隊を多国間の場で外国軍の指揮下に置くことに抵抗した。その留保はとくに国連に対して厳しかった。その指揮官が米国人でなかった場合、国連の旗の下で部隊を展開することを拒否した。国連に機構としての欠点があり、平和活動の立案、実施方法にも欠陥があるとみなしていたことから、米軍の懸念は増大した。その憂慮には兵士保護の思想の欠如、貧弱な計画、乏しい意思疎通、資金不足が含まれた。皮肉なことに、これらの不備の相当部分はある程度、重要な加盟国の中でとりわけ、米国が国連の分担金支払いを渋っていたことに原因があった。しかも、多国間の関与について、米外交に最大の衝撃を与えた一つである国連活動の事例（ソマリア）において、米海兵隊員の死亡を招いた指揮機能と意思疎通の欠如は、国連に主たる原因があったのではなかった。欠陥は大部分、米軍の指揮系統に根ざしていた。米海兵隊がモガディシオで単独作戦行動をしていなければ、事態は異なっていた可能性があるのだ[39]。

最後になるが、米軍がある特定の平和活動に不承不承の態度を示したのは、軍本来の活動任務が平和維持活動の求める目標とは相容れないと感じていたことと関係した。米軍は自ら、九〇年代に展開した地域で求められた警察機能には適さず、そうした訓練も受けていないと判断していた[40]。ドンナ・ボルツ氏が指摘するように、軍兵士と警察の役割には根本的な違いがある。すなわち兵士は伝統的に国家を外敵から守るのに対し、警察は国内の脅威を防ぐのである。また、兵士が戦闘に従事するのに対して、警察は平和を守る。兵士は敵と戦い、警察は市民を守る。兵士は任務遂行のため、最大限許容される武力を考慮して訓練されるが、警察は共同体防衛のため最小限の武力を想定し、ある人物がその他大勢の脅威となる場合にのみ、凶器を使用するよう訓練される。さらに言えば、平和活動における「平和の破壊者」は、敵兵というよりも犯罪者のような存在である。[41] こうした相違点がことさら懸念の一つとなったのは、米軍が他国の軍隊に比べ、軍と警察機能の間隙を埋める点で進歩していなかったせいでもある。[42]

犠牲者を出さない点も、米軍中枢にはもう一つの重要課題であった。ある程度、軍役任務の違いによって立場は異なったとはいえ(現在でもその立場の違いは続く)、その懸念は米軍全体で広く共有されていた。[43] 西側民主主義国家の一般傾向として、軍指揮官はますます部下の犠牲を回避しようとするが、米軍においてはとりわけ、多くの要因が重なって犠牲者問題に敏感に反応した。

ここでまた、ベトナムの負の遺産が影響した。何千人もの徴用米兵が当時、ほとんど正当化され得ないような理由のために戦死した上、年月が経つに従い、いよいよ徒死と思われるようになり、その感情が強いトラウマの原因となった。[44] このトラウマがベトナム戦争以後、米軍再建の過程において一層重要な側面となった。この展開のもとで、徴兵制から志願制への移行が、志願兵に対する態度に変化をもたらした。兵士は大事にすべき一つの資産として、たんなるモノ以上に価値あるものとなった。[45] 米軍の技術的優位性(空軍力や巡航ミサイルといった高精度のハイテク兵器への信頼性向上に伴う)のおかげで、最小限のリスクで敵軍と交戦できるようになり、この犠牲者回避の考えを戦場で具体化できた。[46]

この背景の下で、米国にとって九〇年代の人道的危機に伴う紛争は、いずれも国家の存亡や国益のかかった戦争（歴史上、大量の流血を許した二つの戦争、すなわち両次大戦）ではなかったがゆえに、犠牲者の回避がほとんど強迫観念のレベルにまで達した。他者を救うために進んで自己を犠牲にする考えは、極めて脆弱なものに見え、そして公然と称賛すべき誇りの問題でもなく、ましてや義務の問題でもなかった。[47]結果的に、米軍がクリントン政権から心許ない支援しか期待できなかったために、国際主義者や多国間主義者のとる行動とは伝統と任務の両面から相容れない軍中枢にとって、機構的に内在する性向に拍車をかけさせることになった。

III　米国の卓越性が平和活動に与えた衝撃

米国が二流国家であったならば、国際主義がどの程度、米外交に影響を与えるかという議論はほとんど意味を持たなかったであろう。しかしながら、米国力の有する中心性がこうした議論を白熱させた。その議論は九〇年代の人道的危機に対する多国間による対処に大きく影響したため、平和活動の理念と実行にも作用した。

米国と平和活動——最小限の関心でも最大限の影響力

九〇年代の平和活動で米国が果たした役割が示すように、重要な国際的地位を占めることは、国際的な課題とその取り組みや、また、着手され、履行された諸政策に対し、影響力を保持し得るために不可欠である。決定力を有した強国にとってほとんど関心のない分野でさえ、それは必須のものとなる。

■国際的な力の配分と政治的影響力

中堅国家にとって国際的に著しい影響力を保持するためには、長期間に及ぶ焦点を絞った数多くの関与と努力が必要となる。国際問題全体に与える影響力に欠けるため、中堅国家は自国の国力に最も見合った地域や課題、機構に対象を絞ることによってのみ、影響力を発揮できる。すなわちこれが、たとえばスカンジナビア諸国やカナダなどの国々が国際的な発言力を有し、国際問題で重みを保持するために多国間主義を重要な手段とみる理由である。[48] 一方、力の国際的な配分の中心に位置する国家にとって、全般的な影響力を行使するために必ずしも多大な関与や努力を尽くす必要はない。確かに、こうした国が中心的な国際的地位を占めるのは、そこに至るまで過去に多くのことを成し遂げ、地位を維持するために多大な努力を続けている事実がある。それにしても、優位性とは、その国が優先課題とみなしていない分野においてさえ、大きな力を保証してくれる。米国がこの典型例である。

自国の優位性の持続と増大を図る上で戦略的に重要な分野において、米国の歴代政権は他国の先頭に立ち続けるために必要な努力を絶えず実践してきた。経済、金融、国防問題において、まさにそれを実行してきた。[49] これはつまり、優位性の付随効果や副産物の一つとして、米国がさほど注意を払わず、重要とみなさない分野においても反響効果が出るからである。これによって、米国は議論のテーマを設定でき、わずかな関心しかない諸問題についてさえ、カギを握ることになる。この脈絡でいえば、米国がどのような立場（どんな立場もとらないか、あるいは中途半端か、無関係か、または妥当な立場であろうと）を取ろうとも、その国力が持つ中心性は米国に重大な影響力を与えることになる。米国は自国に有利なルールで試合を行えるだけでなく、多かれ少なかれ、公式もしくは非公式にルールを迂回し、あるいは変更することとさえ可能なのだ。

■平和活動　米国の二義的な関心と根源的な影響力――九〇年代の平和活動を見れば、米国の持つ国際的な優位性のゆえに、米国が二義的とみなしながらも、それ相応に関係あるような諸問題においてさえ、大きな影響力を持てることがよく理解できる。

すでに述べたように、冷戦後、米国が平和活動に振り向けた予算は確かに巨額ではあるが、年間の米国防予算全体から見れば、極めて低額であった。また、国防総省で平和活動に従軍する専門官も非常に少人数で、平和活動が米軍事ドクトリンの中で重要度の低いことを示すものであった。さらに、クリントン政権にとって、人道的危機は無理してでも継続的に対処すべき真の関心事項では決してなかった。しかし、米政策立案者にとって二義的な関心しかなかったにもかかわらず、九〇年代の平和活動は米国によって決定的な形で左右された。他の国々は国際領域において、米国の力に対抗し得なかったのである。[50]

平和活動に対する米国の影響力

冷戦後、力を自由にふるえる「スイング・パワー」の地位と、平和活動に対する決定的な影響力を米国が享受したことは、平和活動が成功した場合、その称賛に米国だけが浴し、逆に失敗した場合、米国だけが非難を浴びることを意味したわけではない。他の要素が確かに肯定、否定両面で関係した。しかし、米国の比類なき国際的な影響力と手段は、人道的危機の多国間対応を評価する上で看過されるべきものではない。現実には、米国の影響力は複雑なものであった。

■米国の肯定的役割　疑いなく、九〇年代の人道的危機解決を図る上で、米国は肯定的な役割を果たした。国際的な関与があったほとんどの事例で、米国を欠かせないことが明らかとなった。より伝統的な紛争の類型（例えば湾岸戦争）におけるほど決定的でなかったにせよ、たとえ危機を終結させせないにしても、国際社会を関与させるには十分、カギを握った。とりわけ、ソマリア、ボスニア・ヘルツェゴビナ、コソボ、東ティモールに当てはまった。

希望回復作戦を率いる米国の決断がなければ、その他の国々がソマリアに関与しなかったであろうことはまず確実である。米国がひとたび撤退を決定すると、国連の活動に参加していた各国が米国に追従したという事実は、いかに米国の関与が国際社会のソマリア介入に決定的であったかを示している。ボスニア・ヘルツェゴビナは、米国が果たしたカギの役割を示すもう一つの例である。米国が九五年春、紛争解決に向けて本格的に関与したことが、ボスニア・ヘルツェゴビナ戦争終結につながった。コソボでは米国によるNATO空爆作戦の決断が国際的関与の核心となった。これがコソボで、その後の国連活動へ道を開いた。最後に東ティモールでは、米国によるインドネシア政府に対する政治的圧力と、オーストラリア軍への後方支援が国際部隊の現地展開のカギとなった。

■疑問の残る米国の役割　ルワンダとボスニア・ヘルツェゴビナの事例——九〇年代の最も代表的な人

道的危機のいくつかで米国が肯定的な影響を与えたとはいうものの、あまり好ましくない側面もある。それは、人道的危機に関した米国の抱える欠陥、否定的な効果に関係する。この点で、一つのことが指摘されなければならない。つまり、相当数の事態において、関与にあたって消極的な指導力と露骨な拒絶の間を揺れ動くというのが米国の特徴的な態度といえたが、それが人道的危機の多国間対応に劇的な影響をもたらした。

ルワンダは、人道的危機への米国の関与拒絶が、いかに否定的な結果をもたらしたかを示す具体例の一つである。ソマリアの大失態から二、三カ月経過した九四年春、民主党政権が米国の平和活動関与を制限する新指針（大統領令第二五号）を発表しようとしていた当時、ルワンダ危機が米政府の関心をひく可能性はほとんどなかった。加えて、米国にはルワンダ介入を正当化できるだけの大きな地政学上の権益もなかった。この経緯の中で九四年五月、前例を見ない規模で進行中の大量虐殺が明らかになりつつあったのに、クリントン政権は国連安保理において関与拒否を正当化する財政的窮状や作戦上の困難を訴えていた。米国は自国の関与を拒否しただけでなく、国際社会の関与にも反対した。その五月中ずっと、虐殺の初期段階でロメオ・ダレール将軍が策定した軍旅団のキガリ空輸作戦に反対し、ルワンダへの効果的な行動を妨害した。米国はそれに代わって、タンザニアとザイール国境に保護地域の設置を主張した。(51) その他の諸国も米国の消極的態度をルワンダ危機から目をそらす口実に利用し、これが悲劇的な結末を生むことになった。

クリントン政権に他の選択肢はなかったのであろうか。虐殺の間、民主党政権は自分たちの方針を唯一の選択肢として提示していたが、他の選択肢があり得たように思える。サマンサ・パワーズは中でも、国連の内外で相当数の選択肢を提案している。四月の虐殺前に暴力が激化していたのだから、米国は国連部隊の強化を求めるベルギーの要請に同意できたはずである。一日に何千人ものルワンダ住民殺害が始まるや否や、クリントン大統領はルワンダへの部隊展開を求めることもできたはずだ。米国はダレール将軍指揮のＵＮＡＭＩＲ部隊へ参加するか、あるいは安保理の支持を得て、フランスが六月に実行したように単独介入も可能であったに違いない[52]。ホワイトハウスはまた、虐殺の首謀者らを訴追すると警告することもできたはずである。致命的といえた恐怖のラジオ放送を電波妨害するため、国防総省に装備展開を求めることも可能であったろう[53]。しかし、民族的憎悪を虐殺の原因に挙げ、また、どこにでも関与できるわけがないと主張することで、クリントン政権はルワンダの戦争と虐殺には何ら道義的義務はないと喧伝した。ホワイトハウスにとって、ルワンダがたんに優先課題でなかっただけのことだ。その悲劇の程度がどうであれ、より直接の関心に目を向ける米政権にとり、事態に大きな注意を払うにはルワンダはあまりにも遠すぎた[54]。こうしてルワンダは、九〇年代を通じてアフリカ危機が米国やその他の主要国から受けたのと同じ、無関心の範疇に入れられていった[55]。

それ以外の危機で、九〇年代に米国がどちらかといえば否定的な役割を演じたものに、ボスニア・ヘルツェゴビナがあった。確かに、バルカン諸国に対してはアフリカに比べ、はるかに大きな注意を払った。加えて、九五年春と夏に米国が執ったイニシアチブは戦争を終結させ、戦後の平和と再建への移行を整える上で決定的であった。これにもかかわらず、米国の力の優位性が全体として人道危機に関するクリントン政権の曖昧さに作用し、むしろ否定的な影響をボスニア・ヘルツェゴビナ戦争の対応に与えたといえた。

クリントン政権が発足する九三年初めまでに、バンス＝オーウェン和平案は順調に進捗していた。民主党政権は当初、同案にささやかな支援を申し出ていたのに、その後、和平案がセルビア勢力を利するという理由で事実上手を引いた。九三年春、政権が送ったメッセージとは、欧州諸国が自らの手では達成可能な最善の条件に基づく解決策を決定できまい、とする主張であった。人々は今や、その危機の解決を見いだし得る主役はクリントン政権であると理解した。結果として、ボスニアのセルビア人勢力もイスラム教徒側もバンス＝オーウェン和平案を支持しなかった。しかし、九三年春から九五年春までの二年間、米国は傍観者の立場をとり続けた。(56) 欧州の努力に縷々意見を申し立てては潰し、その間、代替案もほとんど提示しなかった。(57) 拙速の解決に反対する一方、危機管理に全面的な関与も望まなかった。結局、第二章で述べたように、その後、デイトンで達成された合意は当初のバンス＝オーウェン案で示されたものに比べ、抜本的に改善されたものではなかったのである。

＊　＊

九〇年代を通じ、クリントン政権は冷戦後に惹起してきた複雑な状況を取り込み、狭義の国益を超えて関心や関与の領域を拡大する意欲を示した。しかし、二義的なやり方以上のことはあまり達成できなかった。その結果、国際的連帯のレトリックと現実の間の懸隔は拡大したままだった。その懸隔を減じるために、米外交には数多くの条件を満たすことが求められていたはずであった。ロードマップが必要であったのだろうが、クリントン外交チームは楽に対応できる安全保障問題にぶつかると、概してその場限りの対処をしていたため、ロードマップがどこにも見当たらないことが多かった。[58] 米外交に規律の取れた持続的な努力が必要であったはずだけに、人道的危機に対してその場その場の対応をしていたのでは、目標達成が一層困難となった。それに人道的危機について、政権の政治課題の中で重要かつ公認のテーマとして位置づけ、そこに伴う政治リスクを受容することが求められていたはずである。こうした条件を満たせなかったために、クリントン外交とはせいぜい、連帯主義者の価値観に奉仕する国際的指導力の一つの幻にすぎなかったといえるのであろう。[59]

第五章　ブッシュ外交——国際的連帯の傍流化

クリントン大統領の多国間主義や国連、あるいは国際的連帯の課題に対する取り組みには限界があり、及び腰の関与に終わった。振り返ってみれば、それでもブッシュ外交に比べ、強力な関与であったかのように映る。ブッシュ大統領は事実、クリントン外交にあった国際主義者の特徴を放擲した。米外交の本流に存在していたとはいえ、それまで裏舞台に置かれてきた国連と国連流の手法、その価値観に対する偏見を激化させることで、国際情勢に対する一国主義的で治安優先の姿勢を、ブッシュ外交のトレードマークにしてしまった。

I　国内治安か、それとも多国間主義および連帯の原則か

○一年以来、ブッシュ政権は躊躇せず、外交政策の根幹にある信念を最も明快な形で表明し、かつ行

動によってその信念を裏づけてきた。ブッシュ外交を理論と実践の両面から手短かに分析するならば、その事実が証明されよう。

ブッシュ外交と米国の力の理論

ホワイトハウスが〇二年九月に公表した国家安全保障戦略報告のもつ急進主義は、米国内外で人々の耳目を集めた[1]。米国の力を駆使するために、その報告書によって打ち出された構想や目標、手段が一つの基本戦略を概述しており、もともと部分的に米国の力に含有される多国間主義と国際的連帯の哲学が、理論面で脇役へと押しやられる結果となっている。

■ブッシュ外交の掲げた構想と目標

全体として、報告書で明示された大統領の基本戦略は、どちらかといえば暗い世界観に基づき、かつその世界観を表明もしている。そこでは世界が根元的に危険な場所とみなされる。そのブッシュ流の世界観には四つの主な特質がある。

第一に、国際関係を主として対立概念によってとらえ、しかも、そこに不信の感情がまといついている。第二の特質は、九・一一テロ後に世界と米国が置かれた特異な状況によって構成される。三番目に、友邦と敵との峻別がある。これによって、対テロ戦争に全面協力する国々と、無制限の支援に躊躇する国々とを区別する。最後に共和党政権が信奉する明快な道徳律がある。道徳的な明快さには国際情勢を正確に分析するためだけでなく、基本戦略の目標と手段に価値観を与える狙いが込められている。

ブッシュ基本戦略の優先目標は国内治安にある。〇二年九月発表の安保戦略報告書では、国内治安への強いこだわりが四段階で示される。まず初めに、米国内の安全こそが国際関係のチェス盤上で真底、ただ一つの重大関心事とみなされる。二番目に、報告書はテロを壮大な歴史的意義をもった現象へと格上げし、善（すなわち米国とその価値観）に刃向かう悪の闘争の一部ととらえる。三番目に、どこの国であれ、米国の軍事支配に対する挑戦を許さないことで、国家安全保障を守る目標が宣言されている。四番目に、自国の脆弱性や安全の欠如に対処するため、潜在的であれ現実的であれ、あるいは現在もしくは将来の敵を押さえ込むことで、可能な限り完全無比の安全を実現する責務が米国にはあるという印象を与える。[2]

■多国間主義と国際的連帯の理論的な後退　外交政策の手段にこそ、ブッシュ基本戦略の構想と目標に潜む多国間主義と国際的連帯の後退がもっとも明確に表出している。〇二年安保戦略報告書は世界における米国の国益擁護のため、四点の決定的な手段を挙げる。すなわち、国際問題ごとに適宜適応の対応を行い、一国主義をむしろ通常の手続きとして扱うこと。そして軍事力の先制使用と、体制転換を厭わないことである。これらの手段は国際規約や条約、安全保障上のパートナーシップの価値を、それらが考えられた時に比べて極端に格下げしたことに等しい。[3]

報告書には同盟国への支持とともに、国連と多国間主義の価値を認めている箇所も見出せよう。[4] それでも、そこに最低限の関心と評価しか与えていない事実に加え、それらの全般的な有用性と有効性について留保が付されているのを見れば、ブッシュ基本戦略が政策手段として、国連と多国間主義をいかに低く位置づけているかがわかる。報告書が結論部分で強調した国際刑事裁判所（ＩＣＣ）の不承認もまた、国連と多国間主義に付け足しの価値しか与えていない別の証左といえるであろう。[5]

さらに加えて、〇二年安保戦略報告書では、平和活動と人道的介入に付随した国際的連帯の諸案件にほとんど関心が払われていない。ブッシュ大統領の安全保障観には、ほとんど平和活動の入る余地がないのである。「平和活動」の用語はたった一度だけ、しかも、アフリカ関連で付随的に使われているに過ぎない。同じ無関心が人道上の危機にもあてはまる。確かに、アフガニスタン情勢の特異な事例において人道支援の大切さに触れてはいる。[6]同様に、人道上の危機に苦しんだ地域や住民に対し、いくつか救援の手法を列挙しており、そこには経済、司法、政治的援助も含まれている。[7]しかし、クリントン政権時代に打ち出された方針とは距離を置く。その方針では人道的危機を終焉させるため、最優先手段ではなくとも、武力行使を少なくとも一つの可能性として想定していた。〇二年版報告書には人道上の危機が武力行使の明らかな事由となり得るという言及は一切ない。典型的なのがアフリカの人道的危機に言及する際、まず人道上の危機としてではなく、それらの危機がいかに米国の安全保障を脅かし、テロの脅威となるかという脈絡で記述している点である。[8]ならず者国家が主権を喪失させられ、米国の軍事介入に直面するのは、人権侵害の履歴のせいではなく、まさしくその国がもたらす危険性によるのである。

米国の国益に基づく地政学の実践

そもそも〇一年九月、ニューヨークの世界貿易センター・ビルとワシントン郊外の国防総省ビルにハイジャック機が突入して初めて、ブッシュ政権が米国の力と対外関係を過激な保守思想でとらえ、行動を開始したわけではなかった。二〇〇〇年大統領選挙ですでに、共和党には国連と多国間主義に極力縛られるつもりがなく、治安問題以外にはほとんど何の関心も払う気がないことが明らかになっていた。ブッシュ氏が政権を握ると、この当初からの方針に忠実なばかりか、九・一一テロを受けて極端なまでにその方針を推進していった。

■九・一一テロに先立つ一国主義への道程

就任当初から最初の八カ月間、ブッシュ大統領は米国を平和活動もしくは人道的な介入作戦に一切、関与させる意思を示さなかった。ブッシュ政権は人道的危機や人権侵害に対しても同様に腰を引いた。コンゴ民主共和国の内戦で発生した緊急事態とも距離を置いた。それに、九・一一テロ以前の段階ではアフガニスタンで起きていた人権侵害に対してさえ、深刻な懸念を表明しなかった。

同じ時期、ブッシュ政権は国連と多国間主義へのリップ・サービスを行っていた。しかし、政権が行動で示したのは、それらによる束縛や抑制の拒否であった。国際社会、とりわけ米国の同盟諸国が近年押し進めてきたいくつかの国際協定に反対したのである。地球温暖化防止に関する京都議定書を見捨てた。生物兵器禁止条約も拒否した。小火器の不法取引に関する合意にも修正を要求した。さらに歴史的な弾道弾迎撃ミサイル（ＡＢＭ）制限条約からも離脱を表明したのである。

「この政権に期待できることは案件に応じて行動する、〝アラカルト方式〟」と、当時の国務省政策企画部長リチャード・ハース氏が、九・一一以前の一一カ月間に政権のとった対応にこんな造語をあてた。(9) 究極的には、国連や多国間主義とは――それ自体に目標を見出すのではなく――米国の国益にどう役立つかを基準として、純粋に対応手段としての使い勝手で価値を判断すべきものとした。

■対テロ戦争と、九・一一以後のブッシュ流「適宜適応」の多国間主義　対テロ闘争にあたり、ホワイトハウスは国際舞台で積極関与の方針に転じ、各国から出来る限り広範な支持を得ようと躍起となった。これはブッシュ外交がアラカルト方式の多国間主義を放棄し、多国間協調のもつ制約を受け入れたことを意味しただろうか。一国主義を放擲したといいえようか。回答は「ノー」である。

ブッシュ政権にとって、テロ攻撃の衝撃さめやらない時期に国連を対テロ戦争の戦列に加えたのは、使い勝手がよかったからだ。米政権は国連安保理決議一三七三（〇一年九月二八日採択）を歓迎した。その決議はテロ制圧のため、全加盟国にさまざまな手段を講じるよう要求した。〇一年一〇月から一一月にかけて、アル・カイーダとタリバン勢力を相手に、アフガニスタンで展開された米国主導の平和確保作戦（OEF）で速やかに勝利を収めると、一二月には国際治安支援部隊（ISAF）創設を支援し、アフガン暫定行政機構を援助して首都カブールと周辺地域で治安維持にあたった。〇二年三月、今度は国連アフガニスタン支援派遣団（UNAMA）創設を支えた。だが、ひとたび国連と多国間主義が米国の目標達成の障害になると判断すると、ブッシュ政権がそこから離反していくのに長い時間はかからなかった。

■国連いびりからイラク戦争へ　イラク侵攻を正当化する論拠にあげたのが、大量破壊兵器（WMD）秘匿とアル・カイーダとの繋がりをめぐる疑義であった。[10] ホワイトハウスと国務省で重責を担ったタカ派は、持ち得るあらゆる手段を講じ、盟友に加わる意思があれば、どの国とでも組んでサダム・フセインを引きずり降ろす決意をしていた。[11] タカ派にとって国連に諮るのは愚かな考えであった。むろん、その見解が共和党政権内で幅広く共有されていたのではない。コリン・パウエル国務長官は国連を通じ、米国のイラク政策に支持を集めようという政権内の勢力を代表した。[12] 長官は苦心して大統領の説得を試みた。その結果、〇二年九月一二日、ブッシュ大統領が国連総会で力強い演説を行い、国連安保理と協力して新たな決議採択に努力し、サダム・フセインに武装解除を強いるか、従わない場合、決議を軍事行動の法的根拠とする政権の立場を宣言した。[13] 同時に、安保理の諸決議に対するイラクの不服従を座視するようであれば、国連が無用となる危険性を警告した。そのブッシュ流の知略が奏功した。数週間に及ぶ討議を経て、国連安保理が全会一致で強制力をもった決議を採択する。一一月八日に採択された決議一四四一はイラクに完全な武装解除を命じ、応じなければ「重大な結果」に直面すると宣言した。[14]

にもかかわらず、実際には多国間主義の道は袋小路に入ってしまった。

国連の承認が必要かどうかをめぐるブッシュ政権内部の分裂が、他の国々を帯同しようとした米側の努力の効率を殺いでしまった。パウエル長官が安保理の構成国を「おだて上げ」、支持を得ようとしているのに対し、折に触れ、政権タカ派の主たる狙いが、まるで長官の外交努力を無にしてしまうことのように映ったのだ。その間、タカ派は米国を国連と多国間取り決めの束縛から解放しておこうとしただけではなかった。彼らは、国連と多国間主義が米国の外交政策に正当性を付与するのにまったく役立たない、と断言していた。

さらに、安保理メンバー各国にイラクの大量破壊兵器の存在を確信させる難しさがあり、国連査察団の玉虫色の報告書がその困難さを証明していた。イラクとアル・カイーダの連携を立証するとなると、もっと難題であった。こうした問題点が安保理の討議において、米国の大きな障害となった。[15] 米国と英国が自分たちの主張の正しさを言い募り（反証不能な確定証拠がないまま）、武力行使の必要性を表明すればするほど、他の安保理常任理事国（とくにフランス）や、非常任理事国（中でもドイツ）はますます米英に同調する意欲を失っていった。

こんな多国間の膠着状態をもってしても、ブッシュ政権に歯止めをかけるには不十分であった。三月一九日、安保理の承認がないまま戦争が開始される。[16] これによって、ブッシュ政権は目的達成のためならば、多国間の取り決めをいつでも無視していくことを実証した。

米国は日本を含む三〇カ国の「有志連合」とともに、イラク戦争へ突入した。[17] 軍事作戦の終了直後、三六カ国がイラク占領に参加したものの、米英両軍が占領軍の大半を占めた。[18] より重要なことは米英両国が欧州の主要二カ国、フランスとドイツの支持を得られずに終わったことである。

〇三年春、戦争が終結に向かうにつれ、その仏独両国は戦後のイラクに国連の進駐を認めてもよいと示唆するようになった。このことは両国にとって、国連に国家再建を主導させることで、イラクの完全な主権回復へ向けて発言権を保持する意味合いがあった。米政権は国連に中心的役割を割りふるのを初めから拒絶していた。ブッシュ政権の見地に立てば、傍観者（すなわち国連）や、妨害者（とくにフランス）たる罪をおかしたと判断する者たちに、イラクをそっくり手渡すため、わざわざ開戦という火中の栗を拾ったのではなかった。ホワイトハウスが国連を受け入れたのは、せいぜい〇三年五月、国連事務総長イラク特別代表――あまり権限をもっていない――の任命を認めたことにとどまる。[19] こうした状況で、フランス（ドイツもまた）はイラク情勢への関与を拒絶した。

II　イラク、ブッシュ外交理念の試金石

国連をイラク戦後処理の中心的役割からはずしたことが、以後のイラクの扱いを決定づけた。だが、国連をはずした対価が膨大なことが判明した。〇三年五月から〇五年にかけて現地の治安悪化に伴う困難や、積み上がる再建費用、正式なイラク政府樹立に向けた諸問題など、難題が増すばかりであった。同盟諸国（日本を含めて）の献身にもかかわらず、もしも戦争前に互いに共通の立場を見いだしていれば、受け取れたはずであり、またノドから手の出るほど必要とした主要な欧州諸国と国連からの支援がないままでは、全面解決は言うにおよばず、現実への対応自体さえ、大きな難問となってしまった。

欧州と国連の支援のない戦後イラク安定化事業の難局

〇三年五月一日、カリフォルニア州サンディエゴ沖合の空母エイブラハム・リンカーン艦上で、ブッシュ大統領は「任務完了」を宣言し、主要なイラク軍事作戦終了を公にした。数週間のうちに、米国はサダム・フセインとその体制を打ち破り、ほぼ二五年に及んだ独裁を終焉させた。ブッシュ政策の正しさが証明されたかにみえた。しかし、それから数カ月後、事態は劇的に変化する。占領と再建事業のいずれもが、重大な状況に直面していった。

■大西洋同盟抜きの国際的行動

対イラクの「衝撃と畏怖作戦」を〇三年三月から四月の間に遂行した際、イラク側から見るべき軍事抵抗がなく、米国の戦略家たちを驚かせたのだが、やがて反乱が始まった。時間が経つにつれ、治安は改善どころか、悪化の一途をたどった。同盟諸国軍への攻撃が〇三年一一月に月間七三五件だったのに対し、翌年八月になると、月間二七〇〇件にまで増大した。[20] 〇三年一一月当時、イラク全土で抵抗勢力は五〇〇〇と推計された。それが〇四年九月になると、推定二万に膨れ上がった。[21] 同じ九月、『ニューヨーク・タイムズ』紙には、イラクで都市が一つまた一つと立ち入り禁止となっているという記事が掲載された。[22] ファルージャ、サマラ、ラマディ、カルバラ、バグダッドのスラム街サドル・シティーに加え、他の人口密集地がさまざまな反乱勢力の実質支配下に落ちていった。[23]

治安悪化によって、占領に伴う財政と人的負担を自国だけで支える米国の苦境が浮き彫りにされた。〇三年夏の初め、現地展開の同盟諸国軍のうち、非米兵はわずか七%に過ぎなかった。[24] 一年後の夏でも事態は好転せず、米兵の比率が全兵力の九〇%に迫る勢いだった。[25]

これは、米国が占領経費のほとんど全額を背負い込んでいることを意味した。〇三年七月の推計でさえ、イラクの反乱鎮圧と占領に伴う経費が、〇四年までに千億ドルに達すると予測された。[26] 経費のほとんどを米国の納税者が負担することになる。治安悪化で出費はますますかさむはずであった。有志連合における米国の影響力が圧倒的なことはまた、犠牲者のほとんどが米兵であることを意味した。さらに悪いことには〇三年春の戦争期間中、イラク側の反撃で犠牲となった米兵が一〇九人であったのに対し、作戦終了後の〇三年五月から〇四年一一月時点までに米兵の戦死者は一三三五人に急増したことだ。[27]

再建事業一つとっても同様に困難なことが判明した。世界銀行と国連によれば、開戦時の〇三年三月レベルにまでイラクの社会基盤と公共サービスを復興するために、一七五億ドルを有すると試算された（その時点でさえ数年前から社会インフラの劣化が進行しており、高いサービス・レベルとはいえなかった）。[28]また、〇四年一月に世界銀行とイラク暫定統治機構（CPA）が行った集計を総合すると、一四件の「必須分野」の「再建と整備拡張」および石油産業復興、治安改善に今後四年間で五五二億ドルが必要とされた。[29]これに対し、〇四年夏までに米国がイラク再建にあてた予算はわずか一八〇億ドルでしかなく、そのうち一〇％ほどがその時点までに投入されたにすぎなかった。[30]

欧州で米国のイラク政策を支持した英国と一部の国以外に、他の欧州諸国からも支援があったならば、イラク情勢をより巧みに扱えただろうとは断言できない。それでも財政と兵力の両面で、関与を拒んだ欧州諸国の、とりわけフランスとドイツの支援があったならば、事態が大きく違ったとはいえよう。

財政面では、仏独両国のみならず、イラク再建コストの分担について欧州連合（EU）にもっと強い意欲を見せてほしかった。〇三年一〇月二三―四日、マドリードで開催された国際再建支援国会議で、イラク再建へ向けてEUと加盟各国が表明したのは、債権中心に一二億五千万ドルの供与であった。それなりの額ではあったが、たとえば日本政府が表明した約五〇億ドルに比べ、はるかに見劣りがした。[31]しかも、この分野でも独仏両国は明らかに強い指導力を発揮しなかった。〇四年九月時点で、EU加盟国としての供与分を除き、両国は何ら個別の支援を実施していなかった。治安の悪さに加え、支援国間の調整が進まず、効果的な援助管理の阻害が両国に消極姿勢をとらせたとされた。だが、問題を大きくしたのは間違いなく、イラク危機をめぐる政治対立の余波と、ブッシュ政権の対応への欧州側の疑念であったといってよい[32]。

兵力の面でも、欧州から広範な支援があれば、効果が上がったはずである。この点で、常に要請されながら、実現に至らなかった仏軍の派遣をめぐる是非論議が、手薄に伸びきった有志連合軍の戦力的な問題点を如実に示していよう[33]。フランスが九〇年代の平和維持活動を通じて積み重ねた経験が、イラク現地で役立ったはずである。英国の対処を十分に補完してくれたであろう。なぜフランスの貢献がとりわけ求められたかというと、おそらく他の国々にも支援に踏み切る合図となったはずだからである。同様に大事なのは、仏軍のイラク派遣が実現していれば、現地における国連の役割について全体合意の成立と同じ意味をもったといえることであろう。

■戦後イラクと国連の持つ正当性の必要性

ブッシュ政権にとり、イラク戦争に関して大西洋同盟の支援を失うのと、国連の支持を得られないのは表裏一体であり、同じことを意味した。すでに触れたように、国連が実質と権限を伴った役割を担うことが、フランスとドイツ、および他の国々が戦後処理に関与するための必須条件の一つであった。ブッシュ政権側はといえば、それでも一度たりとも国連の明確な関与を検討したりしなかった。開戦前に政権の強硬派に共有されていた疑念が、占領開始後も作用し続けたのである。これはつまり、イラク国内と問題全体の「状況改善」が不確かなものと判明した以上、国連の正当性が一つの資産であったことがますます明確になったことに等しい――それは二つのレベルで、すなわち現地では治安維持や政治面で、またより広く国際社会でも有用といえた。

〇三年七月に公表されたイラク再建評価報告書で記述されたように、紛争直後の法秩序回復にカギとなる警察力の分野で、国連には重要な経験がある。[34] 九〇年代を通じ、その分野で経験を重ねてきた。過ちを犯したとしても、それを学習の糧とし、時間とともに国連の警察能力が一歩ずつ向上していった。米国はそうした経験と識見を活用できたはずであった。[35] 戦後イラクに安全な環境を確保しようとして米国が陥った苦境は、軍事力に依存するだけでは不十分で、組織された文民警察が必要なことを教えている。

警察組織が機能するには、国連がブッシュ政権から政治的に距離を置くか、少なくとも米政権の道具とみなされないことが条件となったであろう。これが長年に及ぶ制裁措置のせいで、イラクに積もり積もっていた国連に対する怨念を乗り越えるただ一つの道といえた（国連ですべての制裁措置が採択され、維持されてきたからである）。また、誠意ある仲介者として信頼に足ることを示し、これまで以上に、移行プロセスの破壊を決意した反乱勢力から標的とされる危険を高めないためにも必要なことであった。[36] 現実には、〇三年八月一九日に起きた国連現地本部に対する爆弾テロ攻撃により、イラク現地情勢に本格的な参画を意図していた国連の気運に終止符を打つのである。[37]

〇四年春になると、米国の影に対する批判を可能な限り回避するため、国連の正当性を有益と判断したブッシュ政権はラクダハル・ブラヒミ国連事務総長特別代理の介入による、新政府樹立と主権移譲につながる調整交渉の開始を歓迎した。また、〇四年六月八日に採択され、イラク暫定政府創設を承認した安保理決議一五四六について、米政権は暫定政権の正当性を確保し、〇五年初頭に予定された議会選挙に至るまで政治プロセスを維持する上で役立つと判断した。[38]

これらの出来事はまた、全面的な国連の正当性の支えがないと、国際的には大変なコストがかかるというブッシュ政権の苦い認識につながった。一連の事態が外交上の米国の立場をゆがめ、国際社会における指導力を後退させた。イラク占領が現地で反米勢力に火をつけたのに加え、米国の孤立化を招くとともに、世界中でも反米主義を沸騰させることになった。[39]

Ⅲ　ブッシュ外交の想定と国際秩序の将来

ブッシュ政権は九・一一テロの前にも後にも、また対イラク戦争の枠組みでも、自分たちの外交政策こそがただ一つ可能な選択であり、成功してきたとして、人々を説得しようと懸命に努力してきた。また、現在のわれわれが様変わりした世界に生きているという理論の普及に殉じてきた。その過程で、多国間主義や国連、さらに国際的連帯の諸課題に九〇年代には認められていた重要性が後退させられた。確かにいくつかの案件でブッシュ外交が正鵠を射ていた点がある。そこでは構想も正しかったし、かつ有用と立証された。ただし、それ以外となると、解決より難題をもたらした。最終的には、これら成否半ばする結果の評価はといえば、肯定より否定的な判断に傾かざるをえない。

対イラク戦争とブッシュ外交の想定――正義から悪へ

その恐るべき国力と単独行動の能力を押し立てるブッシュ外交の想定は、一定の範囲で事実によって実証されてきた。他方、別な事実は、自国中心の外交政策と力の単独行使によって、米国が国際的正当性を含んだ正当性を獲得できると信じた点について、その誤りも証明した。

■単独行動が可能な米国の力

国際社会の力の配分において、ずば抜けた地位を占めるおかげで、米国は国際的な懸案課題を定義づけたり、単独で行動する幅広い可能性を有している。九・一一直後、多かれ少なかれ思う通りに構想を立て、実行してきた対テロ戦争の手法にならい、戦端を開いたイラク戦争が間違いなくその点を立証している。サダム・フセイン打倒に立ち上がろうというブッシュ政権の意欲に対し、ほとんどの国が表明した懐疑主義や開戦反対論では戦争回避に不十分であった。米国には独自の手段で戦争遂行能力があるという事実が勝利したのである。

その意味で、米国は自国にふさわしい形で国際的な行動をとれると主張したネオコンの外交政策理念は正しかった。

しかし、このことが、米国に国際的な法正義や正当性をフリーハンドで再構築する力があることを意味するものではない。同様に、米国益のグローバルな優越性が前提だからといって、その国益が他の国々にはほとんど無関係というものでもない。対イラク戦争の関連でブッシュ外交が直面した問題点とは、米外交政策の正当性や国際的正当性を全体として判断する上で、自国の国益だけがただ一つの物差しではなかったことである。

■米国の力だけで正当性を定義できない

ブッシュ政権は身をもって、自国だけでイラクの治安維持と再建の実現が難しいことを学んだ。政治、軍事、財政、兵站部門で出来る限り数多い国々からの支援を必要としていることを、苦い経験則で学習した。政権はまた、国連あるいは国際的な法正義と正当性を無視できないことも痛みをもって知った。結果的に、イラクをほとんど一国だけで占領することで、国際的な法正義や正当性を再構築する以上に、自国の有する威信や正当性を傷つけたのである。

ブッシュ政権がイラク戦争遂行にあたり列挙した戦略的理由は多分に根拠薄弱であり、その弱点がまた足を引っ張った。イラクのどこにも大量破壊兵器を発見できなかった[40]。

さらに追い打ちをかけるかのように、現地における米軍部隊の武力行使のあり方が重大な問題となってきた。兵火器使用規則（まず発砲し、それから尋問）と、拷問[41]（正式決定ではなくとも、少なくても高級レベルで慫慂（しょうよう）され、非公式に承認された手法）が米国の評価を貶め、その力を影響力と正当性へ転換する能力を低下させた。

イラクにおけるブッシュ外交の失敗は、正当性に備わる社会的次元を浮き彫りにした。すなわち、正当性とは自己断言できる事象ではない。少なくとも他者からの承認と同意を必要とする。とりわけ国際社会ではそれを欠かせない。競争や緊張、対立によって国際関係が形成されがちである以上、どんな国際的正当性であれ、広く共有された評価でなければならない[42]。この社会性は国際的な正当性全般に必須なものだが、特定の外交政策が正当性を備えるためにも不可欠である。とりわけ米国にとって、その世界規模の影響や民主化要求のスローガンを考えれば、重要なものであろう。

ブッシュ政権のイラク政策と国際秩序に与えた衝撃——肯定から悲観へ

この状況下では、ブッシュ外交を特徴づける正と悪を組み合わせた想定が、多少とも前向きな影響力をもつ一方で、国際秩序と、それを成立させている諸々の基準や機構に危うい結果をもたらす恐れがあっても驚きではない。

■ブッシュ外交政策の肯定的な影響

イラクでブッシュ外交政策が成し遂げた最たる成果とは、いうまでもなくサダム・フセインとその体制の剔抉（てっけつ）である。イラク侵攻作戦をいかに不快に感じようとも、イラクや世界全体で多くの人々が権力者フセインの追放を歓迎すべき出来事と受け止めた。

議論はあろうが、ブッシュ政権が対イラク行動で見せた容赦なさもまた、肯定的にとらえられよう。長年に及んで国連が兵器査察問題を未解決のまま放置し、九八年には査察チームが力づくで放逐されても懲罰に出なかったことが、事実上、多国間組織には何ら解決を期待できないと思わせてしまった。その上、一〇年以上続いたイラク制裁と飛行禁止措置を永久に維持できるわけがなかった。何かが成されるべきであった。だが、査察や制裁に関し、国連は麻痺状態と映った。ホワイトハウスが行動と変化を決意したのは、イラク情勢の現状維持と無為を打破すべく、代替策を示す狙いがあった。

三番目の肯定要素は知的側面である。ブッシュ外交のイラク政策にある急進性と「想定外」といえる特徴が、目覚まし時計の役目を果たしている。ブッシュ大統領が従来の国際関係の手法を踏襲しなくなったために、国際社会とその調整メカニズムの歴史性について考察を迫られることになった。国際法に基づく諸々の基準や機構を転換することの本質や役割、能力について、問い直さざるを得なくなっている。

つまり、国際法や国連（それらが奨励する価値観や権限、義務を含めて）とは、たんに組織化された偽善に過ぎないのか、それとも真剣に受けとめ、擁護すべきものなのか。どうすれば国際法と国連が、国際関係の社会性強化に貢献できるのか。国際法はいかに進化していくのだろうか。国際法と多国間主義をそれぞれどう現実に適応させるのか。逆に、現実がどのように国際法と多国間主義に適応されるのか。さらに、この二重の相互適応プロセスについて、政策決定者はどこで（同時にいかに）峻別の線引きをすべきなのか。

対イラクのブッシュ外交がもたらした最後の効果が、機構上の皮肉な利点である。それは国連に関係する。確かに国連は今日、政治的にむしろ弱体化した組織である。同時に、過激すぎたブッシュ外交のおかげで、国連と多国間主義がもつ限界に取り組まない限り、将来、直面するであろう大きな障害を国連の主たる担い手たちに明確に意識させることに役立った[43]。

■ブッシュ外交が世界秩序にもたらす危うい結末

しかしながら、これまで触れた肯定要素はブッシュ外交が国際秩序に与えた影響のほんの一部でしかない。

まず初めに、ブッシュ政策のもつ前向きの成果には多くの疑問符がつく。サダム・フセイン追放が必ずしもイラクによりよい状況をもたらすとは限らないかもしれない。イラクがもっと民主化された体制に転換するだろうと断言するにも、確証にはほど遠いのである。イラクがこのまま不安定で、地域と世界全体の緊張要因となり続ける可能性があるだろう。知的な、また機構（国連）上の肯定要素についていえば、ブッシュ政権がそのこと自体を目標にしたわけではなかった。実際のところ、それら肯定面の

郵便はがき

料金受取人払

牛込局承認

3467

差出有効期間
平成21年3月
2日まで

162-8790

東京都新宿区
早稲田鶴巻町五二三番地

（受取人）

株式会社 藤原書店 行

ご購入ありがとうございました。このカードは小社の今後の刊行計画および新刊等のご案内の資料といたします。ご記入のうえ、ご投函ください。

お名前	年齢
ご住所 〒 TEL　E-mail	
ご職業（または学校・学年、できるだけくわしくお書き下さい）	
所属グループ・団体名	連絡先
本書をお買い求めの書店 市区 郡町　書店	■新刊案内のご希望 □ある □ない ■図書目録のご希望 □ある □ない ■小社主催の催し物案内のご希望 □ある □ない

書名

読者カード

●本書のご感想および今後の出版へのご意見・ご希望など、お書きください。
（小社PR誌『機』に「読者の声」として掲載させて戴く場合もございます。）

■本書をお求めの動機。広告・書評には新聞・雑誌名もお書き添えください。
□店頭でみて □広告 □書評・紹介記事 □その他
□小社の案内で （ ） （ ） （ ）

■ご購読の新聞・雑誌名

■小社の出版案内を送って欲しい友人・知人のお名前・ご住所

ご住所 〒

■購入申込書（小社刊行物のご注文にご利用ください。その際書店名を必ずご記入ください。）

冊	書名 冊
冊	書名 冊

指定書店名

住所

都道府県 市区郡町

実現を阻止しがちなのがブッシュ外交といえた。国際法や国連、多国間主義に関し、米国中心の解釈に傾斜するがゆえに、その解釈にそぐわなければ、どんな展開であれ歓迎しようとしない。

より明確にいえば、ブッシュ政権のイラク政策が国際秩序に与えた主要なマイナス効果が、次の三つの事実と密接に連動する。まず、イラク戦争が国際的な法正義と正当性を欠いて実行されたこと（国連安保理の正式な承認がなかった）。次に理由が曖昧なまま戦争に踏み切った点（つまり、大量破壊兵器の存在、アル・カイーダとフセイン体制との連繋も証明されていない）。また、戦争の重要な局面でジュネーブ協定を無視した行為が数多くあったこと（拷問が行われ、尋問の正当な法手続き欠如など）。こうした事態の悪影響が作用し、少なくとも三点の領域で国際秩序を劣化させている。

第一に、中東全体にブッシュ政策の悪影響が出ている。とりわけ、テロ減少に貢献するどころか、中東全域にテロを拡散させてしまった。イラクでテロ活動の国際化を助長した。また、イラクのテロを国際テロとの連繋とまでいかなくとも、中東全域のテロ活動に連動させる結果になった。

第二に、多国間のメカニズムや義務を自在に解釈し、かつ利用するブッシュ外交によって、多国間主義が実現しようとしている国際的正当性の体系に打撃を与えてしまった。二重基準——すなわち、米国に最大の権利と最小の義務、逆に他国には最大限の義務と最小の権利しか認めない矛盾——を押し進めた結果、他の国々から見ると、国際社会の相互補完性とか、権利と義務の力学に付随した諸々の制約を受け入れることに、魅力を感じなくなっている。[44] 国際関係に対する米国の一国主義と、利己的な多国間主義が一方的な対応の蔓延につながっている。最終的に、国際協力や国際法正義、正当性の信頼にたり得る体系の理念と、その実現可能性を危うくしてしまったのだ。

同時にまた、米国自体と、民主主義の価値を伝えるそのメッセージの信頼性とが、いずれも劣化しつつある。銃をつきつけ、何万もの民間人犠牲者を出しながら民主主義を広めようというのは至難の技であろう。結果として、米国の指導力、中でも国際法と多国間主義の名のもとに、各国を結集させる求心力がこれまで以上に疑問視されている。このことは国際秩序並びに、そこで米国が最後の望みの役割を果たすにあたって、一つの障害となる。このため、米国は国際的正当性の一部を形成し、かつ体現し、合わせてその推進役とみなせるような外交政策を打ち出せなくなっている。加えて、国際社会における力の配分で米国が果たす枢要な役割を考慮すれば、国際的な非正当性の印象によって、米国が国際秩序を乱しかねないのである。(45)

確かに〇五年一月のイラク総選挙がそこそこ成功した際、一つの楽観論が生まれた。投票日の一月三〇日は反乱勢力が公約したハルマゲドンとはならなかった。その投票日に重大な暴力事件が噴き出すこともなかった。イスラム教スンニ派勢力の多くが投票をボイコットしたが、何百万ものシーア派とクルド住民が投票所に出向いた。この前向きな展開をとらえ、ブッシュ大統領は〇五年二月下旬、欧州歴訪へ向かい、米欧関係の亀裂修復と「再出発」を呼びかけた。しかも、イラク総選挙から数カ月間、周辺地域で起きた多くの前進によってブッシュ中東政策の正しさが立証されたかのようにみえた。とくにエジプト、レバノン、さらにある程度サウジアラビアでも、支配者たちがそれぞれの体制に一定の民主化が必要と感じ始めたように思わせた。

しかし、選挙後、テロ攻撃はやまなかった。〇五年秋、一〇月一五日の憲法制定国民投票を終えた時点で、スンニ派住民をいかに、どの程度まで政治再建プロセスに組み込むことが可能か明らかではなかった。どんな仕組みを見出せば、議会多数派となったシーア派連合が長期的にクルド住民や、より重要といえるかつての特権勢力スンニ派と協調していけるのか、未解決のままである。その上、米国内でもイラクの戦争状態に反対の声が高まるばかりだ。それだけに、イラクとブッシュ外交の行方には大きな疑問符がつけられたままといえた。

＊　＊

九〇年代の国際社会による人道的危機への関与と、〇三年イラク戦争を比較すれば、わずか数年のうちに起きた変化の深さが浮き彫りとなる。人道的危機への国際的関与は人権への配慮を基盤としていた。これに対し、米国によるイラク戦争は、米国の国家安全保障を理由に遂行された。米国は人道的危機に介入したり、武力行使に出ようとはしなかった。ところが、イラク戦争では米国がその力を行使し、介入や軍事行動を起こしたがる皮肉な現実が明らかになった。人道的介入は（コソボ紛争を例外として）、国連安保理決議に基づき、平和活動と連係して実行されてきた。ところが、イラク戦争の場合、しかるべき安保理の支持を欠いたまま国連の枠外で遂行された上、米軍による現地占領が続いた。人道的危機への対応はもともと西側（米英仏を含む）が大なり小なり結束しないと、実現しようがなかった。だが、イラク戦争で大西洋同盟が真っ二つに割れた（すなわち米英両国が仏独二カ国と外交対立し、正面から組み合った)。さらに、これまで人道的危機に対して国際社会の関与を支持してきた世界の各国世論は、ほとんどがイラク戦争反対に回ったのである。

こうした比較を考慮すれば、二〇〇〇年代初頭と九〇年代が二つの異なった世界のように見える。しかし、本当にそうであろうか。その違いがイラク戦争の核心にある問題点を覆い隠せるわけではない。その同じ問題点こそ、九〇年代の人道的危機が惹起した論議の前面にすでに存在したのである。つまり、国益と国際的利益のバランスとか、武力行使に関し、国際的に正当化できる適切な事由を見出すべき必要性について、あるいは米国と国連の緊張関係や、国際的正当性への導き手となる多国間主義の役割、そして大西洋同盟の重要性といった論点である。これらのことがブッシュ政権も認めるのにやぶさかではない、二〇〇〇年代と九〇年代との間にある大いなる連関性の証明となろう。

実際、いくつもの教訓が九〇年代と二〇〇〇年代初頭のいずれの時期にも等しく通用する。とりわけ、その二つの時期はそれぞれの流れの中で、米国と国連(多国間主義)が相互依存している事実を明らかにした。いずれも、一方だけで行動するのは困難を伴う。確かに米国は単独で行動できる。それでも単独行動すれば、米国が容認した国際的システムの正当性とまではいかなくても、米外交の正当性には疑義が及ぶことになる。逆の言い方をすれば、米国が多国間ルールに従って行動してくれないと、国連が二級の国際市民に転落する危険があるのだ。その過程で、国連の全体的な有益さや正当性が危機に陥るのである。

米国と国連の間に横たわる緊張をきれいさっぱり除去したり、完全に安定し、公正な国際秩序を創り上げたりするのは至難であろう。国内志向性の強い国際関係と、それが国際秩序に与える諸国家間の関係構造のもとでは、緊張にあふれ、限られた国際正義の形が国際社会の現実となる。それでも、こうした緊張や限界を減じさせる対応策をいくつか考えることができよう。次章ではその方向で、いくつか提言を試みたい。

第六章　国際的な法の統治へ向けて

九〇年代には多国間で人道的危機に対処することを通じ、それまでより国際的連帯の課題へはるかに大きな関心が注がれた。それでも国益の求めに比べれば、国際的連帯とはむしろ、枝葉末節であり続けた。二〇〇〇年代初頭になると、国際的連帯の関心に対する冷遇ぶりが一段と強まった。九・一一とブッシュ外交が複合作用して、国際的連帯より国際治安へほとんど独占的な関心を向けさせることになった。

前章で確認したように、ブッシュ外交には見落とすべきではない肯定面があり、とりわけ未解決の問題に真っ正面から取り組む手法がその一つである。それでも、性質の面において欠陥もある。諸問題に取り組む手法は多かれ少なかれ一国主義的であり、束縛されない国力を用い、かつ自国の力を信奉し、自分たちの手法を支える諸外国との関係を頼みとする哲学全般が、ブッシュ流対応の肯定部分まで危ういほど混乱に陥らせている。外交の政策構想でカギの一つが世界中で民主主義の拡大にあると米政権はいうものの、他国の利益を見過ごし、配慮と同意よりも力を、また信義や率直さよりも疑念を優先する傾向があるために、米国の行動が賞賛以上に疑問を誘発しがちとなる。さらに、政権二期目には従来より柔軟な感性をとり入れたように見えるとはいえ、ジョージ・ブッシュという人物がこうした基本理念を根本から放棄するとはとても思えない。

その過程で、ただ（国際）連帯と（国際）安全保障だけがバラバラに分離する危険に直面するわけではない。力と正当性の関係もそうだ。これは危険な成り行きである。ブッシュ外交の特異性とは国際レベルで人々や各国を結集するというより、むしろ人々や国々の間にすでにある亀裂を活用し、断絶を深める性向にあろう。これは国際領域において秩序と正義の追求をより頼りないものとしかねない。では、この事態をどう正せばよいのか。これがこの章で検証する課題である。検証することによって、国際的な法治の原理を広める最低限の条件とは何か、そのいくつかを特定することになろう。こうしたことが国際的に何が交渉可能で何が不可能か、その関係によき均衡を見出すことにつながるであろう。すなわち、決定的な指導力の希求と、その他一般の視点を採り入れる必要性との間に、また、国際行動への支持を集める必要性と、何がなんでも武力行使する必要性との間に、そして民主主義の価値を擁護し、強化推進する責務と、文化の多様性を尊重する必要性との間に、さらには、人々が権利を持てるよう支援する責任と、自らの運命を自分で担いたいとする人々の欲求を認める責務との間に、それぞれバランスを見出すことである。

この点で四つの変化が長い道のりをたどって起きうるだろう。まず国際レベルで連帯と安全をうまく接合させ、その結果、正当性を力によって補強する必要性からすべてが始まる。第二に、国際的連帯に関する基準の強化がある。これはとくに、多国間主義にある民主的な権利を与える特徴をもっと真剣にとらえることが求められる。国連とその加盟各国とともに、地域機構や非政府組織（NGO）も同様に、限定はされるが、死活的ないくつかの分野であり方を変えるよう支援すれば、それが歓迎すべき第三の変化となる。最後に四番目として、米国の指導力をより受容型で相互補完性の強いものにできれば、さらに安定し、公正な国際システムの実現に貢献しよう。

I　国際的法治と連帯の公共政策

安全の希求と連帯の模索との間に国際レベルで連関性がなくなった印象があるのは、国際社会にある自国志向性から生じている。これまで確認してきたように、この自国志向こそが国際的連帯の概念や波及を多かれ少なかれ、道義上の責任の問題に矮小化している。これは、道義的思慮に基づくとはいえ、それを超えて、連帯が持つ社会化の重要性を認めようという連帯の公共政策とは、あまりに異質なものだ。これはまた、ほぼ自動的に連帯を強制するメカニズムを通じ、具体的に連帯を機構に組み込み、かつ日常化させ、結果として国際法治の現実を強化してくれる連帯の公共政策とも、まったく異なる。

脆弱な連帯と治安不穏

国際政治の政策構想や実施において連帯の欠如が当たり前になったために、治安（国内外を問わず）維持が難しくなっている。国際的連帯をきわめて二次的な関心事としたことで、狭い視野で治安維持を図ることになり、結果的に安全そのものを危機に陥れている。なぜならば、国内と同様に国際レベルでも個人の権利が完全に認められ、保護されていないと、全員の諸権利も保障されない。こうして時間とともに地域紛争が脅威を拡大させ、拡散させる沃地となりうる。弱体化し、破綻するか戦闘状態の国家と暴力が結びついた時、国内ばかりか国境を越えて不安定状態が広がる傾向がある。だからこそ、人々の権利侵害が国際秩序に挑む誘い水となって、ますます不安定な状態を生みだし、対決姿勢が生まれていくと思える。監視状態が全時間稼働の、終わりのない任務となり、力ある者と同様に力なき者にとっても共通の運命となっていく。恒常化した監視状態が安全の輪を拡大し、安定を公共（共有の）財産とするのに役立つどころか、一段と治安悪化を招き、礼節が失われ、大胆な偏執狂をはびこらせていく。

多国間主義と国連の創設がこの事態を緩和するのに役立ってきた。しかし、終焉させはしなかった。この書ですでに見てきたように、多国間主義の大切さを認めた国際環境にあっても、連帯と真剣に取り組む（連帯を公共政策の課題とする責務）のは苦しい戦いである。世界機構や国際組織という各国寄り合い所帯の政府間構造のゆえに、隣国に対し、上手に出ようという衝動は不可欠な特徴として残る。時々、この衝動が旺盛になり過ぎると、多国間システムの信頼性に影響し、諸国民や個人すべての安全を弱体化させる。国連が連帯に関連して持つ弱点が、この状況に一部表れており、集団安全保障を多かれ少なかれ張り子の虎としたまま、国連が安全の提供者たりえない一因ともなっている。西側のもっとも強力な民主主義諸国はこうした現実の責任を逃れられない。そこには多国間システムの必須の引受人、すなわち米国も含まれる。米国には多国間主義の連帯理念を確立できなかった責任の一端があるゆえに、国際システムが抱えた病理の責めも負わされている。そのことが権利を奪われた者たちに米国を第一標的とさせる理由となっている。米国とテロリズムが対峙した戦争もこの脈絡の一側面といえよう。

違法性と治安不穏

連帯を犠牲にして治安に専心すると、ますます安全の希求が阻害され、力と正当性の間に懸隔が生じる。現実問題として、二つの危険性が同時に進行していく。力が連帯に基づいて安全を確保できない時、すなわち、他者の権利を容認し、それに則った政策責任を担うことで安全を確保できないのであれば、力の正当性や存在理由、さらにその存続も危機に瀕する。

力と正当性が国際レベルで緊張を孕むのは目新しいことではない。第二次大戦後の時代全体がそのような特徴をもっていた。東西対決で国連を麻痺させつつ、東西両陣営が、競い合う二組の力と合法性の組み合わせを現出させた。その過程で、国連によって体現を意図された国際的正当性は、国連が無力化することでほとんど意味を失った。グローバルな戦略的競合と、それに伴う二極構造のゆえに、冷戦時代には力と正当性の分離を極めて受け入れやすいものにした。生産性は高くなかったかもしれないが、二極化に加え、相互排除し合う二つの世界観がそれぞれ異なる選択肢となることによって、二大国にそこそこ手綱を締めさせる、事実上の「抑制と均衡」状態がもたらされた。

しかし、われわれが現在生きる一極（あるいはほぼ一極）構造は力と正当性の分離をはるかに問題多いものとし、ともすれば、それはもっと危険なものなのかもしれない。米国がますます主張したがっているような、自国の国益追求が国際利益に一致するという議論はとうてい説得力があるとはいえない。自己本位の意識はいまや各国が自国について抱く概念の大部分を構成する上、主権平等の原則を正当な国際関係の主要な一側面とさせている。国家間に存在する力の膨大な差異が国際社会の現実でありながら、国際的基準によって正当とされる序列の階層性（「帝国」構造と連関させる考えもあろう）を容認するような考えは一切想定されていない。このことが覇権国はいうに及ばず、支配的な国々にも基本的な制約を課す。すなわち、正当な外交政策とは一切、存在せず、ましてや排他的な自己中心の概念や、武力行使によって獲得できるような国際的正当性とは、さらにありえない。

かつて二極構造が世界にもたらした抑制と均衡のメカニズムが欠落し、一方で民主的な統治意識が伸張しているため、力と正当性の組み合わせを除くと、他に安定の代替手段はまったくない。力を正当性に組み入れる、つまり国際公共政策レベルに高く位置づけた連帯（たんに倫理的立場にとどめおかずに）を通じて安全を追求していかない限り、一極性の中核に存在する不均衡が不安定を全体の制度的（地域だけで終わらず）な特徴としかねない。その結果は米国にも、国連そして世界秩序全体にとっても否定的なものとなろう。

米国はその完璧な国力を背景として、影響力を国際社会に波及させ得るであろう。しかし、この影響力の維持は難しい。現実の具体的な視点で見ると、イラクの事例が示すように、グローバルな長期的関与につながる形で、とりわけ紛争地域において自国だけで兵力展開や財政上の負担に応じるのは、米国にも重荷となるであろう。外交の視点でいえば、米国の政治制度全体の本質を問うところまでいかなくても、米外交政策の正当性についての疑念が政策露出度の高まりとともに、ますます増大してこよう。国連も同様に困難に陥ることになる。米国の支持がないと、国連のすでに狭められた役割がさらに低下し、それに合わせて、国連が提供しようとする国際的正当性の場も縮小していくだろう。世界秩序に関していえば、米国と国連の決定的な離反が地球規模で不安定を増大させる。ほとんどの国が多国間主義の対応を志向するのだから、米国に対する反感が増すことになる。その上、欧州を含む他の国々には自国だけで（米国抜きに）集団安全保障の責任を担う意欲も能力もないため、国際安全保障の維持という使命が、相反するが同等に厳しい二つの試練に直面しかねない。それは力の過度な集中か、力の過剰な拡散である。力の集中の場合、米国が一カ国だけで多かれ少なかれ世界の安全保障の責任を担うが、先に言及したさまざまな危険と限界を伴うことになる。力の拡散となると、責任は地域構成国の善意に委ねられ、国際秩序は概ね放置されたままとなりかねないのだ。

国際的法治　義務たる連帯から安全の権利まで

実際には、連帯と安全保障の間にある懸隔と、それらが生み出す動機、手段、関与に生じる矛盾は通常、学界や政策決定者たちが思うほど厳然たるものではない。（国際的）連帯とはモラルや倫理的見地に立ち、善行を成すことに関係する。しかし、一つの公共政策の中で権利と義務を承認し、かつ実現していくことで、連帯が国際社会を法治のもたらす主要な利点を享受できる場に近づけてくれる。その利点とは安全である。これら二つの側面が相互補強し合っている。つまり、行為主体が連帯のもつ倫理的な側面と合致していけばいくほど、公共政策の枠で連帯を実現していくことがますます安全保障に貢献する。反対に、連帯を無視すれば暴力が待ち受ける。もし力なき者が反撃できないほど無力でないのであれば、反撃できるチャンスは十分にある。まさにこの点に、これら二つの側面の組み合わせが共同体と構成メンバーの安定と繁栄にとって、戦略上、連帯を重要なものとする現実がある。

連帯の具体化が後ろで座視するがごとき態度を生み出さないのであれば（公共政策の連帯には自己満足の行動を許す権利も含まれるため）、すべての人々と国々が安心感のもたらす利益、つまり、連帯が法の統治の一環として与える「精神の静謐」を共有し、享受できるようになる。[1] 連帯と安全保障の接合が具体的にも心理面においても、「安全確保」の助けとなるのは、その接合が力による正当性の基礎づけを想定し、実現するからである。哲学者ルソーが有名な言葉を残したように、「力を権利に、そして従順を義務へ転換しない限り、最強の者とて常に支配者であり続けられるほど強いわけではない」[2]。権利と義務の織り合わせで繋がれた相互依存が、行為主体の間に実際、協力的な連帯の構造を創り出す。これがまた、力の正当性が実現するプロセスでもある。

安全保障と連帯、正当性の連続体はとりわけ現在の政治的脈絡（国内、国際政治のいずれも）で機能する。この脈絡では、よき統治の基準となる道しるべを規定する上で、民主的な価値が重きをなすようになった。力を正当とするために（その結果、可能な限り、確立された力となる）、民主的価値観がいくつか肝要な奉仕を力に要求する。その奉仕とは公共利益を確立させ、保持し、実現するためのもので、共同体を形成する中核要素となった連帯の一部分となるものだ。この教訓は、もっとも進んだ民主的な国民社会で長い時間をかけて学ばれ、行動規範となってきたもので、これを国際レベルで定着させる必要がある。世界がますます接近し合い、ある意味で小さくなっているのだから、願わくば、その教訓の定着が容易になってほしい。

現在の世界的状況では国内志向性と、その傾向が各国間に持ち込む分断に代わり得るものは見あたらない。国民国家が長い間培った価値やあり方を認め、その勝ち札を取り込むことで国民国家の代替たらんとする欧州統合型のプロジェクトが近い将来、グローバルな規模で起きる可能性はない。それゆえ、連帯と安全保障の間に分断が続くであろう。それでもなお、その切れ目を埋めるよう出来るだけ努力するのが不可欠である。基準（人々の権利）となる配慮も、具体的（安全）な思慮のいずれもがその努力を求めている。今日、どんな国家も一カ国だけで国際レベルにおいて連帯と安全保障（力と正当性も同様）をうまく接合できるような資源（政治、規範、財政的な原資）を持ち合わせていない以上、多国間主義と国連を頼みとするしかない。それらが持つすべての限界を考慮してみても、いずれもが、国際的な法の統治を構想し、実現するとともに、その利益をもぎとる上で我々の手許にある最善の道具といえよう。ここで概述した連帯と安全保障をより近づける必要性をより深く認めつつ、国際的法治へ向かうための転換と進歩をうながすもう一つの手段となるのが、国際社会の規範となる枠組みを再点検することである。

II （民主的）エンパワーメント*（権利付与）の多国間的基準と国際的連帯の実現

国連と多国間主義にとって、国際危機への対処が厳しいものになればなるほど、以下の疑問点がますます前面に押し出てこよう。すなわち、現状維持と変化との間で、どのように均衡を図るのか。国連と多国間の課題に持ち込めるものと、除外すべき問題点との間にどこで明確な区切りをつけるのか。また、国連と多国間主義の有する価値観と目標の解釈と実現において、国際社会はどこまで頑なになり、逆にどこまで柔軟であるべきなのだろうか。結果として、一方で、それら価値観や目標が歪められることなく、同時にもう一方では、加盟各国が意見の違いを超えて団結していけるのか。国際的な連帯をより強く動機づけるために（その結果、国際秩序を一段と安定――それは不動を意味しない――させるのに役立ち、正義観念の一要素となっていく）、国際社会の規範レベルで何を変化させるべきかを検証すれば、こうした疑問点に対する回答の手始めとなってくれよう。これは、多国間主義の核心にある一般諸原則、とりわけ民主的価値観に関係する一般原則の正当性と、権利付与の哲学に埋め込まれている責務および政策的な意義を真剣に受けとめ、推し進めることに等しい。これは今度、以下にあげる五組の概念がもつ意義と影響の検討を求めている。

＊エンパワーメント　民主主義社会において構成員を成立させる基本概念で、自己決定能力に関係する。すなわち、権利が与えられ、かつ責任を持って権利を行使できる能力、すなわち権能を意味する。著者は、多

国間主義によって、各国家が行為主体として自らの利益になるよう行動できる権利と能力を与えられるという文脈で用いている。多国間主義が相互協力や互恵性、共通利益を基盤とする以上、小国も等しく同じ権利と能力を与えられる。

正当性の一システムとしての多国間主義

多国間主義とは国際的正当性を一つのシステムとして構想し、実現させることである。それは、国際社会を規範に従う「社会化」へ向かわせるために、ゲームの規則を定義することである。その意味する所は、一般原則を基盤として各国間の関係と協力を調整し、何よりも国際レベルにおける法の統治の概念化と実現を目指すことにある。集団安全保障に関わる主な諸原則とは、以下のものだ。国家平等の至上性、他国の内外政への不干渉、信頼性、諸国民の自決権、武力による恫喝と行使の禁止、対立の平和的解決、人権尊重、国際協力――これらは一般諸原則の一つの説明ともなっている。[3]

こうして、これら諸原則が国際社会で何が賞賛され、何が糾弾されるべきかを定義づける。この諸原則はまた、承認された主たる行為者（すなわち、国家や増加を続ける非政府組織）が、運用可能かつ公正志向型の国際システムを模索するうえで、自らを欠かすべからざる要素と考える理想価値を表してもいる。その国際システムとは同時に、行為者たちを統合する場となり、彼らの代表行為や参加が実現する場ともなる。これらの一般諸原則が企図したのは一貫性を尊び、その結果、国家間関係の予測可能性を高めるような合意形式によって、諸国家間の相互作用を規律化することにあった。こうすることで、多国間の枠組みの全体的なまとまりと、その枠組みが樹立を図る国際的正当性の体系を、これらの諸原則が進展させていくことになる。

エンパワーメント（権利付与）システムとしての多国間主義

多国間主義とは国際的な正当性の体系であるのに加え、権利を与えるシステムでもある。多国間関係に関与した諸国家の相互作用を調整する諸原則は、各国の生存条件や行為主体たる能力、つまり各国それぞれの権利能力を確立させ、かつ高めさせる。これこそ各国が調和と協力の集団体制に参入し、また、その集団体制に縛られることも、あるいは、政策決定と行動に関する自治権限の一部を失うことさえ喜んで受け入れる基盤の一つとなる。

最善の条件下において、多国間主義は目標を持った諸国家間の協力構造として権利付与の利点をもたらしてくれる。最初に、他国との交渉で双方差し引きゼロの、基本的なゼロサム・ゲーム（かつ短期的な）から解放してくれる。各国が多国間的な権利能力を有することは、常に構成国全部の利益の承認とともに、利益調整も要求する各国間の相互作用が想定されている。このことが権利付与の二番目の要素をもたらす。すなわち、そこには自己利益の追求も包括される。この包括性は体系的であるとともに、一時的な側面も合わせ持つ。体系的次元とは次のように説明できよう。多国間協力がほとんどの国にとって利益の喪失を最小限にしてくれることによって、国際領域に集団的な公益を生みだしてくれる。多国間的な権利付与の一時的な側面とは、共同体や集団的未来につながる様々なチャンスを見通す国家の予見能力と関係する。そうした共同体や集団的未来を共有し合う感覚は、多国間的な権利付与システムが生み出す恩恵の一つといえるものだ。全体として、多国間協力とは各国を結集させ、そこで公益の交換を共有し合うものとなる。

多国間主義のもつこれら権利付与の恩恵は二つのレベルで発生する。第一段階として、必須ではあるが、やや基本的目標となる各国の存続と共存を保障することである。たとえば、集団安全保障の多国間領域において、国家主権平等の至上性と、武力による威迫や行使の禁止、他国の内政不干渉の原則は各国が国際社会で生き抜き、存続かつ共存していく上でカギとなる最低限の条件を成している。第二段階では、資格としての性格がより強い。国家の生存や共存への調整を超えて、さらに国家内部の権利能力の質が問われる。多国間主義の民主的な側面に関わる諸原則、すなわち人権尊重、民族自決権、国家主権（ただし、主権在民と人権に結びつけて了解され、解釈された国家主権の限りにおいて）などがこの質の範疇に属すことになる。

多国間に基づく権利と義務

多国間主義は正当性と権利付与の一システムとして、国際的な権利と義務が錯綜する中で機能する。これらの権利と義務は多国間主義の核心にある諸原則を表現し、かつ擁護し、推進するよう意図されており、諸国家が順守すべき行動規範を明らかにする。それら権利と義務の一部が国家の生存と共存に基本的に欠かせないものを表している。集団安全保障の領域では、とりわけ武力による威迫や行使の禁止、あるいは他国への内政不干渉の原則がこれにあたる。この点で、これら権利と義務は伝統的に概ね、抑制型（他国の特権を侵害しない義務）か、反応型（侵害を回復させる義務）かのいずれかであった。ブッシュ政権の先制攻撃ドクトリンがある程度、この伝統を覆してしまった。威迫行使の制限を緩めることで、行動奨励の範囲を拡大したのである。(4)

多国間主義のもつ民主的な素因、すなわち自決権や人権尊重に関わる諸原則から発した数々の権利と義務は、当初から難局に直面してきた。開発レベルはいうに及ばず、文化や体制面でも多様な特徴をもつ世界にあって、どの地点から人権保護が始まり、どこを限度とするかについて合意（たとえば、普遍的な人権と個人の権利をどこで区別するか合意することも含む）するのも、また、それに伴い、人権侵害があるのかないのか、さらにどの程度の侵害かを判断するのも容易ではない。人権侵害に対し、何をなすべきかとなると、国際社会にはさらに頭を悩ます問題となる。この点で、九〇年代初めから世界中で巻き起こった議論が示す通り、いかに問題が未解決なままか、よく理解できる。その上、国際舞台で個人の存在がますます重視されるのに伴い、圧力がいよいよ高まり、課題の難しさが増すばかりである。

多国間主義と一貫性の責務

両得の手法、すなわち多国間主義の恩恵の部分を最大限にし、束縛を最小限にするか、または、自国の利益となる側面に注目し、犠牲を求められる部分を無視しようというのは、どんな国家にとっても魅惑的であろう。国家にある二重のアイデンティティー、つまり独立国（主権存在として）であると同時に、一加盟国（多国間ネットワークに組み込まれる）であるがゆえに、当然のように各国をこの誘惑に駆り立てる。その誘惑はとくに、国際社会ヒエラルキーの頂点に立つ国々（国力の大きさゆえに）や、最下位の国々（その不遇な現況ゆえに、責任と義務を無視して権利の資格を当然と思い込む）にとって強くなる。しかしながら、「両得の手法」の誘惑が多国間関係を支配するようになると、多国間主義の核心にある相互補完性の意義が危機に瀕し、多国間主義そのものが危うくなる。それゆえ首尾一貫性の大切さ、すなわち、一般諸原則および関連した権利と義務の解釈と実践において、好ましいものだけを選ぶ「アラカルト方式」の対応を出来る限り回避することが、多国間主義の信頼性を高め、その規範力を強化する上で不可欠となる。

これはただし、一貫性が絶対であるべきというのではない。おそらく、ある程度の不調和を避けられないであろう。さらに、違反があっても、多国間関係に賛同者が減ったり、機能低下するわけでもない。ただし、違反が些末で例外的か、もしくは違反が許容範囲にあり、かつその時々に求められた寛容の幅のうちに収まっていなければならない。しかし、非一貫性を許す寛容度に限界はある。この限界の存在は、権利と義務に関する解釈と実践において、非一貫性あるいは勝手な選り好みが発生した場合、その正当化を不可欠なものとする。その非一貫性は、多国間の権利と義務から派生する理由や規範から出来る限り、かけ離れたり、無縁である度合いの低い要因で起きたものでなければならない。たとえば、人権擁護を理由にX国に対して行動を起こすが、人権侵害の深刻度が低いという理由でY国には行動を起こさないのであれば、そこに一貫性が認められ、結果的に許容可能となる。その場合、前者が行動を正当化できる範囲にあり、後者はそうではないといえる。だが、もし類似した二つの状況が御都合主義によって、異なった対応を惹起するのであれば、その場合の非一貫性は正当化されない。

多国間主義のもつ規範的な多元主義は、諸国家の生存と共存に貢献する諸原則(それに権利と義務も)と、国家内部の(また、個人の)生存環境に関わる諸原則との間に生じる創造的な緊張と呼べるものを伴うが、それは一貫性を容易にしてくれるわけではない。たとえば、これまで見たように、他国への内政不干渉と人権擁護の原則を両方とも維持するのは困難な事業となりえる。しかも、多国間主義にとっての総括目標は、そうした諸原則の間に隔たりがあろうとも、全体としては最低限の諸原則の並立を不可欠とする。そうでなければ、一般諸原則によって国際関係を「社会化」する力も、また、これらの諸原則が伝え、かつ前進させようとしている正当性と権利付与の意味も、現状以上に弱体化する恐れがあろう。

ある特定の原則から発した命令に従うことが、他の原則の明示を完全に無視することにつながってはならない、と政策決定者が心しておけば、難局に対処する助けとなろう。ある時点における国際システムの状況と、この状況が設定し、かつ行為主体を導いて関係づける諸々の優先原則(一般諸原則や、そこから派生する権利と義務の中から選び取る)との間に存在する連繫もまた、助けとなる。たとえば冷戦時代、グローバルな対決ムードにあおられたがために、国際社会は多国間主義が持つ正当性と権利付与(諸国家の生存と共存)へ基本的な関心を強調するのにとどまっていた。冷戦後になると、戦略上の競争が除かれたため、自国を優先し、かつ多国間主義の基本的な正当性と権利付与への配慮を排除しないものの、以前より人権や人道上の諸問題をはるかに重視できるようになった。この状況が民主的な正当性と権利付与の命題を最前面に押し出すことになった。

多国間主義の進展と、人権、義務の文化の発展

多国間主義の枠組みで追求される、規範に則った国際関係の社会化は、一つの力学を導き入れ、かつ、その力学がより民主的なものを含む一般的な正当性と権利能力の強化をさらに要求するようになる。強固な民主的装いを備えた一般諸原則と、そこに付随する権利と義務とがこの発展を支え、深化させるばかりか、進展を証明してくれる。時間の経過とともに、正当性と権利能力を付与する力学によって諸原則と権利、義務が監督する国際正義の意識を変貌させる。諸原則における優先順位、つまり各原則の担う地位と役割が、多国間主義のもつ特質の中で民主的な正当性および権利付与の重要性と格付けが高まるのに伴い、序列変化を起こす。国際レベルにおいて、もはや国家だけがただ一つの第一義的な行為主体でも、権利の担い手という時代でもない。諸国家の享受する権利や、強いられる義務と責任は従来の担い手から移動し、以前より個人レベルから発し、かつ個人の権利と人権を擁護し、充足させられる国家の能力に由来するようになっている。これが今日、われわれの生きる状況である。諸国家に求められた諸要件の共存についていえば、この現況が国際社会における国家の行動規範に根本的に影響するわけではないが（ブッシュ米政権の主張がどうであれ、他国への攻撃を正当化するには脅威が現実にあり、しかも差し迫っていなければならない）、人権擁護の名のもとに行う国際的介入の課題には関係してくる。

以前はほとんど不可侵の権利とされ、挑戦されたり、疑問視されたりしなかった諸国家の権利（ある

いは国民国家の諸権利）、とりわけ主権と内政不干渉の原則に関わる国家の権利が、条件付きとなっている。ある部分で民主的権利の中でも、とくに人権に付随した義務と責任を果たそうとする国家の意欲と能力のレベルに左右される傾向になったのだ[5]。

ほとんど不可侵だった国家権利が条件付きとなり、問い直され得る権利へと変化したことで、人権擁護で最低限の要件しか満たせない実績の国々が最初に影響を被る。この設定だと、国家主権が隠れ蓑となる時代が終わる流れにある。例をあげれば、九九年春のコソボ軍事介入は、違法であったかもしれないが（国連安保理の正当な承認を欠いた）、ミロシェビッチ政権の全体主義的な性格やコソボ出身者に基本的権利を認めなかった事実が大きく与って、介入の正しさを印象づけた。サダム・フセイン支配もまた、その身の毛もよだつ体制の本質が、推定されたイラクの脅威以上に、時間をかけてブッシュ政権をバグダッド攻撃に踏み切らせる理由となった。さらに、イラク戦争はその後、再び長い時間をかけ、開戦の根拠とした誤った判断に向けて国際社会の非難を巻き起こすが、国際社会がイラク・バース党体制の崩壊を憂慮したわけではなかった。

このことは、国家権利の条件付けがひとえに、破綻したか、あるいは破綻しつつある国に向けられる戦争マシーンに直結するのを意味するわけではない。確かに、国家権利が条件付帯となることで、破綻した国々を精査にさらす。しかし、それらの国々の病んだ社会と政治の疾病を治癒しようとするのは、ある種の責任感の表れでもある。その上、国家権利の制限は一方通行ではなく、力をもつ先進国に、ただ乗り、あるいは白紙委任を与えるものでもない。国家権利の制限が特定の国（すべてでないが、ほとんど第二、第三世界の国々）で起きた大規模な人権侵害に対し、幅広い国際社会の対応策（多くの場合、西側の民主主義国家の指揮で実施される）へ扉を開くかも知れないが、西側の国々に対しても同じように、抑制力として適用される。

多国間主義とその発展の結果、人権の領域から生まれる主たる可能性が、国際的介入を一つの選択肢とみなせるようになることであろう。しかし、それは制約付きの選択肢である。その制約とはある部分で一般的な「正しい戦争」理論から生まれ、また、多国間的な正当性の要求に由来し、次のように要約できる。まず、当該国の主権侵害を正当化できる違法性が立証（証拠上に基づく）されなければならない。また介入は明確に危機の解決を目的としなければいけない。さらに敵対行動の手法が、可能な限り、多国間の要求（機構上、現行の多国間主義の取り決めでは、危機にある国家への国際的介入と、その具体策を略述するには、国連安保理による合法性と正当性の裏づけが求められる）に合致する必要がある。介入の具体策、つまり介入手段が危機の規模に適切であり、武力を最終手段とした上で、しかも、武力行使の場合も十分な注意を払わなければならない。最後に、何もしない場合に比べ、（軍事的）行動の結果が劣化を及ぼさない相応の見通しがなければいけない[6]。

国連加盟各国はその国力や体制の本質がどうであれ、こうした指針を無視できない。これらの指針がそれほど重要なのは、今日、これまで以上に国際安全保障と同じように人道問題においても、正当性と権利付与の価値、いうまでもなく、多くの国々が共鳴する民主的な正当性や権利付与の名において、極めて特殊な状況下ならば、主権の無効を正当化できるからである。それは、一国家（どの国であれ）が、

（自己防衛の必要性以上の）利益を獲得できるためではなく、問題の当該国民の福祉生存が本当に危うい場合に限り、正当化しうるものである。

基本的な安全と人権は、どんな人々であれ、その生きている場がどこであれ、人々が求める最低限のものである。人々が国際社会にこうした要求の尊重を求めるのは、とくに各地域の政府が制度的な権利侵害に手を染めている場合であり、当然、介入する強国の利益とならない作戦実施が条件となる。人々はできる限り、自分たちの運命を自らの手に握っておきたいし、外国支配の囚われ人になりたいとは思っていない。九〇年代の人道的介入や、〇三年イラク戦争に関する議論がまさにその例証となる。九〇年代、ほとんどの人道介入作戦が実施された途上国や非西側諸国で、懸念されたのは介入それ自体の考え方だったのではない。介入して来る（西側の）強国――主に米国――が介入を通じ、影響力の拡大を目指すのではないかと恐れたのだ。国際的連帯そのものというより、それをハイジャックして国際的連帯とは非なる目的へ転換しかねない、と大きな不安を抱いたのである。〇三年、大量破壊兵器の存在が不確かだったにもかかわらず、米国が戦争に固執したことが少なからず、その疑念を惹起した。戦争後、サダム・フセイン体制終焉を惜しむ声は皆無に近かったが、多くの人々が自国の国益に比べ、イラクの利益をはるか下の二義的なものとみなす米国を警戒している。

つまるところ、強国で民主主義思考の西側諸国が外交政策の実践にあたり、多国間主義の制約に従い、それを受容するか否かが、世界規模の影響を与え得る。それ如何によって、国内でも国際的にも、西側諸国が（民主主義的な）正当性と権利付与のモデルとして、その引受人かつ主要な推進役という自己主張がどこまで正しいか、明らかにしてくれよう。西側諸国の行動そのものが、彼らが保証人となっている現行の国際システムとともに、世界がその主張をどこまで信用し、受容すべきかについて、判断する一つの指標となってくれよう。

III 国際社会の行為主体と国際的連帯の強化

第六章の以下の最終セクションでは、もっとも重要な国際的行為主体——すなわち米国——の外交政策にどのような変化があれば、国際的連帯（および国際安全保障）の課題を整理するのに役立つか検証することになろう。しかし、この問題に転じる前に、国連と加盟各国、地域機構、非政府組織（ＮＧＯ）という行為主体と、それぞれの相互関係が必要とする調整のいくつかを検討する。

国際的連帯への国連支援の強化

国連は政治的に極めて重要であると同時に、非常に脆弱な組織でもある。この矛盾した二重性が世界情勢で中心的な役割を有しながら、その役割を効果的かつ決然と果たせない現実を説明している。平和活動に対する国連の大規模な関与に比べ、対照的なまでに失望させる活動成果がこの曖昧な現状を例証していよう。この現実が今後数年で根本から転換する見込みはないものの、いくつか狙いを定めた調整を実現できれば、国際安全保障と国際的連帯をさらに近接させ、国連がグローバルな責務をより効果的に果たせる助けとなろう。効率よい平和活動や国際公務活動、安保理の機能強化が、そうした調整の必須項目となる。

■平和活動の強化促進

平和活動が今後も国連の諸活動中、最も注目を集め、影響を与え得る領域の一つであり続けよう。ラクダル・ブラヒミ氏主宰の国連平和活動委員会報告書にまとめられた九〇年代に得られた教訓と、それに基づき、以後の活動が展開したことにより、実体を伴う改善が実現できた。[7] それでも、成すべきことが他にもある。平和活動への要請が規模の面から強まっている現状を考慮すると、とりわけそうだ。平和活動の急増によって、〇四年一〇月の時点でさえ、平和活動部隊の総動員数が五万四〇〇〇、文民警察五九〇〇、文民一万一六〇〇に達した。[8] さらに、平和活動の要求内容は複雑さを増している。紛争後から次の移行期における平和構築へ、ますます任務の比重が移るのに伴い、平和活動は今日、長期的な平和構築および開発支援と密接につながり、国連機構体系の内外から提示された諸計画の統合を前提に成立する。

国連平和活動担当のジャン＝マリ・ゲエノ事務次長は〇四年秋、総会第四委員会に緊急対応を迫られた二つの分野を指摘した。[9]

第一に、平和活動任務を実施するため、予定期間内にしかるべき陣容を現地に展開することが必要である。これには兵員、特殊部門、警察、文民スタッフが含まれる。このような陣容の配備能力が、平和活動の成否を分け得るであろう。その適切な要員を活動期間中だけでなく、活動の立ち上げ段階から運用できなければならない。ここでは要求された人員が運用可能で派遣準備を整えた上、迅速かつ整然と効率よく展開できることがカギとなる。

第二の優先分野が関係するのは、こうした兵力要員が現地でいかに最善の形で組織化されるか、平和活動の国連担当部局がどのようにして、「国連の組織体系と国際社会をあげて協力体制を統合し、しかも、合理的な運用によって耐久力のある平和構築を支援できるか」という点にある。[10] 統合と合理的運用の解決に取り組めば、とりわけ今日の複雑な平和活動にあって、多様な部門ごとの財政面のばらつきを解消するのにつながる。確かに、特定の治安活動が従来通り、各国分担金で賄われるのに対し、再建あるいは開発支援は加盟国の自発的貢献に依存せねばならない。しかし、和平努力の成功にはそのいずれもが不可欠である。ゲエノ事務次長が指摘するように、「今日、平和活動予算で戦闘要員の武装解除と、部隊解散コストをほとんど賄っているであろうが、戦闘員あるいは戦闘部隊に随行した多数の婦女子の社会復帰にあてる活動費を想定していない」のである。[11] それだけに、開発支援予算が遅延したり、一部しか計上されなかったりしないよう最善を尽くすのが、期待に背かず、失敗の回避に必要なこととなる。

■国際公務活動の擁護　国連には巨大な官僚機構という評判がつきまとう。しかし、もっと人員が必要という実態を知れば、とてもそうとはいえない。国連が世界中で雇用する全部局スタッフ数とは、国連本部事務局で約一万五〇〇〇（本部事務局は通常予算で七五〇〇人、さらにほぼ同数を特別予算で雇用している）、それに関連全機関で雇用する約六万一〇〇〇人である。この雇用規模は世界中で平和促進から開発推進、人道支援の組織化に至るまで、人々の生活福祉全般に関わる諸組織の統合体にしては極めて少ない員数といえよう。これらの数字を他の組織人員数と比較すると、よく理解できるはずだ。たとえば、米連邦政府は海外駐在の文官だけで八万九〇〇〇人以上を雇用する。ウィーン市職員は七万以上に上る。ディズニーランドとディズニー・ワールドでは国連全機関の職員数より多い社員を雇っている。[12] この数字は同じく、他の組織体や官僚機構に比べ、国連予算全般の規模のつつましさにも反映する。[13]

それほどの小規模な陣容（そして予算も）で、国連が委ねられた任務を果たせるのか、また果たすべきであろうか。回答は、「おそらく無理」となろう。国連の人的能力は運用可能な員数が制限されているのに加え、他に二つの障害に悩んできた点を考慮すると、ますますそういえる。その二点とは、国際公務員職の不安定さと人事制度上の未成熟さ（短期の契約雇用が増え、確定されたポストの欠如が例外というより通常形態化してきた）に加え、低い人材管理能力の問題点である。

最初の問題点（国際公務員職の不安定さと人事制度上の未熟さ）に関していえば、国連公務員の気楽な身分保証が数十年続いた後、いま安定性を欠く職場となりつつある。恐らく、この間、部分的に制度と職務に柔軟性を持ち込もうとしたが、この状態から生まれた欠陥を補えていない。人員不足と合わせ、ポストが不安定なため、国連の仕事の特徴が多くの場合、打撃を繕うダメージ・コントロール以上ではなくなっている（それすら必ずしも達成できていない）。確かに、国の官僚機構と同様に、国際官僚機構に対しても、低予算でより多くの成果が求められると覚悟すべきである。しかし、低予算で出来ることは、それだけのものでしかない。ある予算レベルから下になると、危うくなるのは任務達成能力である。詰まるところ、国家公務員の場合と同じように、国際公務員の仕事があまりに気楽なものとなり、職に就いた人々が任務（多数の人に貢献すること）を静謐な暮らしの雑音や妨げと考えるようであってはならない。あるいは逆に、ポストが期限つきで不安定なあまり、職員がポストを守るのに汲々とし過ぎて、対応を期待された諸問題や、苦境にある人々と真剣に向き合うどころではないのもこまる。国家公務員がそうであるように、国際公務員の場合も効率よく機能するには、安楽さの行き過ぎ（そうなると自己満足を招く）と、不安定（雑然たる機能麻痺を生む）の中間でほどよくバランスがとられるべきであろう。

この目標達成を助ける上で、人的資源を向上させるには間違いなく長い時間がかかるであろう。実際、極めて頻繁に起きているのは、利用できる人材を最大限に活用する術を欠くために、国連の職員不足と国際公務職のかなり気ままな特性から生じた問題点が一段と深刻なことである。それゆえ、目前の任務について最低限の人手で最大限の成果を求める以上、代わりに完璧な人事管理が要求される。ここでは他の分野と同様に、国連改革事業を見せかけの口実とみなすどころか、現実の具体的な変革と成果を目指して対処することが（それには持続する努力、スタミナ、想像力、そして投資が前提となる）歓迎される行動となろう。

■安保理の指導的役割

安保理に求められている改革とは国連の政治的役割に関係する。これまで見てきたように、九〇年代初頭から国連安保理がはたしてきた役割は保守的でありながら、同時に革新的でもあった。国内向けの志向性や配慮が、国際的な関心より勝りがちであったとはいえ、安保理で行われる討議や決断、行動をめぐって発生したジレンマには、国際的連帯と責任感の上昇が刻印されてきた。

国際政治や危機の対応にあたり、安保理は従来の了解や手法に立ち返るのではなく、九〇年代に展開させた国際主義者としての次元をさらに推し進めるべきである。国際法や、社会的規範に則った国際政治を構成する多様な正当性の中で、安保理は一般原則と、それに伴う権利と義務を通じ、多国間主義にある民主主義的な特徴に大きな比重を与えていくべきである。正当性と権利付与の基本的要件を放棄することなく、国際社会の民主主義に関わる重要課題にもっと力を割くよう努めるべきである。

安保理が国際社会の民主的な正当性と権利能力の付与を推進する広報機関であるためには、常任理事国の地位の重さとともに、民主主義的な価値観への誓いに基づく責任を鋭く意識した有力な民主主義国家が、安保理ポストに就任することが前提となる。それに加えて、多国間にまたがる責任（国内領域を越えた）を二次的なものとみなしながらも、それを醸成しつつある世界共同体の兆候と受けとめ、その戦略的重要性を認識し、たんに二次的な選択肢とみなさないことが求められている。安保理がこの課題に真剣に取り組めば、諸国家の存在を超えて、自分たちにとって第一の構成員であり、対象であるもの（結果的に正当性の最終的な源泉）から安保理を引き離すミゾを埋めることに役立つであろう。その第一の構成員こそ、世界の諸国民である。この点で、最近の安保理改革論議が新メンバー国選出という国家主体の議論を超越できず、より人々の要求に応じられるような改革の推進に役立っていないのは失望を禁じ得ない。

世界共同体メンバーとしての国家

現状の世界機構が国家の寄り合い構造をもつ以上、国際的連帯の強化に加盟各国が果たす役割は重い。

この観点で、等しく二種類の変化が必要と思われる。第一に、各国の民主化と、その民主化が国際的連帯の強化にもたらすであろう影響である。第二に、国連および国連が代表する国際社会に対する各国の責任に関し、加盟各国が対応を改善することだ。

■国家の民主化　国家の民主化は国際的連帯によい効果をもたらす傾向がある。それには主に三点の理由がある。まず初めに、民主化が国内次元で連帯意識を育てるにつれ、国際次元において連帯の規範を可能にする。民主主義の価値観が国内次元に導き入れる普遍的な連帯のダイナミズムは、外部への拡張と、その国際領域の形成を運命づけられている。国内志向から離れがたい逡巡のために、この力学が弱められるかもしれない。しかし、すべてを完全に否定できるわけがない。第二に、民主的指導者は国内において非民主的支配者よりも、国際的連帯のメッセージをはるかに真剣に取り上げる可能性が強い。もし理由があるとすれば、権威主義の支配者というのは、国内次元で自らの人間観や政策を構成するのと同類の妄想や自己中心主義を、国際的にも波及させるからである。第三の理由は、民主化がたんなる修辞上の言説でないのであれば、各国の社会、経済、政治的な統合推進に貢献することにある。この脈絡でいうと、国内で善政が実現している国は国際的にも貢献できることになる。国内の善政から生まれる成功と安全の意識が、その国と指導者をして国際的連帯に胸を開かせるのだ。

国の民主化により、加盟国は主体の二重性という問題点を現状よりも克服できる希望がもてよう。その二重性とは一方で、多国間の要請と義務順守へと導き、もう一方ではそれらをなるべく回避させたがるものである。もし、多国間主義が世界規模で「一般意思」を推進する重要な手段になるとすれば、各国が固有の権益を超越することに大きな恩恵を見出した時にのみ、そのことが起きうる。そしてまた、公益に焦点をあてる民主化の特徴が、各国の諸権益を普遍化するのに役立つことであろう。この条件にこそ、各国が結集し、集団として長期的な協力による恩恵を享受できる可能性がかかっている。この条件に部分的にせよ、ますます熾烈になっている地域機構や非政府組織（NGO）のような国際社会における行為主体とのライバル競争で、国連が敗北者にならずにすむ期待がかかっている。

■加盟各国は国連のために何を成しうるか

加盟国が国連に最大に貢献できるのは、可能な限り国連を尊重しつつ、それを支え、そこに関与する時である。国連が一つの加盟国、とくに大国の有する特殊権益に歩調を合わせるか、もしくは、その印象を与えると、世界規模で信義を損い、国際社会の利益に貢献できる能力を失うことにつながる。この基本的な条件が米国以外の加盟国にとって、国際社会のために機能する国連の地位をより確実にするよう支援する上で、対応の出発点となりえよう。

欧州諸国は三つの手法で貢献できる。まず、欧州の人々は常に、国際主義者の多国間的政策（国連およびそれ以外の分野において）に最大限に関与していると胸を張るのだが、現実には現状維持志向が強いために、しばしばこの関与が揺るがされてしまう。欧州が交渉による解決に固執する裏には、往々にして急激で根本的な変化への不安を隠す意向が潜む。この傾向は覆されなければならない。第二に、欧州には危機解決のため、果断なる手段をとるのに逡巡する傾向がある。米国が特定の状況下で軍事力行使にはやる傾向があるのとは対照的に、その面で尻込みしがちな欧州は限界を露呈しており、この面も再検討が必要である。欧州連合（EU）が現在、さまざまな任務を担える軍事組織の創設を計画し、人道介入や救援作戦、平和維持、危機管理、そして平和構築にさえ乗り出そうとしているのは、改善への一助となろう。第三に、より重要な点かもしれないが、欧州が米国と他の世界各国とを橋渡しする上で、もっと重要な役割を果たすべきであろう。ただたんに、(米国と比べ)軍事力の小さなもう一つの現代西洋モデルとしてよりも、欧州は「仲介者」として貢献できよう。欧州は途上国の不安を米国へ、そして途上国には米国の関心が何かを伝えることができよう。今日の現状よりはるかに、国連の枠組みにおいて欧州は米国と途上国を引き裂く緊張の緩和に役立てるはずだ。

途上国にも手持ちのカードがある。それには、途上国が陥りがちな、犠牲者意識と受益者根性の入り混じった心理に打ち克つことが前提となる。途上国もただ国際社会のイニシアチブがもたらす最終の受益者か、それに反発するかだけでは十分ではない。それでは途上国自身にも先進国にも、さらには国際社会にとっても助けとはならない。弱者であることが途上国を無力にしたり、絶望させたりしてはならない。途上国にとっても自分たちの実情を理解してもらうのは、急峻な登攀に等しい困難な闘いなのだが、尊重してもらいたいのであれば、倍加して奮励すべきであろう。自らの国の責任をはたすことが、よりよき国連と国際的制度の実現に向けた肝要な貢献となる。途上国の支配者たちが自国民の利益に真実、心を配ることによって(国民の市民、政治、経済、社会的な諸権利を尊重する)、国際社会への意義深い参画が可能となるのと同様、国益を守る最善の方法にもなると理解したその日にこそ、偉大な進歩が達成されているであろう。

最後に、アジア諸国(とくにすべての地域主要国)が果たすべき重要な役割がある。国際的領域で概念化や基準設定、政治的運用を機能させているのはいまなお、米欧の大西洋関係がほとんどである。米国と欧州が花形役を分け合い、謳歌している。国連の任務を真に世界全体の課題として認識しようというのであれば（たんに西洋の一事業としてではなく）、アジア諸国がいま以上に協議の場へと招き入れられなければならない。さまざまな形でアジアが途上国と先進国、西洋と非西洋とをつなぐ架け橋となり、（欧州、米国とともに）唯一の包括的なグローバル地域である事実によって、アジアが固有の領域を超克する自信を獲得すれば、国際秩序のよりよき管理に大きな働きができる理想的な位置に立てるであろう。

地域組織とNGO、その公正な国際秩序への貢献

近年、集団安全保障や人道上の危機に対処する際、地域機構により大きな責任を担ってもらう傾向が生まれてきた。北大西洋条約機構（NATO）がバルカン半島や、その後アフガニスタンで果たした役割がその典型例である。国連には作戦実施面で限界があり、そのことが、この傾向の背景に大きく関係する。集団安全保障の事案を地域組織へ一部委ねるのは助けとなるし、有益でもある。ただし、問題をはらむ危険もある。コソボの事例でNATO空爆作戦の開始のあり方をめぐって議論が沸騰したために、地域機構が作戦行動をとる際、国連の承認が必要かどうかの観点から、これらの案件の多くが国連で検討されるようになっている。この問いかけには「国連の承認が必要」と回答するのが適切なのだが、その裏にもっと重大な問題点が潜む。まず、効率の高い地域機構による作戦の域外になってしまう紛争地はどうなるのか。あるいは、とりわけアフリカのように、変化をもたらすには地域機構や、その下の組

織があまりに脆弱で、当然ながら作戦能力のないような地域では何が起きるのだろうか。国連は「レッセ・フェール（放任主義）」政策を明確に承認する方向に行くのか。もしそうであれば、グローバルな安全保障はもとより、国際的連帯の行く末がどうなるのか――といった問題点が浮かび上がる。

このことは、国際社会が世界規模の責任から解放される一手段として地域機構をとらえるわけにはいかないことを示す。NATOを将来のモデル組織と見るわけにもいかないのである。一機構としてのNATOは、その保持する力量や、特定の機会における運用のされ方、証明してきた自治能力など、例外的な特徴を持つ。他の地域機構がこの例外的な特質を模倣できるとか、同類であるべきとか期待してはならない。軍事力行使を含むグローバルな安全保障と国際的連帯の両面で、地域機構が役割を担えるとしたら、国連の枠組みで立案された任務分担の一環とならなければいけない。

では、非政府組織（NGO）と、他の国際的行為主体との関係はどうなのか。国家とNGOの関係は国連とNGO諸団体の関係と同じように、それぞれの長所を基盤とし、協力体制を実現する資産として、また国際的連帯の領域でより高い成果を獲得する一手段として考えられるべきものだ。NGOは、素早く現場に入れる柔軟性や能力の点で、国家や国際機構が欠くものを備えている。その代わり、NGOが手の届かないもの、とりわけ軍事力はいうまでもなく、財源の問題となると、国や国際機構のような公的機構に出番がある。これらの相互補完的な特徴が示すのは、国際主義の課題を実現しようといういかなる試みも、「あれかこれか」の選択の理屈では成功を望めないことであろう。それぞれの国際的行為主体が持つさまざまな長所を生かし、そこに複合作用を生み出せるよう努力すべきである。

Ⅳ　変革必須な米国の指導力

米国こそが最後の決め手を握る国際的行為主体と考えるのは、間違いであろう。それにもかかわらず、冷戦の終結後、米国の力と役割に並ぶものがなく、国際レベルではほとんどの事象が米国とともに始まり、終わるまでになっている。典型的なのは九〇年代、米国が国連と平和活動の優先度を比較的低く位置づけたにもかかわらず、なおも平和活動がどう展開したかを左右する要因の一つであり続けたことだ。それゆえ、この章を締めくくるにあたり、米国の外交政策に必要な変革を考察し、国際情勢の規範的な社会化に、米国が一段と貢献できる道をさぐるのは妥当なことであろう。国際レベルにおける力と正当性、そして連帯と安全保障の各要素をより近接させ合うために、少なくとも米外交に五つの変革が必要になる。まず、国益と国際社会の利益に均衡を図ること。米国の民主主義的価値と外交政策の折り合いを図ること。指導力を多国間の制約の中で発揮すること。米外交にありがちな狭量な性向を克服すること。そして最後に、迫られた変革に関し、米外交を担うエリートたちの学習能力を高めることである。

米外交、国益と国際的な利益の狭間で

米国は世界的な地位を獲得するために大変な努力を重ねてきたのだから、その地位がもたらす利益を

享受し続けたいのは当然である。どんな国であれ、同じような思いにかられ、同様に行動するであろう。それでもなお、米外交の肯定面がもたらす配当を浪費しないために、多くの調整にとりかかるのが急務である。その調整の一つが外交政策の立案と、実践にあたって国益と国際的利益をよりよく調和させることにある。

国益と国際的利益のよりよい調和を求めるからといって、米外交がこれまでこの調和の大切さを無視したり、実現を試みなかったというのではない。米国自体が多国間主義と国連の創設や発展に寄与してきたのは、そうした調和を達成しようとした結果といえた。しかし、どことなく、米国自体がこれまで世界に起きたことで最高の出来事であり、真底、価値あることの総体であるという米国人の思い込みが、年月とともに膨張していった。[14] 二一世紀に入るや、この傾向が新たな頂点に達した。その経過の中で、米国の指導層は自国の国益に比べれば、他国の国益を到底、正当なものとはみなせないという見方に慣れきっていった。結果として、国際的な利益、とくに多国間主義の中で具体化される公益に何ら大きな関心を見出さなくなった。多国間的な説法や実行手段を最終的には指標として使い分けながら、自国の利益に役立てようという米国の志向性が、この状態を説明していよう。

ここでの目標が何も、米外交をUターンさせ、国際的利益が主たる行動要因となるような転向を慫慂しようというのではない。そんなことは可能でもないし、望ましくもない。それでも、力の投射で見られる米国の自己中心的な性癖を和らげる上で、変革導入を欠かせないのだ。とりわけ米国には超大国たる地位があるために、国益と国際的利益の調和を不可欠なものにしている。

米国が享受する巨大な力のゆえに、多国間の道を自在に選び取ったり、無視したりしながら、「アラカルト方式」によって国際的利益に対処していけると考えたがるばかりでなく、そうすることで得るものも最大になると信じる傾向がある。その思惑は的はずれである。なぜかといえば、米国も他国と同じように、それなりの形で多国間主義や国際的利益を斟酌しなければならないからだ。恐らく超大国としては、一段と多国間主義を必要とさえしているはずである。そうではないと考えるのであれば、米国の優越性に由来する力を最大限生かす方法の判断において、誤ることになる。多国間のメカニズムや責務を自由裁量で概念化したり、勝手に利用したりすると、多国間主義がもたらそうとしている国際的正当性の構造を貶めかねない。そうなると、主たる目標であるべきものを実現する上で、米国は運用できる主要な手段の一つを自ら奪い取ることになる。その目標とは、米国の圧倒的な力を中心に据えて、一つの合意を生み出すことにある。また、多国間メカニズムを勝手に利用すれば、米国の優越性を国際正義のシステムの一部に組み入れる可能性を奪うことになり、結果として米国が公正とみなされなくなってしまう。さらに、米国の外交政策を国際的正当性の一部であったり、正当性の表現や手段として見てもらえなくなるであろう。

民主主義的な価値観に縛られた外交政策

国益と国際的利益の間によりよい調和をもたらすために調節が必要な時、倫理、政治的に大いなる勇気が求められる。そのことが意味する変革の枠内には、信条の飛躍とまでいかなくとも、国際的システムとその進展についての洞察に富む理解が含まれる。要するに、国益と国際的利益の調和に関する計算法とは、たやすい所の話ではない。その計算法の核心に潜む不確かさは、国際的な力の分配が公平であったり、あらかじめ決められたものでないため、ますます度合いを深めることになる。国際社会で今日の勝者（米国）が、明日もまた勝者となるのを保証する歴史的な必然性は何もない。それゆえ、集団レベルにおける投資が見返りをもたらす確信のないまま、唯一の超大国という立場から得られる利益の喪失を意味するかもしれない不確かな未来に、何ゆえに米国が関与するだろうか。これに対する回答はこうなる。つまり、米国が民主的な超大国という事実それこそが、未来への関与を求めているのだ、と。

民主主義的な価値は現代の国際的正当性のあり方を形成するうえで、きわめて有効な手段である。それらは普遍性・普遍化とか、人々の相似意識を基盤としているがゆえに、また、人々の生存条件の向上が主要な目標の一つであるがゆえに、創造的な刺激に満ちている。平等を基盤として個人や各国同士の接合を目指すことによって、民主主義的な価値が実質を提供してくれ、それに伴い、構造化された国際秩序を構想し、実現する手順を示してくれる。その国際秩序のもとで、さまざまな行為者たちがそれぞれの居場所を見出すことができよう[15]。しかしながら、これら民主主義的な価値観が政治、文化における拡張主義や帝国主義の道具とされないために、またそれらの価値観によって疎外されたり、裏切られたと感じた人々が暴力に走る原因になったりしないために、価値観を真剣に受け止めなければならない。そのための前提として、民主主義の信条の根幹に存在する諸原則やメカニズム（たとえば包括性、多様性、地位獲得のための公平な競争など[16]）の拡散奨励を図り、かつ一つのモデル（つまり米国モデル）を押しつけてはならない。

こうした理由がある上、国際社会で民主的な期待に応えることは国内レベルよりさらに難度の高い事業となるのだが、米国は国際的な政治、政策的な関わりを受け入れ、また、現時点で唯一の超大国であり、同時に民主主義国家であることによる諸々の責任を受容しなければならない。そうしないのであれば、偏った一方的な態度を日常化していくばかりであろう。また国際システムのリベラル構造と、その根源にある自由主義の価値観や思想について、その有益性の主張を無にする危険性があろう。従って、国際的環境において民主主義的な価値観を求めることは、非民主的な覇権主義を普遍化するための隠れ蓑ではない、と明確にしておく必要性が出てこよう。

米国と民主主義の国際的指導者

国益と国際的利益をさらによく調和させ、また、民主的な超大国であることがもたらす外交政策への影響を快く受け入れることは、多国間主義を建設的な方向へ導くことにつながる。これは米国に指導的な立場を放棄させ、普通の行為主体になれという意味ではなく、それどころか、そもそも多国間主義は指導力なくして機能しない。指導力が存在しないと、多国間主義につきものの多様な見解が互いを否定し合い、麻痺の要因になりがちとなる。行動を起こせない申し立てでは、何ら解決をもたらさない。多国間主義はそれゆえ、一カ国か、あるいは国家集団が他の国々に対し、一つの立場の周囲に蝟集する指示を出すよう要求する。この観点に立てば、米国にとって多国間主義を建設的な方向に導くことは、以下の三点を心に留めおいた上で、指導力を発揮し、持てる手段の動員を意味している。

まず第一に、国際協力とは一方通行ではない。覇権者が必要とする時に求められたり、逆に不都合の原因と思われた時には無視してよいものでもない。多国間の責任はすべての関係者によって支えられ、とりわけその中で最強の者によって支えられなければならない。第二に、多国間主義における指導力とは、他の国々の同意なくして行使するものではない、と米国は理解すべきである。それどころか、他国の同意に準拠している。多国間主義が一定の条件下で強制や力の行使を除外していないとはいえ、同意の獲得努力を国際システム調整の重要な手順と位置づけている。現代国際社会が一段と交渉による行動の選択に依拠することを考慮すれば、米国の指導力にとって、この点の認識が中でも必要になる。第三に、米国にとって多国間主義への建設的な関与が意味するのは、その力量をもっぱら国益推進に向けた取引材料や手段としてだけに活用しないことである。

こうした諸条件が究極的に意味するのは、相互性に基づく国際システム擁護の手段として、米国の卓越した力が求められるべきという点にある。そうした国際システムは、普遍的かつ諸国家間や国家内部で両立しあえる見解の多様性の基盤となる諸権利を踏まえ、構築される。相互性に基づく国際システムが米国に求めるのは、政治的な慎重さはいうまでもなく、その民主的な価値観と、米外交のもっとも進歩的側面が求める期待値の高さに米国自身が応えてくれることなのだ。

米外交政策の国際化

米外交の国際化が実現するには、米国の外交政策にある狭隘さを克服しなければならない。つまり、その狭隘さがもっとも目につくのは米国の国益がかかった時ばかりでなく、九〇年代の出来事が示すように国益と無関係な時にも起きる。外交政策の国際化は米国のエリート層に対し、世界における米国の役割と、世界自体についての伝統的な態度の見直しを迫る。民主、共和両党とも、外交政策に対する方針の一定程度の再検討と変更を求められよう。

民主党には冷戦後の時代がもつ新しい複雑な現実（その可能性と制約も）を、知的レベルでは認識しようという意欲があっても、こうした新しい複雑な現実を読み解ける大戦略や、ロードマップを持ち込むのに苦心しがちである。それに加え、モラルと政治的な規律を示し、かつその力を投入するのに失敗しているが、それらは米外交に一段と国際主義者の装いを持たせるとともに、現場でその政策を実践できるように国内で訴えていく上で、欠かせないものでもある。[17] クリントン政権が九〇年代、とりわけボスニア・ヘルツェゴビナとルワンダにおける国際介入と連関する形で試みた外交政策が、その好例といえる。民主党政権は人道上の危機終焉を目指して全力を尽くした、と人々に思わせたがった。その一方で、政権自体を瀬戸際に立たせかねないとして、紛争の頂点に際し、決定的な行動をとったり、強靭な国際的連帯の意識を拡張させることもしなかった。

共和党となると、米国の国益を幅広い概念でとらえるような、すなわち、国際的利益が外交政策に意義深い形で組み込まれるといった概念を毛嫌いする。これは九〇年代を通じて起きた現実であり、二〇〇〇年代のブッシュ政権登場とともにさらに加速されている。ブッシュ大統領は折にふれ、ややロナルド・レーガン元大統領の口調を思い起こさせるように民主主義拡張の必要性を力説するが、民主主義を持ち込みたいと考える国々や人々の利益を、大統領と側近たちが何よりも心に留めおいているとは信じがたい[18]。確かに、共和党の思考法にも一理ある。国益をまず念頭に置いて形成された政策目標の単純さのおかげで、政策検討と決定プロセスそして行動の立ち上がりが、かなり素早くなっている[19]。そうでありながらも、自己中心的で対決口調の特徴があるために、紛争の危険を小さくするどころか、紛争を招き入れているのが現実である。

米外交政策と変革能力

外交担当の米国エリートたちにその見方を変えさせられるかどうかは、とくに国際と国内両面の二つの要因にかかっている。国際的要因は米国の同盟国や友邦国が、盟主である米国へメッセージを送り届ける能力に関係する。敵となる国々以上に、米国自身のためにも、また国際秩序にとっても変革が必要と伝えられるのは、現実には米国の友邦国や同盟国である。

国内要因でいえば、啓蒙された政治指導者たちが必要になる。米国指導者の啓発は、国際関係分野の政策立案者たちに、より自己中心の考えにとらわれない教育訓練を施すことで実現できるであろう。米国の大学における国際関係論の研究や教育も、国の若いエリート層や、米国内で勉学に励む各国からの留学エリートたちに米国の覇権を讃え、正当化する場であるよりも、世界の指導的な民主主義国家として米国の担う国際的責任を検証し、考察する特権的な機会であってほしい。

＊　＊

伝統的な考え方に沿って基本戦略を構想し、構築し、そして実践するのはむしろ、容易なことだ。伝統的な視点のみから現実に関わるのであれば、国際的な多様性をまとめ上げ、導くための基準や政策策定の煩わしさを避けて通れる。しかし、米国が主たる管理者であり、保証人である国際秩序と国際正義を希求するとなると、その手法では実際、長期的に健全な選択とはなりえない。世界で現実にある視点や利益の多様性を取り込んだ米国の基本戦略が存在すれば、国際的な連帯と安全保障への関門となる。それは米国の未来と国際的システムの将来への入り口となる。

とはいうものの、こうした変化が現実となる可能性はむしろ薄いと認めざるをえない。それには二つの理由がある。その一つが米外交に、もう一つが国連加盟各国の姿勢に関係する。

〇一年以来のブッシュ政権の外交は、ここで奨励された方向とは全くかけ離れがちである。米国の中心性を考慮すれば、この現実には国際的システムの行方を左右する力がある。短期的にみると、加盟各国間の対立まではいかないにせよ、国連と米国の間にすでに存在する緊張の緩和をなお困難なものとしよう。ポスト第二期ブッシュ政権となる〇八年以降、米外交の進展をより楽観視させてくれる理由はどこにもない。要するに、ブッシュ外交は米外交史における単なる異物なのではない。そのほとんどの面で、ブッシュ外交とは建国以来、米国の外交と対外関係に存在した特徴を過激に解釈したものであり、それがいま「われわれの面前」で展開中といえるのだ。

他の国連加盟国が後部席で座視する傾向もまた、一つの障害となる。つまるところ、多国間主義と国連が抱えた現在の欠陥に取り組むため、多大なエネルギーと資源を投入しようという国は皆無に近い。いかに変革を引き起こし、実質を伴う行動につなげていくか、討論していこうという真剣な欲求もほとんどない。多くの加盟国にとって、現状の国際情勢の批判派を含め、やり過ごすのが立派な選択肢となっているようにみえる。

この現状において、日本は意義ある役割を果たせるのだろうか。さらに、そうであるならば、日本はどのような役割を担うべきなのか、また担えるのか。この点が最終章で検討の対象となる。

第七章　日本外交と国連(1)

近隣諸国（とくに中国）から反対や疑念があがったことが主な理由となって、国連改革の最終段階で日本は国連安全保障理事会の常任理事国の座を獲得できずに終わった。〇五年秋、ドイツ、インド、ブラジル、南アフリカ、ナイジェリアともども、日本が長年、切望しながら獲得できなかったのは要するに、国際機関に対する数十年に及ぶ財政貢献と、国際社会における政治的な重要性の公式な承認であった。世界レベルで日本が直面したこの膠着状態を前にして、九〇年代初頭に始まる国連の進展をたどったこの書を結論づける上で、多国間の脈絡で日本外交に焦点をあてる必要があろう。この国連変革の欠落が何を意味し、どんな含みを持ち得るのか、検証の必要がある。最終章は四部に分かれる。まず第一に、日本が歴史的に国連に対してとってきた曖昧もしくは二重の対応がどうであったかを振り返り、多くの加盟国にも同様な曖昧さが見られながらも、なお日本固有の特徴が存在することを説明する。第二に、九〇年代初めから二〇〇〇年代半ばまでの日本の国連政策を検証する。第三に、日本が〇五年に常任理事国ポストを希求したプロセスを分析し、その実現キャンペーンの結果が日本にとって、国連と国際秩序、地域（アジアと特に北東アジア）そして日本国内との関係で、何を意味するか読み解いてみる。最後に結論として、多国間システムの将来において、どうすれば日本がより大きな役割を果たし、国際社会の安全保障と連帯を一段と密接に連関させるのに貢献できるのか、言及してみたい。これまで本書で見てきたように、国際レベルにおいて安全保障と連帯はここに至るまで、構想でも適用面でも大きな懸隔を維持したままできている。日本の持つ資力がその状況を是正し、より公正な世界秩序の確保に貢献できると考えている。

I　国連加盟国としての日本

八〇年代後半から日本では、あるいは少なくとも外交政策担当エリートの中枢を成す人々が、国連安保理の常任理事国ポスト獲得を日本外交の枢要な政策目標の一つに掲げてきた。[2] 日本は経済成長のおかげで世界でもっとも裕福な国の一つとして立ち上がると、国連予算の第二（米国に次ぐ）の拠出国となり、主要な開発援助国（政府開発援助＝ＯＤＡを通じて）となったことが、その問題で重要な意味をもってきた。それによって国際的認知を求める日本に裏づけが与えられた。その国際的認知の希求こそ、一九世紀後半から常に日本の歴史と国家威信、外部世界（とくに西洋）との関係を形作る一側面となってきた。[3] そのことが日本の国連対応において、第一義の重要性を国連に与えることを意味しているだろうか。

回答は「ノー」である。日本と国連の関係ははるかに曖昧なものである。

日本の曖昧な国連対応

日本が明快な姿勢で国連に関係しているわけではない。これから見ていくように、日本には国連および多国間の取り決めを重要と考える一方で、むしろ些末なものともみなす向きもある。

■日本にとって国連の持つ意義　第二次大戦の戦後当初からずっと、日本は国連を一つの公的フォーラムとみなし、国際社会に前向きに貢献できる加盟国として自己表明できる場と考え、それによって「敵国」イメージの払拭を試みたり、問題の多かった過去を超克して行動するのに必要な場とみなしてきた。[4] それに加え、世界規模の諸問題に取り組む上で、国連と多国間主義を大切な手段とみなすようになった。国際平和メッセージという国連憲章の礎の一つが、とりわけ前大戦後の日本の状況に好ましく呼応し、とりわけ戦後憲法と平和主義の文化に照らし、ぴったりと適合した。集団安全保障の国連システムが交渉による平和的な紛争解決を強調する点もまた、日本外交にアピールする特徴といえよう。こうした背景のもとで、国際平和と安全保障に向けた国連活動に対する支援そのものが、他国との協調関係の促進努力を含め、日本外交の基本的原則の一つを形成している。[5] いうまでもなく、国連システムへのきわめて高度な財政貢献[6]（ブレトンウッズ体制の諸機構に対する貢献も合わせて）が全体として、日本を大切な投資家と位置づけている。

■日本における国連の二義的な位置づけ　同時に日本は国連をむしろ二義的なものとみなすようになって

きた。かつ、この現実を示すのに、国家安全保障ほど的確な分野は他にない。実際、日本外交に一つの基本指針があるとすれば、国家の安全を守る上で国連を頼りにはできないし、してはならないという点にある。この現実の核心が当初から所与のものであったのではない。つまるところ、第二次大戦後、初の国家安全保障政策の表明となった五七年国防基本方針において、国連が外国の侵攻を抑止できるようになる時まで、日本は日米安保条約に依存すると表明した。国連中心の安全保障政策がいつの日か日米安全保障関係を肩代わりするものとされ、その実現にかけた日本の期待が五一年と六〇年の日米安保条約第六、一〇条にそれぞれ込められた。にもかかわらず、その後の国連が冷戦時代、超大国の相克によって行き詰まり、結果として日米安保条約に規定された米国の重要な役割を補完するか、代替できる十分な保証として機能する見込みがなくなったために、日本の安全保障戦略は国連から離反していった。[7]

今日、状況はそれほど変化していない。〇四年一二月一〇日、〇五年防衛計画大綱の閣議決定に際し、公表された官房長官声明は以下のように述べた。「我が国には安全保障政策で二つの目標がある。第一、いかなる脅威も我が国に及ばないよう予防し、累を及ぼす場合にはこれを排除する。第二、国際安全保障の環境を改善し、なによりもいかなる脅威も我が国に影響を与えないよう努める」[8]。この点に関し、国際社会、つまり国連の果たすべき役割を認めながらも、声明は「日米安全保障の諸協定がアジア太平洋地域の平和と安定とともに、我が国の安全保障にとり不可欠なものである」[9]と強調した。声明はさらに加えて、「日米安全保障の諸協定に基づく我が国と同盟パートナー、すなわち米国との緊密な協力関係が、効果的に新たな脅威や様々な状況に対応するために、国際的協力を速やかに実現する上で重要な役割を果たすことになる。我が国は積極的に米国との戦略的対話に取り組み、両国の役割分担や、在日米軍の構成を含めた米軍配備など幅広い安全保障問題を討議する一方、安全保障をめぐる新しい環境に対する認識と、そこに適切な戦略目標を見出すべく、両国の理解を整合させるよう努力していく」とした。[10]日本の国家安全保障の点でいえば、米国が付与する保証に比べ、国連はとても太刀打ちできるものではない。

日本が国連に抱く曖昧さの説明

国連に対する日本の曖昧な姿勢は、ほとんどとはいかなくとも、多くの国連加盟国に共通した特徴といえる。この曖昧さは国際システムの構造と、国際的な社会化を推進する上で国連の果たす役割が脆弱なことに由来する。しかし、国連に対する日本の姿勢を説明する特異な理由も存在している。

■国際システムと、脆弱な国連の社会化の役割

本書で先に見てきたように、国際社会において国内志向性が現行の国際システムを決定づける特徴である。[11]「われわれ対彼ら」式の分断が各国にまずもって最大限、自国の利益に関心を向けさせる。国の安全と繁栄を守り、推進することが各国の政治機構と決定権者たちにとり、最優先の責務となっている。原則的に国連が組織された狙いには、国家間の相互関係において多国間協力を重要な側面と位置づけ、その結果として各国が国同士の相互関係を共存させつつ、国益の虜とならずに、それを擁護できることにあった。しかし、時間の経過とともに国連は、危機の際にとりわけ、国家の自己本位の激しさを調節できなくなった。かくして国連が安全保障の重要な提供者になることもなく、むろん、国家発展と民主主義の提供者にもなりえなかった。むしろ、国連の持つ付

加価値が現代史の些末事におとしめられる傾向さえ見受けられた。

それだけに、各国はできる限り、自らを頼みとする術の虜となってきた。その点でいえば、国家が国力を増せば増すほど、その安全保障のためにますます国連に依存しない道を選択する。日本も他の強国と何ら変わるところがない。より自立救済に向かうか、二国間の個別支援（日米安保条約のように）を国連の集団安全保障よりも重視していく。これはより脆弱な国々や人々にすれば、選択肢になりえない行動指針である。それに代わり、これらの国々や人々には、国連に依存する以外の選択がほとんど残されていない。これが多くの時期に大きなコストを強いた現実であり、本書で紹介されたように、ポスト冷戦期の、ややもすれば印象の薄い国連の実績の示すところである。

■日本の国連観に存在する特殊性

日本が多くの加盟国と共有した国連に対する曖昧な姿勢の理由に加え、日本の観点に特有な要素も存在する。そのうち三つのポイントがとくに以下の点を説明してくれる。国連の財政貢献国として二番目の重要な地位を占めるようになりながら、国連全体に対する日本の関与が歴史上、控えめであり続けたのはなぜか。つまり、日本外交の強烈な日米二国間主義と、憲法による軍事力行使に対する制約、そして経済的な安寧と繁栄の重視という三点の要因のせいである。これらの要因は地政学、歴史的、心理学上の制約から日本にもたらされた産物である。

ひとたび、日本が国連に安全保障を委ねる考えを放棄すると、国連についての概念や国連における行動、それに多国間主義のすべてが日米関係の二国間の枠組みに従属し、その補完物となった。この枠組みは吉田ドクトリンに取り込まれ、日本の米国連携と、それに伴う日米安保条約に象徴される戦略的取引とともに稼働し始めた。その取引とは、日本が軍事的な米国の保護を受け入れて米軍に基地を提供する代わりに、控えめな軍事体制で臨めることを意味した。[12] 冷戦が進行し、日米連携が同盟を形成していくに従い、日米安保関係は集団安全保障と協調的な安保対話のいずれの観点からも、多国間主義を回避するものとなった。ポスト冷戦期になると、日本外交に以前より自己主張が目立ち始めたものの、多くの点で吉田ドクトリンの持つ依存体質を保持し続けた。確かに、湾岸戦争（この脈絡で決定的な分岐点となった[13]）や、北朝鮮の核危機、台湾危機、中国の台頭、九・一一テロと「対テロ戦争」に直面し、日本外交指導部の主流派はより活発な外交姿勢に転じるべきだと確信した。しかし、このことが日米二国間主義にとって代わる代替戦略を生みだしたわけではなかった。日本のより大きな役割とは、地域でも多国間の枠組みにおいても、日米同盟の枠内で発揮され、かつ二国間同盟の枠組みで対米戦略協調と融合を高めることにあった。いくつかの事例では、多国間の場の機能が日本のあまりにも強力な二国間主義と対立している。たとえば、九〇年代を通じ、日本の国連平和維持活動（ＰＫＯ）参加により、自衛隊に多国間かつ「通常」の安全保障上の役割が与えられる可能性が開かれたのもつかの間、九・一一テロ以後、イラクの例のように米国が主導する多国間の「有志連合」に自衛隊が参加し、ある程度、水をさされてしまった。

日本国憲法が国家安全保障に投げかける特異な制約がもう一つの要因として作用し、国連に対する日本の対応と貢献のあり方を決定してきた。憲法九条こそが、日本の安全保障上の行動を制約する憲法の枠組みにおける主要因である。日本は九条で国権としての戦争放棄を誓約し、他国との紛争解決に軍事力の行使を禁じる。[14] 九条に関連した基準となる諸規約によって、核兵器製造も、その国内配備に同意することも不可能とみなされた。さらに、戦闘要員たる自衛隊の海外派遣は、たとえ国際平和維持軍の一編成としてであれ、実質禁止とされてきた。憲法九条に起因し、自衛隊の法的根拠や運用について、とくに前大戦直後の時期に深刻な論議を惹起させた。幾度も解釈をやり直す過程を経た末に、自衛の権利と自衛隊の合法性がほとんどの日本国民に受け入れられるに至った。その一方、この過程で九条では自立展開が可能な軍隊の保持を認めず、自衛隊の展開も自国領域に限定されるべきものとする一つの全体合意が形成された。最終的に、国連において日本は軍縮問題に高い優先順位を与えつつ、基本的に実務面の関与を平和維持活動に限定した。[15] 冷戦時代を通じ、日本は国連平和維持活動に軍要員の直接派遣ができなかった。[16] 九〇年代初頭から国会で数多くの法案が採択され、平和維持活動を含めた自衛隊の海外派遣に法的根拠を与えていく。しかしながら、九条は決定的な意味を持ち続けるとともに、国内政治闘争や過去の記憶、国民感情、強いイデオロギー色、日本社会における知的伝統がそれぞれ複雑に絡み合うがゆえに、条項の修正や削除が極めて困難なままできている。[17] このように、この条項が日本の軍要員を戦闘要員として海外派遣する上で、他の状況設定のみならず、国連の平和維持活動においても大きな障壁となっている。

ジョン・W・ダワーがその著書、吉田茂の伝記『吉田茂とその時代』で指摘するのは、吉田時代に始まった日米間の戦略的な打開策が、国家エネルギーのほとんどを経済再建に振り向ける日本側の計画と不可分であった経緯である。[18] 第二次大戦直後、荒廃した国の再建事業が最優先とされた。それはまた、それまでの日本近代史における志向の自然な継続ともいえた。一九世紀半ば、世界に対する日本の開国以来、経済の安寧と繁栄が日本国民を集団行動へと駆り立てる力強い立身志向であり続けてきた。「西洋に追いつき、追い越せ」のスローガンが、経済の安寧と繁栄を国益の重要課題へと格上げし、国民合意を導いた。それ以外の思慮は二義的とみられがちで、外交政策の問題点も目前の関心事から除外された[19]。このため、七〇年代や八〇年代になり、日本が全面的な復興を成し遂げ、世界規模の経済大国として浮上して初めて、一定の保証を得たと確信した。その結果、それまで以上の資産と関心を国連に献じる物心両面の余裕を持てるようになった。その経済力を国際政治の影響力に転換させようという見方が、これまで以上に現実味を帯びてきた。それでもなお、外部世界との関係で日本の主体性を独特な形で彩る脆弱性の感情ゆえに、日本政府は国連を幕間の出し物とみなし続けたのである[20]。

先の章ですでに触れたように、国家の自己中心性は国際社会における国内志向性と、各国がまず何よりも国益を大事とする必然から生まれた。この点でいうと、すべての国は国連に対し、二つの主体性を有している。一つは国連加盟国であるとともに一国家たらしめるもの、もう一つが国連メンバー国以前に国家を優先させるものとである。これはつまり、近代日本の構造を構成する地理、歴史、心理的な要因があるために、二つの主体性という現実にとりわけ敏感になり、それが国連に対する日本の曖昧な姿勢に潜む特異な側面の説明となっている。

世界は危険な場所という感情が、国内外の圧力に直面しつつ、連綿と世代を重ねた日本の政策立案者たちの集団心理に存在し続けてきた。この脆弱性の感覚は日本の地理的、地政学的な条件から始まる。祖国が小さな孤立した島国であり、国際関係が対立状態に陥ると、たやすくその虜となって身動きできなくなるという考えが、いまなお日本人の思考に強い影響を与えている。エネルギーや他の原材料を海外資源に依存する現実を考慮すれば、ますますその傾向が強まる。国内の限られた資源と膨大な需要とが相まって、エネルギー供給量の約八〇％を海外資源に依存している。[21] 日本のエネルギー自給率は原発を加えて二〇％台にあるが、それを加えないと四％前後の低レベルとなる。[22] さらに、国土の地形が脆弱性を促進させる。まさに〇五年防衛計画大綱が次のように指摘する通りである。「国家安全保障を考察するにあたり、以下の諸点からもたらされる脆弱性を考慮する必要がある。戦略的な縦深性の限界。長い海岸線と数多い離島の存在。人口密度の高さ。人口と工業の都市部への集中。非常に数多くの重要施設が沿岸部にあり、そこへ地形と気候条件に由来する自然災害の多さが加わる。しかも、シーラインの安全確保が国家の繁栄と経済成長に不可欠である」。[23]

二世紀以上に及ぶ鎖国政策の後、日本が持ったアジア近隣諸国や西洋との緊張関係も、脆弱さの感覚を理解するのに役立つ。日本の近代化は西洋をモデルとして実現した。近代化とは、国家の主体性を日本と西洋の比較によって形成するべきものと考えた。問題はこの道をたどることが、日本の社会、政治、文化的孤立を打ち破るどころか、そこに新たな捻れを与えたことであった。[24] 疎外感が増幅されたために、脆弱さの感覚をさらに強めた。アジアで二〇世紀前半、強大国の地位を求め、日本が西洋の手法を取り入れたことが、国家と国民を侵略と膨張政策へ向かわせる一因となった。[25] こうした侵略と膨張政策の対象となったアジア諸国における日本の疎外感は、第二次大戦後から今日まで、過去の罪に対する日本の責任と謝罪の表明が真摯ではなかったという感情がしばしば噴き出すことで、ますます強まった。日本の西洋志向が米欧諸国との溝を狭めたわけでもなかった。確かに戦後、日本は米国の強力な同盟国の一つとなった。経済復興によって主に西洋諸国で形成する先進諸国グループにおいても、主要国として定着した。それでもなお、西洋との親密性を欠くことが問題であり続けた。日本の経済力が最高潮の時には、米欧に猜疑心が再び噴き出た。今日でも、適応と同程度に独自性の保持を目指す文化のゆえに、日本は西洋にとって異邦人であり続けている。[26] こうした歴史的背景のもとで、日本がしばしば思い知らされるのは、国連に対する貢献にもかかわらず、アジアと西洋世界のいずれでも端っこにあり、両者との関係がぎくしゃくし、いずれにも属さない危うさを味わわされることである。

　自己確立とは個人が全体の一部を成すという関係性を絶えず確認していくことであり、それが日本ではとりわけ重要な意味をもつといわれてきた。[27] 国際環境に社会性の希薄なことが、その非日本的な本質も加わって、日本からこの恒常的な関係性の再確認プロセスを奪いがちなために、国際関係に対する日本の対応に心理的な影響を与えてきたと断言できる。これまでに言及してきた地理上や歴史的要素とともに、日本がなぜ現代史の国際環境で自己確信を立証し、波及させるのに困難を抱えるのか、このメカニズムが少なくとも部分的にせよ理由を説明してくれよう。地理上と歴史的要因と相まって、国際社会による受け入れを求めてやまない日本の動機に影響したかもしれないし、実際、安保理常任理事国の地位を求める、執拗だが自信のない試みに表れている。[28] だからといって、脆弱さと不十分さの感覚が日本外交の大きな制約となってきたことを意味するわけではない。むしろ、用意万端の安全保障を一つの文化として切望し、獲得させる動機となっており、それは他国では見られないほど強靭なものだ。[29] それはまた、日本が特異性を発揮できると感じた分野で行動したがる理由ともなってきた。[30] 九〇年代初めから日本が行ってきた国連への貢献物語がある程度、この状況を適切に説明してくれよう。

Ⅱ 一九九〇年代以後の多国間関係における日本外交

九〇年代、国連の復活と活動の高揚に呼応し、意義ある変革を経てきた日本が果たした国連貢献は、とりわけ三分野で重要であった。すなわち、平和維持、開発援助、人間の安全保障である。その後もポスト九・一一の時期、国際テロとブッシュ外交の圧力のもとで日本は強靭な国連支持の立場を維持しつつ、より現実的な対応を見せた。

九〇年代の日本外交と国連

冷戦終焉の余波の中で、平和維持活動に対する日本の対応の変化と、実際の活動参加は日本外交のもっとも顕著な革新の一つとなった。加えて、以前からこの分野で実施してきた極めて巨額に上る財政貢献を基盤としながら、開発援助で主要な役割を果たし続けた。日本が人間の安全保障の議論に与えた影響に関していえば、従来、狭く理解されてきた安全保障のテーマに異なる視点を打ち出し、国際関係の課題として提示したことである。

■国連平和維持活動（ＰＫＯ）への日本参加

この書でこれまでに見てきた通り、九〇年代を通じ、平和維持活動と人道的介入が集団安全保障と多国間イニシアチブの中心テーマに位置した。憲法九条の規定にもかかわらず、この時期、日本のＰＫＯ参加問題に劇的な変化が起きた。ＰＫＯ予算に対する伝統的な財政貢献に加え、日本が現場に軍要員を含めた人員派遣を実施するようになったのである。

日本が初めて平和維持活動に本格参加したのは、選挙監視人二七名をナミビアの国連移行支援グループ（ＵＮＴＡＧ）へ派遣した八九年であった。九二年、いわゆる「ＰＫＯ法」と呼ばれる国際平和協力法が発効すると、日本政府はさらに関与を推進できるようになった。文民派遣にとどまらず、自衛隊をＰＫＯと人道支援作戦へ派遣することが可能となった。国際平和活動に向けた新たな法的枠組みが成立し得たのは、九一年湾岸戦争がきっかけである[31]。とりわけ、米国の対日圧力が強力だった。当時の米国務長官ジェームズ・ベーカー氏は九一年一一月、日本国際問題研究所で行った講演で、「貴国の小切手外交ではかつてのわが国のドル外交と同じく、明らかに幅が狭い」と言ってのけた[32]。日本が米国主導の多国籍軍へ献じた大規模な財政支援は一三〇億ドル[33]に上ったし、さらに寛大にも、巨額の財政貢献を国連機構全体や、その関連機関と平和維持活動予算にも貢献しながら、なお十分な献身と見なされなかった。日本には国際社会の努力に呼応して、兵力を用いた貢献の必要があったのだ。ＰＫＯ法がこれを可能とした[34]。その後、九五年八月に国際平和協力法発効から三年が経過すると、同法の見直しが行われ、追加条項が加えられることになった。同年九月に当時の橋本龍太郎首相へ提出された報告書で以下の諸点を指摘し、見直しの要ありとした。すなわち、①武器使用の是非権限を指揮官に与えること②国連平和活動の一環として実施される諸活動と同様に、国際選挙監視活動でも迅速かつ適切な協力を実現する③停戦が未成立の場合でも国際人道援助と同様な支援活動を可能とすること[35]——。こうした修正案が九八年六月に採択された。[36]

国際平和協力法の採択を受け、日本政府は九二年、自衛隊をカンボジアのUNTACへ、九三年モザンビークのONUMOZ、九四年にはザイール（コンゴ民主共和国）とタンザニア、ルワンダ派遣部隊（UNAMIR）の一編成としてそれぞれ派遣した。[37]またゴラン高原のUNDOFには九六年から派遣駐留させており、東ティモールでは〇二年のUNTAET、〇二―〇四年にはUNMISETへ要員を派遣した。[38]

一覧表が示すように、こうした自衛隊部隊の派遣展開は日本による価値ある努力の一部を成し、紛争国の安定と再建、兵站支援、救援活動、人道と技術支援、さらに国際選挙監視活動に貢献してきた。[39]（表1参照）

■日本の開発援助　政府開発援助（ODA）もまた、日本が国際的な努力に貢献する分野であり、九〇年代を通じ、高い意義を持ち得た。これは五〇年代に遡る、開発援助政策という伝統の延長といえるもので、日本外交において特別な役割を果たしてきている。[40]これを主要な手段の一つとすることにより、日本は国益を追求するとともに、世界的に共有された目標へ貢献し、かつ特定の対外要請に応じる手だてとしてきた。その中には五〇年代の戦時賠償支払いとか、六〇年代の貿易振興、七〇年代には輸入エネルギー・原材料の確保、そして八〇年代の貿易黒字「還元」策[41]があった。八〇年代末に世界最大の開発援助拠出国の一つにのし上がった後、九〇年代には主要拠出国として主導的な立場を確立した。確かに九〇年代末にODAは減額となり、とくに橋本政権下で九七年四月、九八年度ODA予算を前年より一〇％削減と決定した上、財政構造改革へ向けた努力の一環として以後の年度予算でもODA予算増額

表1　国際平和協力法に基づく日本の国際平和協力活動

（2005年3月現在）

① 国連平和維持活動

第2次国連アンゴラ監視団	選挙監視団	92.9-10	3人
国連カンボジア暫定統治機構	軍事監視団	92.9-93.9	8人×2
	文民警察	92.10-93.7	75人
	施設部隊	92.9-93.9	600人×2
	選挙監視団	93.5-6	41人
国連モザンビーク活動	司令部要員	93.5-95.1	5人×2
	移動管理隊	93.5-95.1	48人×3
	選挙監視団	94.10-11	15人
国連エルサルバドル監視団	選挙監視団	94.3-4	15人×2
国連兵力引き離し監視部隊	司令部要員	96.2〜現在	2人×9
	輸送要員	96.2〜現在	43人×18
国連東ティモール派遣団	文民警察	99.7-9	3人
国連東ティモール暫定行政機構	施設部隊	02.3-5	680人
	司令部要員	02.2-5	10人
国連東ティモール支援団	施設部隊	02.5-04.6	680人×2＋522人＋405人
	司令部要員	02.5-04.6	10人＋7人
			小計　4633人

② 国際人道支援活動

ルワンダ難民支援	難民支援	94. 9-12	283人
	空輸	94. 9-12	118人
東ティモール避難民支援	空輸	99. 11-00. 2	113人
アフガン難民支援活動	空輸	01. 10	138人
イラク難民支援	空輸	03. 4	56人
イラク被災者支援	空輸	03. 7-8	104人
			小計　812人

③ 国際選挙監視活動

ボスニア・ヘルツェゴビナ総選挙・地域選挙	選挙管理・監視	98. 9	30人
ボスニア・ヘルツェゴビナ地方選挙	投票管理	2000. 3-4	11人
東ティモール制憲議会選挙	選挙監視	01. 4-9	19人
コソボ議会選挙	選挙監視	01. 11	6人
東ティモール大統領選挙	選挙監視	02. 4	8人
			小計　74人

（総計　5519人）

表2　OECD開発援助委員会基準による表

（総資金フロー／単位100万ドル，時価および為替レート）

純支出額

日本	1986-87	1991-92	1998	1999	2000	2001	2002
総公的フロー	**5,222**	**14,149**	**23,451**	**23,260**	**8,746**	**8,426**	**4,278**
政府開発援助	6,488	11,052	10,640	12,163	13,508	9,847	9,283
二国間	4,490	8,622	8,553	10,476	9,768	7,458	6,692
多国間	1,998	2,429	2,087	1,687	3,740	2,389	2,591
公的援助	**n. a.**	**174**	**132**	**67**	**−54**	**84**	**99**
二国間		96	94	27	−93	25	56
多国間		78	39	40	39	59	43
その他公的フロー	**−1,266**	**2,924**	**12,678**	**11,030**	**−4,708**	**−1,505**	**−5,104**
二国間	−1,143	2,365	10,602	9,799	−4,456	−1,524	−2,592
多国間	−123	558	2,076	1,231	−252	19	−2,512
NGOによる供与	**87**	**179**	**203**	**261**	**231**	**235**	**157**

を認めない方針が打ち出された。この方針に従い、九七年以降の七年間でODA予算を三〇%削減した。これはつまり、九一年から二〇〇〇年まで、一覧表[42]にあるように多国間と二国間援助いずれの形態でも日本のODAが巨額であり、日本が世界トップの開発支援国であった事実を示している。（**表2参照**）

さらに、九〇年代にはODAガイドラインの全般的見直しを一段と明確にすべく、政府の努力が重ねられた。これに関し、九二年六月、日本政府は中長期的な展望をにらみ、ODA大綱を導入して包括的な開発援助政策を立ち上げた。大綱は九〇年代を通してロードマップの役目を果たし、四つの主要点を強調した。まず、日本のODAは実施にあたり、人道的見地に立つ。また、日本と享受国の相互依存関係を基礎とする。さらに政府援助は社会経済開発における環境保全を主眼とする。最後に、経済自立へ向けた途上国による自助努力の支援に重点目標を置くものとする。[43] 全体として、憲章によってODAのもつ二つの特徴をとくに重要と強調した。すなわち、途上国における経済成長の促進と社会福祉の前進を図った上で、享受国が成長へ向かう道に沿って自助努力できるよう支援し、たんなる資金供与としないこととした。

九〇年代を通じ、アジア地域が日本のODAの第一享受国であり続け、援助全体のほぼ六〇％を占めた。その一方、これに加え、開発分野でアフリカに対する真の指導力も発揮した。これは痛切に望まれたことだった。冷戦終結を受けて、アフリカは急激なグローバル化の奔流の中で取り残され、抱えた諸問題が深刻化の一途をたどった。多くの国々が貧困や疫病、債務増大に直面するだけでなく内紛や全面戦争に突入したりした。この観点から、たとえば九三年に始まる東京国際開発会議（ＴＩＣＡＤ）を通じた日本のアフリカ開発支援が、アフリカ問題に対し、最低限の国際的関心を維持するのに役立ったし、会議において状況の深刻さがすぐさま理解された。

■日本と人間の安全保障の考え

九〇年代後半、日本は平和維持活動と開発援助への支援に加え、もう一つ「国際主義者」として貢献を果たした。すなわち、人間の安全保障についてである。[44] 理念として前面に押し出した人間の安全保障とは、人道上の要請に焦点をあて、貧困、紛争、疫病の脅威から一人ひとりの保護を目指すもので、日本は開発問題にかけてきた数十年来の長期的関与を活用した。また、安全保障の問題を幅広くとらえるよう呼びかけた。この脈絡でいえば、個々人の要請に焦点をあてつつ、安全保障と開発を同じ一つのものとしてとらえ、個人の安全と開発の諸問題を連続体の一部として、総合的な取り組みを要請したことの重要性は決して見過ごせない。それは、本質的に国家と軍事問題に焦点をあてるグローバルな安全保障の、論考や実践における狭義なとらえ方を根本から変化させることになる。しかも、人間の安全保障に関する日本のメッセージは、安全保障の諸問題を解決できれば、全体として開発の欠陥克服につながると主張したのに等しい。日本が九九年三月に国連に創設した「人間の安全保障信託基金」が基盤となり、人間の安全保障の理念を具体的な活動へと移し、貧困や医療と健康の手当て、難民と移住を強いられた国内避難民への援助を実施するようになる。日本が総額二九五億円（約二億二七〇〇万ドル）に上る拠出で創設したこの基金は、国連において最大規模の信託基金である。[45]

二〇〇〇年代における日本外交の進展

これまで見てきたように、二〇〇〇年代初頭、国際緊張と紛争のとらえ方や扱いが根本的に変化した。九・一一テロと、その前後におけるブッシュ外交がこの事態を促進した。日米関係で見ると、この変化が日本外交に影響を与えずにはおかなかった。全体として日本は国際的な安全希求に対する貢献を修正せざるをえなくなった。また、対米同盟と国連支援の間にバランスをとろうとした日本の努力を、さらに複雑にしたのである。

■国際安全保障に対する日本の貢献の変化

九・一一テロが国際的な平和と安全を今後、いかに維持すべきかという命題に与えた巨大な衝撃が、日本にも影響した。〇一年一〇月二九日、テロ対策特別措置法が国会で異例といえる迅速な議論の後、成立した。この法律は米軍と同盟軍への補給と、医療などの後方支援活動を許容する狙いだ。同時に、自衛隊が捜索、救援活動に従事したり、当事国の同意のもとで難民への人道支援供与を合法とした。ＰＫＯ法の従来規定によると、自衛隊は紛争が終結し、中立の立場を保てる地域において活動を想定していた。新たな特措法のもとだと、自衛隊活動は引き続き、補給分野に限定されるものの、情勢の不安定な地域でも活動を想定し、「テロリスト絶滅という普遍的目標に関与する」と規定された。(46) 同様に、ＰＫＯ法では自衛隊の武器使用を自衛目的だけに限定したのに対し、テロ対策特措法では、自衛隊の保護下にある難民や負傷した外国軍要員などの人々を保護する目的でも使用を容認することになった。

特措法に加え、日本政府は自衛隊の幅広い役割を期待されて、アフガニスタンとその周辺国へ部隊を派遣することになり、九二年ＰＫＯ法が改定された。(47) 〇一年一二月七日、自衛隊による国連平和維持活動への参加拡大を意図し、衆議院を通過した改正法では、平和維持軍の停戦監視、現地軍の武装解除、非武装地帯パトロール、武器輸送の監視と捜索、投棄武器の収集処理へ自衛隊の参加禁止を解除した。自衛隊員による武器使用は改定ＰＫＯ法のもとで、反テロ特措法の容認範囲と同様に拡大された。改定法は自衛隊がその守備下にある、たとえば多国籍軍兵士や難民、外国政府文官、国連やその他の国際組織関係者らを保護するために武器使用を認めたのである。(48)

その後、日本政府はブッシュ政権の対テロ戦争に同調する意思を明らかにし、イラクによる脅威がいかに大きいか、またイラクについて何をなすべきかについて、ホワイトハウスの主張に歩調を合わせた。〇三年三月、小泉首相は来たるべきイラク戦争に無条件で米国支持を約束し、国連の承認がない点は黙殺した。ひとたび戦争自体が終了すると、首相は無条件の支持を証明するため、日本人部隊の現地派遣を実施するよう重圧にさらされた。当然のように、首相は米側の要求に屈した。イラク特別措置法が〇三年七月下旬、可決し、同年一二月、小泉首相は自衛隊の陸海空三軍の各部隊へイラク派遣を発令した。先遣隊として精鋭部隊六〇〇人が〇四年一月中旬、現地へ飛び立った。イラク南部サマワを基地とし、部隊は建設事業に従事した。この自衛隊派遣はイラク再建のため、日本が行う財政支援の補完も意味した。その財政支援は今回もまた巨額に上り、無償で一五億ドル、有償三五億ドル規模となった。[49]

おそらくポスト九・一一の世界で、日本がこれとは別の行動をとるのは困難であったろう。安全保障の肝要さが他のどのような関心事より優先されるというのが、政府の考えであった。このことが日米同盟を最大の優先事と位置づけさせた。また、日本にはホワイトハウスの方針を容認することがもっとも重要であった。そうしなければ、日米関係がひどく損なわれ、代償を求められたであろう。これらはすべて首相の主張に沿っていた。〇三年三月、日米同盟の重要性に加え、米軍によるイラク関与の支持が自国に不可欠と強調し、首相はこう述べた。「米国が日本への攻撃を自国への攻撃とみなすという事実が、日本攻撃を企図するどのような国に対しても、大きな抑止力となっていることを日本国民は忘れてはならない[50]」。〇四年二月、このテーマに再び言及し、信頼に足る同盟国たることを示すことが、日本にとって何にも増して重要と宣言し、なぜならば、(首相はこう言った)「日本がもしも攻撃されることになれば、救援に来てくれるのは米国であって、国連でも他のどんな国でもないだろう[51]」。この根拠づけを繰り返すことで、時間とともに国内世論の変化に確かな役割を果たした。〇三年を通じ、自衛隊のイラク派遣決定が国民大衆の反発を浴びていたのに、〇四年初めになると、世論の方向は転換してしまい、かろうじてとはいえ、過半数が派遣支持に回るに至った。[52] こうした変遷は、二〇〇〇年代に入り、日本が多国間外交にある主要な側面を放棄したことを意味するものではない。しかし、日本外交がその間にくぐった変遷は外交の一貫性を維持する上で、一つの試練をもたらした。

▩日本の多国間政策

政府開発援助（ＯＤＡ）分野で日本は重要な役割を担い続けてきた。この点に関し、〇三年八月二九日、ＯＤＡ大綱が一一年ぶりに改定された。新大綱は個々人に注意を向けることで人間の安全保障への配慮を反映し、一方で途上国の自助努力を支援し続けるとしている。こうした諸政策には公正さの保持が唱われ、男女平等とその推進、日本の経験と技術の活用、国際社会との連携と協調などが盛られている。しかしながら、すでに見たように、二〇〇〇年代に日本の貢献額は九〇年代に比べ減少した。日本の厳しい景気後退と財政事情があり、これに国民がＯＤＡの有効性についてますます批判を強めてきた相乗効果があいまって、開発援助の削減という結果となった。[53] 同時に、それでも日本のＯＤＡは図に示される通り、非常に高い水準で推移している。[54]（図１参照）

その上、平和維持活動の持続的な創設と展開が前例のない規模で二〇〇〇年代半ばに続いたことで、平和維持活動予算への日本の貢献額は従来を上回る高い水準に達しそうだった。〇四年春、国連の平和維持活動予算は総額で四五億ドルに上り、前代未聞の額となった。こうした状況下で日本は約九億ドルの負担を期待された。まさしく小沢俊朗・国連三席大使は、「これは大きな負担であり、日本が現在アフリカ諸国へ行っている年間ＯＤＡ予算を上回る規模[55]」と述べている。

図1　ODA 支払い超過
（2001年固定価格・為替レート，国民総所得に占める割合）

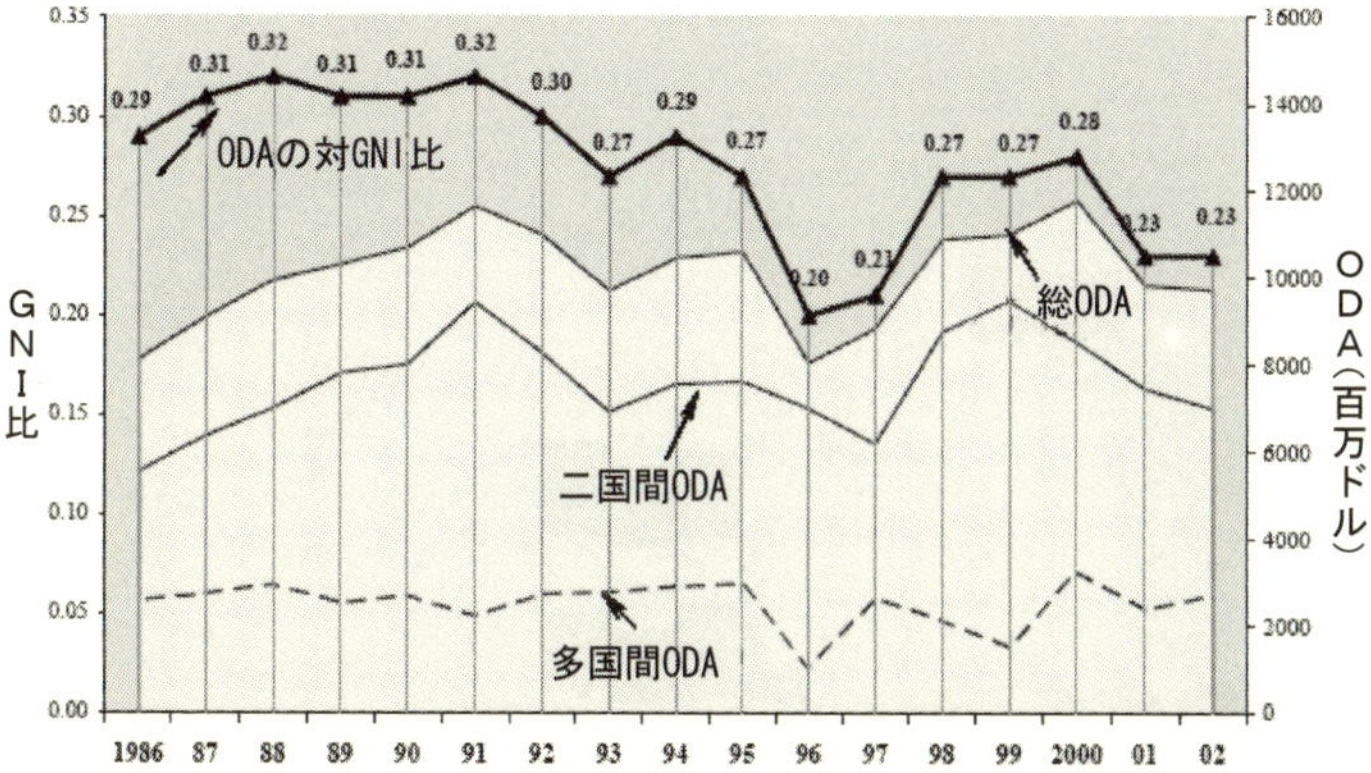

平和活動の展開実施についていえば、自衛隊派遣の条件に関する変更が現状を基本的に変えることはなかった。自衛隊の東ティモールUNTAETとUNMISET参加は、従来の派遣規定であった建設や輸送部門への参加と、基本的に異なったわけではない。自衛隊員が危険度の高いとみられる国境地帯で活動することはあったが、隊員はほとんど武器を携行していず、戦闘装備をしていなかった。それでは、自衛隊のイラク派遣は根本的に違ったのだろうか。実際はそうでもなかった。確かにイラクが今日でも戦闘地域であるため、自衛隊派遣を正当化する論拠を迫られた首相によれば、展開地はやや危険度のある非戦闘地域に限定されるという。だが、それは誠実な論拠とはいえなかった。それに、イラクが憲法九条の規定におさまる地域というのにも無理がある。その一方、自衛隊が活動することになったのは極めて小さな地域で（イラク全国土の約一％）、孤立した要塞[56]のような場所に駐屯した上、外国部隊の組み合わせ（〇五年三月までオランダ軍、以後、英軍とオーストラリア軍）

と、米民間警備隊やイラク政府軍によって防護されていた。この状況こそ自衛隊の人道支援活動の実情を端的に示すものだ[57]。

小泉首相の政策は現実主義の問題であり、世界への関与を実証するためのものであった。しかし、その米国支持が間接的に日本の長期的な国連外交を弱体化させたのも、また事実である。そのことによって、間違いなく日本を難しい立場に追い込んだ。〇四年九月二一日、小泉首相がニューヨークの国連本部で演説し、日本の安保理常任理事国入りを承認するよう訴えた。それは興味深い見せ物といえた。その同じ国際社会の代表たちを前にして、国連事務総長が日本の支持した米軍主導のイラク侵攻を違法と宣言したばかりだったからだ[58]。その数週間前、パウエル米国務長官がイラクに大量破壊兵器はなかったと認めたのだが、それは小泉首相が以前から同調してきた戦争と占領を正当化する論拠を否定するものであった。事務総長が法治の原則への回帰を呼びかけなければならなかったほど、世界機構の陥った危機は明白であった。日本の立場を見て、米国にほとんど足並みをそろえた外交政策をとる国が、新たに国連安保理常任理事国となりうる国として危機解消にどのような貢献を果たせるのか、人々は考えさせられたのである。

Ⅲ　日本と国連安全保障理事会および国際秩序の将来

国連安全保障理事会の常任理事国ポストを目指す日本が過去、どのように主張を展開したのか、また理事会で役割を担うためにどんなポスト獲得運動を行ったのか。ここではまずこの問題への回答から始める。そして日本がいま見出している新たな立場に目を向け、それが国連や地域（アジア）を含めた国際レベルと、日本国内においてそれぞれ何を意味し、どんな変化を起こしうるかを考察する。

安保理常任理事国ポストの獲得運動

現在の国連改革プロセスを通じ、日本は常任理事国入りを一つの主目標としてきた。知的な面で主張を展開し、政治的キャンペーンを張り、他の国連加盟国の支持確保を戦略の中心にすえてきた。

■知的な主張の展開　国連安保理改革と自国の常任理事国入りに対する日本の論拠は、〇五年三月に公表された外務省文書でもっとも明確に示されている[59]。文書では七点の理由を上げ、日本がなぜ常任理事国候補として最もふさわしいかを力説する。それらの論拠とはまず、国連の進化と、より公正な代表制が必要なこと。国連改革の時期に来ていること。国際平和と安全保障の全般に役立つ日本の重要な役割があること。平和維持分野における貢献。国連財政への献身と世界の開発支援。そして人間の安全保障にかけた日本の努力——である。

安保理改革の必要性　四五年の国連創設以来、国際社会は劇的な変化をくぐり、冷戦からその終焉、脱植民地化、地域統合そしてグローバリゼーションを経てきた。国連の加盟国数も五一から一九一（二〇〇七年一月現在は一九二）へ増大した。この六〇年間、安保理は機構上の枠組みを基本的に変えないままできている。日本はこの現状を前にして、安保理が四五年当時の現実を映すのではなく、二一世紀の現実を反映したメンバー国構成となるべきだ、と主張した。国際平和と安全保障の維持に向け、責任を担う意欲と能力のいずれも備えた加盟国が安保理の決定に全面的に加わるべきというのだ。また、アジア、アフリカ、中南米の途上国が常任理事国ポストに就かなければならない。要するに、日本の主張によれば、安保理の構成は世界の現状をよりよく反映すべきであり、常任と非常任の理事国枠を途上国と先進国の双方でそれぞれ拡大すべきというのである。

国連改革の時宜と好機　日本にとって〇五年は、国連の機構改革、中でも安保理改革を通じ、国連強化を図るために、またとない歴史的なチャンスの年を意味した。安保理改革はこれまで一〇年以上に及び、国連総会直属の期限なしの作業部会で討議されてきた。ただし、これまでほとんど進展をみてこなかった。〇五年には一つのきっかけ（国連発足六〇周年）や、枠組み（九月の首脳レベル総会）、改革の動機づけ（加盟国同士の建設的な討議）が存在し、見逃してはならない絶好のチャンスをもたらした。日本にすれば、その機会を活用できないのであれば、国連は時代に適応できず、国際平和と安全保障維持に果たす主要な役割を強化しようという、強固な意志を欠いた組織と同じ意味となる。

国際平和と安全保障で果たす日本の役割　ここに国際平和と安全保障分野で日本が成し遂げたさまざまな成果を示す文書がある。そこには日本が国際社会に対し、平和構築や国家建設、人間の安全保障、軍縮、不拡散のような分野で果たした貢献が列記される。しかも、その文書では日本が安保理常任理事国として、備わった能力とこれまで培った経験を最大限に活用し、一段と大きな責任を担うと決意表明している。

国際安全保障を支える日本の特異な貢献　この分野では特筆される具体的な成果があり、たとえばグローバルな対テロ戦争支援を目的とした海上自衛隊艦船のインド洋派遣や、イラク国家再建支援の部隊駐屯、八件の平和維持活動（ＰＫＯ）参加、五件の人道支援活動参画がある。加えて、ＰＫＯ予算総額の五分の一を日本が負担している点も文書では強調される。

日本の国連財政貢献　図に示されるように、[60]日本は国連通常予算の第二の拠出国であり、拠出率が総額の一九・四六八％（〇四―〇六年）に達するほか、自主的な国連への財政貢献として〇一―〇三年に約二一億ドルを提供し、これらが諸々の基金や企画予算、専門機関に使われ、ここでも第二の貢献国となっている。（図２参照）

日本の世界開発貢献　外務省文書は日本が九一年から二〇〇〇年までの一〇年間、政府支援で世界ナンバー１の供与国であったことを強調する。同時に、〇三年に政府開発援助（ＯＤＡ）を総額八九億ドル供与し、世界第二位につけた。さらに、ミレニアム開発目標達成のため、教育や健康、水、衛生、農業の各分野で活発な動きを展開している。ここにある図は他の主要先進国と比較した日本の貢献内容を示している。[61]（図３参照）

人間の安全保障に関する日本の努力　最後に外務省文書は日本が人間の安全保障の概念を広めつつある点に言及する。この脈絡で、貧困や紛争、難民あるいは国内の強制移住民の諸問題、さらに伝染病など様々な脅威に取り組む企画や計画の支援に、日本が取り組んでいることも強調している。

▩安保理常任理事国を目指すキャンペーン　日本が政治的支持を獲得するために行った運動で、考察しておくべき三要点がある。第一にキャンペーンを展開した枠組みと、可能な選択肢の問題。第二に日本政

図2　2004-06年 国連通常予算拠出率

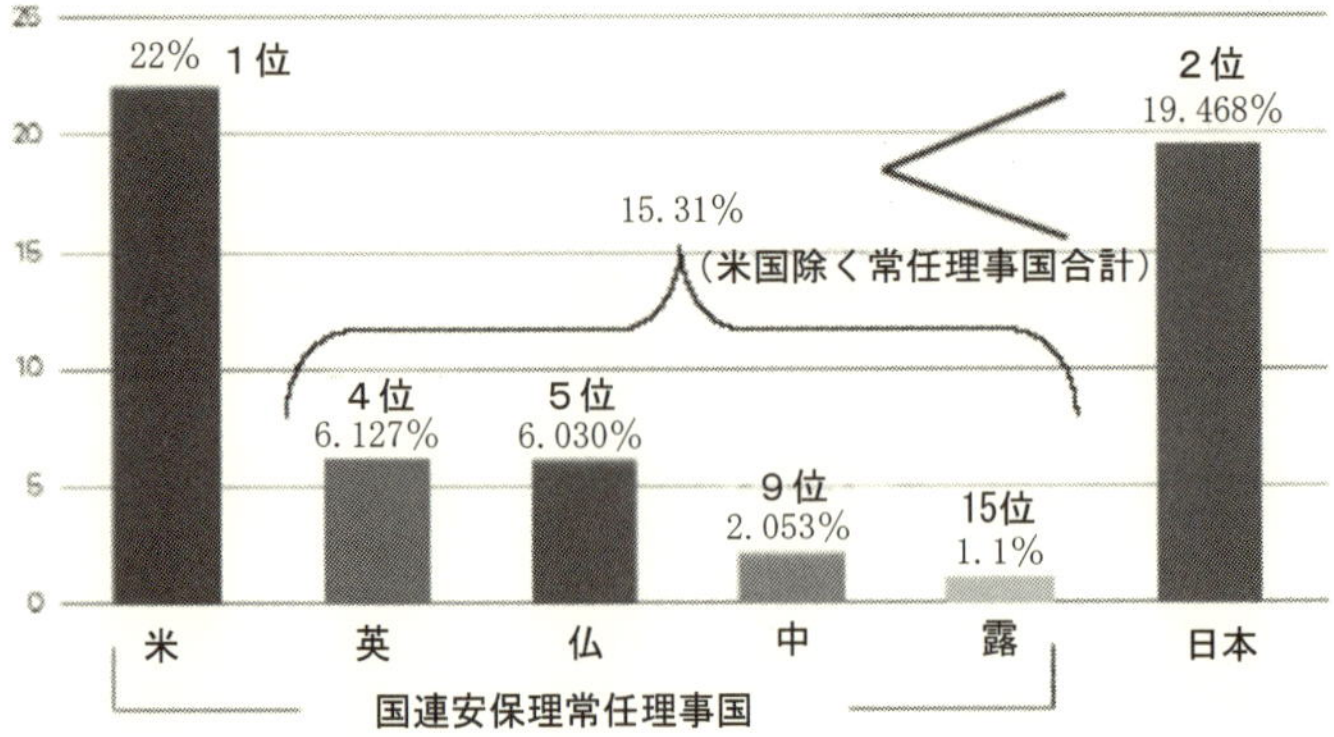

図3　2002年公式援助約定に基づく全DAC(OECD開発援助委員会)に占める割合

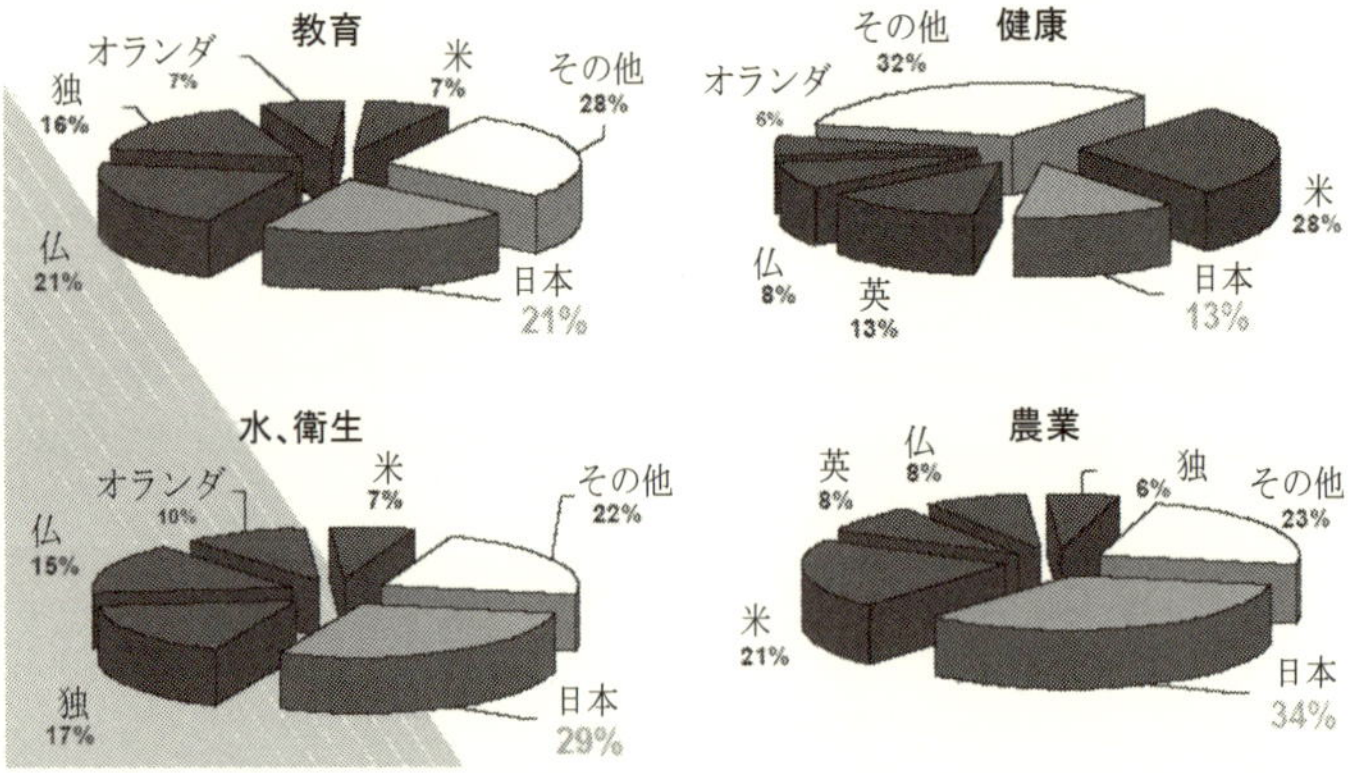

府がとった戦略のあり方。第三に外交キャンペーンそのものと、その結果である。

【キャンペーンの枠組みと選択肢】 日本の働きかけは、国連事務総長の改革勧告書「より大きな自由を求めて——開発と安全保障、人権をすべての人に」[62]で提示された国連改革の枠組みの中で展開した。改革勧告書は安保理改革にあたり、以下の方針規範を明示した。

a （安保理改革によって）国連憲章二三条を尊重しつつ、国連にもっとも貢献する国々を決定プロセスに、より参画させるべきである。その貢献とは財政、軍事、外交面に及び、とりわけ国連諸予算への財政貢献や、負託された平和活動への参加、さらに安全保障と開発における国連の自主的活動、国連の諸目標と負託事業を支えるための外交活動に関係する。先進国では、国際的な合意であるODA拠出目標値、国民総生産（GNP）の〇・七％水準をすでに達成したか、十分な増額を図っているかが、貢献の重要な基準として考慮されるべきである。

b より広範な加盟国の代表、中でも途上国代表となる国々を決定プロセスに組み入れる改革でなければならない。

c 改革によって安保理の効率性を低下させてはならない。

d 民主的で信頼できる安保理の本質を強化する必要がある。[63]

こうした基準を念頭に置き、事務総長は加盟各国に対し、「報告で提示された改革案AとBの二つの選択肢か、その他の実現可能な提案の中で、これらAとB両案のいずれかを基本としつつ、規模と均衡のとれた構成国案を考慮していただきたい」と要請した。[64] さらに、「加盟各国はこの重要な案件について〇五年九月総会の特別首脳会合までに決断すべきだと考える。この重大な決定を全会一致で行うのが大変望ましいが、たとえ全体合意に達しない場合でも、それを決断先延ばしの言い訳にしてはならない」とも付言した。[65]

事務総長が言及した改革案A、Bはその報告書で次のように提示された。[66]（**表3参照**）

【日本の戦略】 日本は常任理事国の座を求めて「四カ国グループ（G４）」戦略をとった。こうして新常任理事国の高い可能性をもつブラジル、ドイツ、インドの三カ国に合流した。当初、四カ国は懸命に運動を展開し、現在の常任理事国に与えられたのと同じ拒否権を持つ立場を獲得しようとした。G４提案の第一案が回付されたのは〇五年五月一六日である。その案は安全保障理事会を現行一五カ国から二五カ国へ拡大し、その中で新常任理事国を六とし、うち四がG４へ、残り二がアフリカ諸国へ配分されるとした。しかし、議論が続く中で新常任理事国へ現在の常任理事国五カ国と同じ拒否権を付与すべきかどうかが、大きな争点となることが明らかとなった。いくつかの国々、とりわけ現常任理事国の数カ国からの反対に直面し、G４は後退を余儀なくされた。結果的に新常任理事国へ与える拒否権を一五年間凍結とし、G４の安保理拡大提案の改定案として提示することになった。〇五年夏を通じ、協議と折衝がさらに続いていった。

【一喜一憂した改革運動】 拡大改革キャンペーンは厳しいものだと判明した。確かに〇五年には期待感が一段と高まり、九〇年代初頭に比べ、安保理改革が実現する可能性がはるかに大きいと思われた。同時に、安保理の内でも外でも、新常任理事国の候補各国はそれぞれ国連加盟国同士にある利害対立に直

表3　安保理事会改革のモデルＡとモデルＢ

モデルＡ

（拒否権なしの新常任理事国6カ国と、任期2年の非常任理事国3カ国）

地域	加盟国数	現常任理事国数	提案された常任理事国数	提案された非常任理事国数	計
アフリカ	53	0	2	4	6
アジア、太平洋	56	1	2	3	6
ヨーロッパ	48	3	1	2	6
アメリカ大陸	35	1	1	4	6
合　計	192	5	6	13	24

モデルＢ

（新常任理事国なし。再選可能な4年任期の準常任理事国8カ国と、任期2年の非常任理事国1カ国）

地域	加盟国数	現常任理事国数	提案された準常任理事国数	提案された非常任理事国数	計
アフリカ	53	0	2	4	6
アジア、太平洋	56	1	2	3	6
ヨーロッパ	48	3	2	1	6
アメリカ大陸	35	1	2	3	6
合　計	192	5	8	11	24

面させられた。

現常任理事国の立場は各国の間で極端に対照的であった。どの国も原則として安保理改革に反対しなかったものの、何をいかに改革すべきかとなると、意見がまとまらなかった。フランスは改革を歓迎し、G４を支持した。英国はG４支持と暗に思われたが、討議の期間中、自国のカードを懐にしまい込み、明確な意思表示をしなかった。ロシアとなると本当は現状維持が望ましかった。しかしながら、安保理で自国の地位に影響がない限り、改革の流れには従う気でいた。米国は日本支持を表明する一方で、ドイツの安保理入りには反対をほのめかした。中国はといえば、日本参入への反対を明確にした。〇五年春に発生した反日デモと、中国の国連大使による強硬な声明によって痛烈にその立場を提示したのである。

安保理の枠外で反対の声を上げた加盟国は、ほとんどが地域バランスの配慮を求めたものであった。反対の国々はイタリアを中心として結成されたコンセンサス連合に結集した。その中でパキスタンはインドの常任理事国入りに反対し、メキシコとアルゼンチンはブラジルに、中国と韓国が日本にそれぞれ反対を唱え、それ以外の国々と連携し、運動を進めた。九〇年代初め、安保理拡大の動きに反発した強力な加盟国グループを想起させるかのように、コンセンサス連合はその名が示す通り、安保理のあるべき構成や加盟国数について全体合意を要求した。この立場は、本質的な改革は総会の投票で決定されるべきもので、全体合意を目指す主張は何の行動も起こさないための言いわけに過ぎない、というG４側の見解と鋭く対立した。

【改革運動の結末】　安保理拡大には国連憲章改定が求められるため、総会の投票が不可欠となる。総加盟国一九一のうち、三分の二以上の絶対多数の賛成が必要となる。Ｇ４各国の期待感は〇五年七月末までに、アフリカ諸国が安保理改革をめぐり共通の立場を打ち出せない見通しが明らかになると、一挙にしぼんでしまった。ナイジェリアと南アフリカ（アフリカで常任理事国の最有力候補の二カ国）が、アフリカから二カ国が常任理事国となるのであれば、当面、拒否権なしでも受け入れるとしたのに対し、リビア、アルジェリア、エジプトは拒否権を持つ二カ国がアフリカ代表となるべきだとして譲らなかった。[67]憲章改定にあたり、総会で三分の二以上の絶対多数を得るために必須なアフリカ連合五三カ国の支持がなければ、安保理拡大は実現しようがない。

結果として、〇五年九月の国連世界サミット報告書が言及したように、あらゆる安保理改革プランがずたずたの惨敗に終わった。報告書は安保理の構成をより公正にすべきと指摘しながら、いかに、いつ実現するかには言及していない。[68]

確かに、たとえ国連総会で安保理拡大に多数が賛同したとしても、どのような改定の場合にも憲章の規定通り、加盟各国それぞれの批准が必要となったであろう。[69]加盟国間の合意を欠いた上、さらに重要なことに、中国が日本の常任理事国入りに反対という事実を考慮すれば（憲章改定には全常任理事国の承認が不可欠なため、この点がとりわけ障害となる）、批准プロセスは間違いなく困難を極めたであろうし、新常任理事国の誕生も速やかにはいかなかった可能性がある。それでも、総会での採択は大きな一歩を印したであろう。

今後の展開

国連改革が不調に終わったことを踏まえ、いまや将来に向かうにあたり、日本外交が今後、国際、地域、国内それぞれの位相で、どのような挑戦に直面する可能性が高いのであろうか。

■日本外交、国際秩序、そして多国間主義　国際的位相でいうと、日本が常任理事国となれなかった事実は、国際秩序と多国間主義がいかに進展していくべきかという議論において、日本のみならず、アジア全体の貢献を弱体化させかねない。この議論では米国と欧州が多くの案件で対立し合っている。不一致がありながらも、米欧の主張はもっとも傾聴されているし、しばしば有力な見解となっている。この事態は国際経済の分野（国際貿易と金融を含む）でやや減じるかもしれないが、国際安全保障においては概ね事実である。この現実が九〇年代以降、目覚ましい効果をもたらしてきた。すなわち、人道的な介入や庇護の責任に関した議論や諸政策とは、西側の立場に力点が置かれたもので、他の国々といえば、しばしば西側主要諸国の方針にどう反応するかに腐心してきた。同様の事態が二〇〇〇年代にも対テロ戦争や対イラク戦争で起きた。

むろん、西側の諸大国が最も、こうした諸案件の具体的な処理に関わってきた事実があり、議論や政策立案を当然、先導した。しかし、この道筋に従うのは知的にも政治的にも誤っている。独占までいかなくとも、世界の一部の国々だけで論議や政策立案を担っていくのであれば、グローバルな政治力によって国際秩序を保証するのは難しい。他の国々や組織も討議の座に参加させる必要がある。この観点から、アジアが果たすべき重要な役割がある。稀少なグローバル地域の一つとして、また、これまでも国際秩序に多大な貢献をしてきた地域として、さらに、将来の秩序発展に一段と貢献できる地域として、国際的な安全保障と規範を決定づける諸問題に関し、アジアの主張にもっと耳が傾けられるべきである。

国連安保理の改革を欠く状態で、日本は今後、自国やアジアの声をいかに響かせていけるのだろうか。新たな責任を担い、より大きな役割を果たす位置取りを、どうとっていくのか。この展望において将来、とりわけ興味深い三要点がある。第一、日本がこれまで集中してきた分野、すなわち開発援助や軍縮、人間の安全保障、平和維持活動の補給支援からさらに踏み出し、多国間外交を国際安全保障の領域にまで拡張するのか。第二、伝統的な国家主権中心主義（これは他のアジア各国と共有し合う）から脱却し、庇護の責任を果たす上でもっと積極的な貢献が可能となるのか。第三、国連の内外で米国の傘が強いる制約を超えた活動に乗り出せるのか。

■日本外交とアジア地域安全保障の挑戦

日本が地球規模でより重要な役割を果たせるかどうかは、ある程度、地域の緊張緩和に関し、とりわけ北東アジアで見事な対処ぶりを示せるかにかかっている。これを実現すれば、必ずしも近隣諸国と手を携えて行動しなくとも、それらの国々から猜疑の目を向けられずにすむであろう。理念的にいうと、政治学者の猪口孝氏が指摘するように、日本には極めて低調なアジア地域意識の高揚が求められよう。猪口氏はこういう。「日本がアジア地域的アイデンティティーを育成するには長い道程がある。自国のアジア的属性を国民の一体感の次に重要と回答した日本人は約六〇％にとどまり、韓国人の九六％と対照的だ。中国人の第二のアイデンティティーはより国内の地方志向性を示し、アジアなど国外の広い地域性よりも、国内の福建や四川などへ向かう。中国人はどんな位相であれ、中国と他の地域という図式に固執しがちである」[70]。

より具体的にいえば、地域の安全保障と均衡の点で、日本は朝鮮半島と中国との関係に特別な関心を払い続けねばならないであろう。朝鮮半島に関し、日韓関係は完璧とはいえない。両国とも米国の同盟国なのだが、過去の遺産が依然、韓国人の日本に対する憤怒の源泉となっている。植民地時代と第二次大戦時に受けた傷（侵略と占領、強制労働や従軍慰安婦問題、さらに歴史上の責任を容認したがらない日本側の態度）が、韓国の歴史的な民族主義と競争心にあおられ、韓国政府が日本の常任理事国入りを手放しで受け入れようとしない理由となった。そうした韓国の執念を解きほぐす努力が日本に求められよう。日本と北朝鮮の緊張関係はそれと異なる性質を持ち、その取り組みも解決もはるかに危うく難題である。日朝関係において拉致問題が国民的な中心課題となる一方で、最終的には北朝鮮による安全保障上の脅威──核計画や大量破壊兵器、そして日本全領土を標的にできる運搬手段の開発──が重大な意味を持つ。それゆえ、日本の政策決定者たちは北朝鮮の崩壊、あるいは唐突な半島統一に伴う激震にはるかに大きな関心を払っている[71]。

中国が二一世紀の潜在的な世界大国として登場してくるにつれ、日本を神経質にさせている。両国関係が歴史的に緊張下にあり、また、あり続けている事実を考えれば、ますます神経質にさせる。日中間で戦争犯罪や責任の所在、謝罪それぞれの解釈をめぐり、未解決なことが状況を悪化させている。これは日中関係のこれ以上の劣化を意味するのだろうか。いや、そうとは思えない。確かに、日中間のライバル意識は両国関係の極めて重要な側面を成していくであろう。結果として、両国関係は強いストレスにさらされ続けよう。そうであっても、両国の緊張が高まって大きな危機の潜在因子となることに双方は何の利益も見出していない。中国には引き続き、国内の経済発展を成し遂げる長くて遠い道が待ちうける。その資産や関心を他へ振り向けたり、対日関係で紛争を誘発させるような余裕はない。さらに、高い水準にある日本の対中経済投資と、輸出拡大を中国市場に多く依存している現実が、両国の相互依存関係を形成し、そのこと自体が相互協力への誘因となっている。もっといえば、軍縮など国際領域のいくつかの課題で日中両国は共通基盤を見出し得るし、日本が真剣に公正な大義を追求していると判断すれば、中国は大きな支援を提供する可能性もある。[72]

現状では、台湾に関し、日本が米国と同調し過ぎると、中国の忍耐力が試されることになるのも事実であろう。しかし、その場合、事態は日中関係よりも、米中関係と日米関係の問題ということになる。この点で、日米の友好関係が日本外交の中核に位置し続けるとしても、あまりに過重な対米偏向につながってはならない。あるいは、別な言い方をすれば、日本にとって地域的な安全保障上の要請と、一般的な対米連繫とがぴったりと一致すべきではないことになる。対米偏重によって地域的な抑止力を実現しようとすれば、グローバルな位相では日本の信頼性を損なうことになりかねない。

▩日本外交と国家の政治形態

日本は現行憲法下で国際社会へさらに大きな貢献を果たし得るのだろうか。〇一年四月に就任した小泉首相は、憲法改正（とくに第九条改正）を支持できるとしてきた。しかも、改憲の可能性は国会でますます高まっている。[73] さらに〇五年一一月二二日、自由民主党の結党五〇周年式典の際、小泉首相が党の憲法改正案を提出し、改憲気運を高めた。[74] 〇五年総選挙で大勝し、国会における首相の強固な基盤が説得力をさらに強化した。

にもかかわらず、日本の世論が改憲問題でどこへ向かうのかはっきりしない。[75] 確かに、世論調査によれば、日本国民の過半数は九条改正を支持し、自衛隊が国際的な平和維持活動でより大きな役割を担い、それ以外の責任も引き受けるよう望んでいる。しかし、過去一五年、日本の世論が目覚ましい形で国際的関与の積極支持へと傾斜してきたとはいえ、それを憲法改正がすんなり進行する兆候とはみなしにくい。平和維持活動への参加を可能とする立法の導入と、過去半世紀、国民的アイデンティティーの一つの礎を形成してきた憲法条文の改定とはまったく異なるものであるからだ。さらにまた、国際的な賛同という側面がある。米国の控えめな側面支援とともに、新たな国際的状況の対応にまつわる必要性も一助となろう。これはしかし、近隣諸国、とりわけ中国が改憲を問題視しないというわけではない。

Ⅳ　結　論

本書を通して国際的な連帯と責任のもつ意義が、いかにして国際社会の歴史において、それも国連の枠組みにあってさえ、末端に置かれ続けてきたかを見てきた。その一方で、国際安全保障と国際的連帯の連結が必要ということも確認してきた。確かに、法治の原則を順守する先進諸国において、国内レベルで可能であったことを国際的位相で実現するのは、ひとえに国際社会における国内志向性の強さゆえに、より困難なものとなる。それでも、国際安全保障の確保には究極的にすべての人々の権利保護が要求され、結果として伝統的な理解に基づく安全保障と同様に、連帯に戦略性を高めることがグローバルな位相で起きてきている以上、困難だからといって試みを阻害してはならない。

日本はODAを通じ、さらに最近では人間の安全保障に関与することで、人的開発に大きな投資を行ってきた。それを国連やそれ以外の領域でも外交上の一つの主要手段としてきた。こうして日本は経験を積み上げ、途上国がそこから利益を得るべく最善を尽くしてきている。これこそ、将来も日本が大きく貢献できる分野である。とりわけ、国際平和と安全保障の希求のために、国連の枠組みの内外を問わず、外交政策の軍事面強化と武力行使への依存よりも、より効率の高い開発政策を実施することによって危機予防に力点を置くべきだと主張しつつ、その考えに基づいて行動すれば、日本はさらに貢献していけるであろう。日本は、こうした道筋に沿って安全かつ一段と公正な世界の実現に向けて貢献できる、またとない位置にあるのだ。

謝辞

この書を執筆するにあたり、国連のシンクタンクであり、東京の本部とともに、世界中に研究研修センター一〇カ所を有する国連大学が極めて重要な役目を果たしてくれた。大学の「平和とガバナンス（統治）研究プログラム」（東京の大学本部が拠点）は、国連という交差点に集中する国際安全保障、国際法、人権、グローバル・ガバナンスといった地球規模の諸問題に焦点をあてるもので、この書の議論で中心に置かれる数々の理念を検証し、分析する上で理想的な枠組みを提供してくれた。国連大学の上級学術研究員として東京に滞在した年月と、ブトロス・ブトロスガリ国連事務総長のスピーチ・ライター担当補佐官の一員として得た経験のおかげで、一九九〇年代の出来事を系統的に考察することが可能となった。これはまた、多国間主義や国際システムの進展、そして冷戦終焉後、国際的に衆目を集めてきたいくつかの問題点に関し、学術的な理解をより深める上で助けとなってくれた。さらに、平和とガバナンス研究プログラムをともに担当した国連大学の同僚たち、とりわけ同プログラム担当主幹のラメシュ・タクール国連大学上級副学長や、アルブレヒト・シュナベル、エドワード・ニューマン両博士と重ねてきた意見交換を通じ、国連とは何について、いかにあるべきなのか理解を深められた。彼らに心より感謝申し上げたい。

併せて日本外交と、その対国連および多国間主義との関係について理解を助けてくれた日本の友人や同僚たちに感謝したい。彼らの意見や指摘が、とくに第七章で貴重なものとなった。中でも青井千由紀、河野勉、猪口孝、玉本偉、堤林剣、内田猛男の皆さんに感謝する。また日本語訳を担当してくれた池村俊郎、駒木克彦両氏にも心からお礼申しあげる。

ニューヨークではエレーヌ・ガンドワ、ジベック・ヨンソン両氏から原稿の最終段階で助けをいただいた。両人のコメントと支援のおかげで原稿の内容を向上させることができた。

最後に、出版を承諾して下さった藤原書店の藤原良雄社長に感謝したい。私が自らの研究で追求している考えに藤原社長が興味を抱いてくれ、その関心が年月をかけて一つの対話へと発展した。その対話を通じ、広く世界にばかりか、日本にも関係する諸問題について大いに学ぶものがあり、いまもまた、学び続けている。

この書で披瀝した見解や見方はすべて私個人のものであり、必ずしも所属する機構、すなわち国連大学の見解を反映するものではないと、ご理解いただきたい。

ジャン＝マルク・クワコウ

ている（第177節）。

（69）国連憲章第18章第108，109条。

（70）猪口孝，"The Asia Barometer:Its Aim, Its Scope, Its Strength", Japanese Journal of Political Science（Cambridge, Cambridge University Press, volume 5, issue 1,2004），p.194. 第二次大戦後，ドイツとフランスが過去の対立を克服できたのはある程度，欧州建設という計画があったためである。北東アジアでは，各国を互いに近接させ，和解の文化を醸成してくれる協調の枠組みから利益享受できない。

（71）"Japan and North Korea : Bones of Contention", Asia Report No 100（Seoul/Brussels, International Crises Group, June 27,2005），p.6.

（72）猪口孝，"How Japan Can Help Build a World Without a War", JapanEcho（Tokyo, February 2005），p.51.

（73）Paul R. Daniels, Beyond "Better than Ever", Japanese Independence and the Future of US-Japan Relations, IIPS Policy Paper 308E（Tokyo, Institute for International Policy Studies, July 2004），p.18-20.

（74）自民党の新憲法起草委員会が提示した憲法改正草案は，戦争の放棄をうたった第9条の第2項改正を視野に入れており，自衛隊という形ですでに保持するものを名実ともに軍隊として容認する。

（75）同上。

を検討すべきである」。

(56) J. Sean Curtin, "Japan's "Fortress of Solitude" in Iraq-plus Karaoke", AsiaTimes online (February 19,2004).

(57) Gavan McCormack, "Koizumi's Japan in Bush's World : After 9/11", ZNET, October 7,2004.

(58)「正当性を利用しようとする者は，自ら正当性を具現化しなければならない。すなわち，国際法に訴える者は，自らそれに従わなければならない」04年9月21日，国連総会でのアナン事務総長演説。

(59) 国連安保理改革――なぜ日本は常任理事国にならなければならないか。(05年3月，外務省)。次の諸節で，この外務省文書を広範に参考としている。このほか，北岡伸一，"Japan and the United Nations : Past and Present", Asian Voices : Promoting Dialogue Between the US and Asia, Seminar Program 2004-2005, The Sasakawa Peace Foundation USA, June 22,2004, www.spfusa.org.

(60) 同上。

(61) 同上。

(62) In Larger Freedom : Towards Development, Security, and Human Rights for All. Report of the Secretary-General (New York, The United Nations, A/59/2005/, March 21,2005). この報告書は一部，脅威・挑戦・変革に関するハイレベル委員会の作業に基づく。この委員会はアナン事務総長の助言機関として機能し，04年12月に報告書を発表した。A More Secure World : Our Shared Responsibility.

(63) 同上，第169節，p.42.

(64) 同上，第170節，p.43.

(65) 同上，第170節，p.43.

(66) 同上，第170節，p.43.

(67) 最終的に，リビアとエジプト，アルジェリアは，他のアフリカ諸国が安保理常任理事国メンバーとして優位な立場に立つよりも，アフリカとして常任理事国の座を得ないままでいる方が好ましいと考えたといわれる。

(68)「われわれは，安保理の早期改革――国連改革全体の重要な一つの要点――を支持する。安保理はこれにより，さらに広範な代表性，効率，透明性を確保でき，その一段の有効性と，決定の正当性，履行を推進できるようになる。われわれは，この目的に向けて一つの決定を成し遂げられるよう努力継続を誓い，総会に対して05年末までに，前述された改革の進展状況を検討するよう求める」。paragraph 153, Resolution adopted by the General Assembly, 2005 World Summit Outcome, A/RES/60/1, New York, United Nations, October 24,2005. より前向きな声明として国連世界サミット文書があり，国際社会が「国連憲章第53，77，107の各条にある『旧敵国条項』削除の決意」に言及し

cember 1,2004). 人間の安全保障の概念および議論の状況を俯瞰するには, Edward Newman, "Human Security and constructivism", International Studies Perspectives (Malden, MA : Blackwell Publishers, volume 2, issue 3,2001).

(45) 04年外交青書, p.185. その後, 01年1月, 日本政府のイニシアチブで人間の安全保障委員会が設立された。03年5月に委員会報告書が提出され, 直接かつ特定した人々に焦点を当て, 新たな安全保障の枠組みを提示した。Human Security Now, New York, Commission in Human Security, 2003.

(46) ここでは, Ishizuka Katsumi 氏の分析に従うことにする。"Japan and UN Peace Operations", Japanese Journal of Political Science (Cambridge, Cambridge University Press, volume 5, number 1, May 2004), p.143.

(47) 同上, p.145.

(48) 同上, p.145.

(49) Japan's Assistance to Iraq (Fact Sheet), 05年6月9日現在, 日本政府。

(50) Ishizuka Katsumi, "Japan and UN Peace Operations", Japanese Journal of Political Science (Cambridge, Cambridge University Press, volume 5, number 1, May 2004), p.151.

(51) Gavan McCormack, "Koizumi's Japan in Bush's World : After 9/11", ZNET, October 7,2004.

(52) 同上。日本の外交およびイラク政策についてはこのほか, 青井千由紀, 横田洋三両氏の "Avoiding A Strategic Failure in the Aftermath of the Iraq War : Partnership in Peacebuilding", Ramesh Thakur and W. P. S. Sidhu (eds.), The Iraq Crisis and World Order. Volume 1 : Structural and Normative Challenges (Tokyo-New York-Paris, United Nations University Press, November 2006).

(53) 須永和男 "The Reshaping of Japan's Official Development Assistance (ODA) Charter", Discussion Paper on Development Assistance (Tokyo, Foundation for Advanced Studies on International Development (FASID), number 3, November 2004), p.4.

(54) Japan. Development Assistance Committee, OECD, Paris, 2004, p.75.

(55) 04年5月4日, 第58回国連総会第5委員会での小沢俊朗大使の声明「国連平和維持活動への出資に関する行政および予算上の側面」。この声明で, 小沢大使は, 国連平和維持活動のコスト上昇はPKOが真に有益であるだけに, ますます重要な問題と強調した。この活動を保証するために, 大使は次の四点を勧告した。すなわち, 「第一に安保理が平和維持ミッション実施を決定する際, 出口戦略も設定すべきであること。第二に, 平和維持活動の緊急展開で得られた教訓は, 総括・保管の上, 徹底した分析を施すべきである。第三に, 平和維持任務の創設と展開に重要な役割を担う国連事務局の改革推進を精力的に継続すべきである。最後に, 平和維持活動費の合理的な払い戻し者間で停戦合意がなされていること②平和維持活動の実施対象となる地域の当事国および紛争当事者が，平和維持部隊および日本の活動参加に同意していること③平和維持部隊はいずれの紛争当事者にも偏ることなく，厳格な公平性を維持すること④上記の指針が満たせなくなった場合，日本政府は部隊を撤収する⑤武器使用は隊員の生命防衛のための必要最小限度に制限される――。これらの点について，Ishizuka Katsumi, "Japan and UN Peace Operations", Japanese Journal of Political Science（Cambridge, Cambridge University Press, volume 5, number 1, May 2004），and L. William Heinrich, "Historical Background", in L. William Heinrich, Jr., Akiko Shibata, 添谷芳秀, United Nations Peace-keeping Operations : A Guide to Japanese Policies（Tokyo-New York-Paris, United Nations University Press, 1999），p.20-21.

(35) 97年外交青書（外務省，1997年）。

(36) Agnese Kornejeva, Japan's Policy Toward Participation in United Nations Peace-keeping Operations and Other overseas Operations, Master's Phesis（Nigata, Nigata University, Faculty of law, Department of Political and Legal Communications, January 9,2004），p.40.

(37) UNAMIRの枠で，自衛隊がルワンダではなく隣接するザイールとタンザニアに派遣されたのは，ルワンダで停戦合意が成立しておらず，その地での展開が5原則に抵触するとみられるからであった。

(38) 日本の国連平和維持活動参加に関し，国際平和協力法が課した活動上の制約に関する分析は，Ishizuka Katsumi, "Japan and UN Peace Operations", Japanese Journal of Political Science（Cambridge, Cambridge University Press, volume 5, number 1, May 2004），p.146-149を参照のこと。

(39) 国際平和協力法に基づく日本の国際平和協力活動実績。

(40) この問題について，須永和男"The Reshaping of Japan's Official Development Assistance（ODA）Charter", Discussion Paper on Development Assistance（Tokyo, Foundation for Advanced Studies on International Development（FASID），number 3, November 2004），とくにp.8-12参照。

(41) 大野泉, "Japan's ODA at a Crossroads : Striving for a New Vision", Japan Economic Currents,（経済広報センター，日本社会経済問題研究所，03年4月）p.5.

(42) Japan. Development Assistance Committee, OECD, Paris, 2004, p.75.

(43) Japan's Official Development Assistance. Accomplishment and Progress of 50 Years（日本外務省編，05年3月31日），p.12.

(44) 日本の外交政策に「人間の安全保障」が登場する背景分析は，添谷芳秀氏, "Redefining Japan's Security Profile:International Security, Human Security, and an East Asian Community", Institute for Policy Studies（Tokyo, November 30-De-

る。「2003年日本のエネルギー」（省エネセンター）

(23) 05年度防衛計画大綱，3頁。

(24) 玉本偉, "The Uncertainty of the Self : Japan at century's end", World Policy Journal（Albany, NY, Q Corporation, volume 16, issue 2 summer 1999），大江健三郎氏のノーベル文学賞受賞記念講演「あいまいな日本の私」参照。

(25) Walter Lafeber, The Clash. US-Japanese Relations throughout History（New York, Norton, 1998），chapter 2

(26) 最近の記事でアラン・デュポンは，米国民のうち日本に親近感を抱いているのは10％にも満たないことを指摘した。"The schizophrenic Power" The National Interest（Shrub Oak, NY, Transactions Publishers, issue 79, spring 2005）.

(27) Steven J. Heine, Darrin R. Lehman, Hazel Rose Markus, キタヤマ・シノブ, "Is there a Universal Need for Positive Self-Regard ?", Psychological Review（Washington, DC, American Psychological Association, volume 106 number 4, October 1999）.

(28) 日本人の精神構造（日本人論）の問題と，その精神構造が日本の外交政策にどこまで影響を及ぼすかは議論の的である。明確な因果関係がないため，一定の解釈がないままとなっている。同時に，その問題は日本を考察する上で非常に重要であり，言及しないわけにはいかない。無論，社会心理学的影響が日本外交および国際関係全般にどのように作用するかについて，よりよく理解するためには一段と深い分析が必要になる。ここでは，私は堤林剣氏の意見に従う。

(29) 比類のない専門的信頼性が，この状況のもう一つの表現として考えられる。

(30) Richard J. Samuels, "Rich Nation, Strong Army":National Security and the Technological Transformation of Japan（Ithaca, NY, Cornell University Press, 1994）.

(31) 日本の湾岸戦争対応に関する興味深い説明について，猪口孝氏の "Japan's Response to the Gulf Crisis : An Analytic Overview", Journal of Japanese Studies（Seattle, WA, The Society of Japanese Studies, volume 17, number 2, summer 1991. 参照。

(32) Ishizuka Katsumi, "Japan and UN Peace Operations", Japanese Journal of Political Science（Cambridge, Cambridge University Press, volume 5, number 1, May 2004），p.139.

(33) Japan's Official Development Assistance. Accomplishment and Progress of 50 Years（日本外務省編，05年3月31日），p.12.

(34) 国際平和協力法（国際連合平和維持活動等に対する協力に関する法律）では自衛隊の海外派遣の場合，国会承認を必要とした。また，日本の自衛隊が平和維持活動に参加する場合，次のいわゆる「5原則」を規定。①紛争当事

it (Westport, CT, Praeger Publishers, 2002).

(11) 特に第3章を参照。

(12) 吉田ドクトリンに関しては，John W. Dower, Empire and Aftermath. Yoshida Shigeru and the Japanese Experience 1878-1954 (Cambridge, Harvard University Press, 1988), chapter 10.

(13) 次節を参照。

(14)「日本国民は，正義と秩序を基調とする国際平和を誠実に希求し，国権の発動たる戦争と，武力による威嚇，又は武力の行使は，国際紛争を解決する手段としては，永久にこれを放棄する。②前項の目的を達成するため，陸海空軍その他の戦力は，これを保持しない。国の交戦権は，これを認めない。」(日本国憲法第9条，46年11月3日)。

(15) 緒方貞子 "The Changing Role of Japan in the United Nations" Journal of International Affairs (New York : Columbia University, School of International and Public Affairs, volume 37, issue 1, summer 1983), p.38 and 40.

(16) L. William Heinrich, "Historical Background", in L. William Heinrich, Jr., Akiko Shibata, 添谷芳秀, United Nations Peace-keeping Operations:A Guide to Japanese Policies (Tokyo-New York-Paris, United Nations University Press, 1999), p.7-23.

(17) Ashizawa Kuniko Japan's Approach Toward Asian Regional Security:From "Hub-and-spoke" Bilateralism to "Multi-tiered", in The Pacific Review, London, Routledge, Volume 16, Number 3,2003, p.374. Peter J. Katzenstein and Okawara Nobuo "Japan's national Security : Structures, Norms, and Policies", in International Security, Cambridge, MIT Press, Volume 17, Number 4, Spring 1993, p.103, and Richard J. Samuels, "constitutional Revision in Japan : the Future of Article 9", Paper presented at the Center for Northeast Asian Policy Studies (Washington, DC, The Brookings Institution, December 15,2004).

(18) John W. Dower, Empire and Aftermath. Yoshida Shigeru and the Japanese Experience 1878-1954 (Cambridge, Harvard University Press, 1988), chapter 11.

(19) Peter J. Katzenstein and Okawara Nobuo "Japan's national Security : Structures, Norms, and Policies", in International Security, Cambridge, MIT Press, Volume 17, Number 4, Spring 1993, p.98.

(20) 日本と国連，多国間主義の関係史については，Ronald Dore, Japan, Internationalism and the UN (London, Routledge, 1997)。

(21) 02年，日本の主要エネルギーにおける輸入化石燃料の占める割合は80％以上に達した。うち石油49.7％，石炭18.9％，天然ガス12.7％。データは Country Analysis briefs, Official energy statistics from the US government, August 2004.

(22) 天然ガスと原子力発電に使用されるウランはともに，海外から輸入され

第7章　日本外交と国連

（1）私以上に日本の外交政策に精通した友人や同僚たちの助言，指摘のおかげで，この章の内容がさほど的外れではないと確信している。青井千由紀，フランソワ・ダルタニャン，河野勉，猪口孝，須永和男，玉本偉，堤林剣，内田猛男の各氏に謝意を表明する。また，エレーヌ・ガンドワ，エドゥアール・ド・エレノ，フラミニア・リリ，ジャンマリ・シュヌーの各氏はこの章に関する補足調査を担当してくれた。ジベック・ヨンソンは事実関係と統計数字の調査を助けてくれ，主張をできるだけ明確なものにしてくれた。この章で誤りがあるならば，すべて著者の責任である。

（2）Michael J. Green, Japan's reluctant Realism. Foreign Policy Challenges in an Era of Uncertain Power, A Council on Foreign Relations Book（New York, Palgrave, 2003），p.200-207. この問題について，さらに Reinhard Drifte, Japan's Quest for a Permanent Security Council Seat. A Matter of Pride or Justice ?（London, St Martin's Press, 2000）参照。

（3）Margaret MacMillan, Paris 1919. Six Months that Changed the World（New York, Random House, 2003），p.306-321.

（4）敵国条項（日本とドイツ両国に適用）が95年に国連総会決議で「時代遅れ」とすでに宣言されたにもかかわらず，削除されることなく，国連憲章に存在する。日本はこの点を強く問題視し，条項の削除を求めてきた。

（5）05年度防衛計画大綱，3頁。04年12月10日，安全保障会議と閣議で承認。

（6）松浦晃一郎氏は「国連の通常予算に占める日本の分担割合は着実に増加し続け，98年17.98％だったものが，99年には19.98％，2000年には20.57％に拡大した。同時に，日本は今や国連のほとんどの専門機関に対する財政貢献で1位あるいは2位となっており，99年にユネスコ予算の25％——一国の財政負担上限——を負担した。国連工業開発機関（UNIDO）の予算に占める割合は22.15％，国連食糧農業機関（FAO）20.23％，国際労働機関（ILO）19.68％，WHO19.67％，国際民間航空機関（ICAO）15.37％，世界気象機関（WMO）15.17％となっている。「国連専門機関の再活性化」（『日本国際問題研究レビュー』vol. 13，No 2. 日本国際問題研究所刊99年夏，東京）。

（7）この問題について，Christopher W. Hughes, Japan's Re-emergence as a "normal" Military Power, Adelphi Paper 368-369, The International Institute for Strategic Studies（Philadelphia, PA, Taylor & Francis, 2004），p.29 参照。

（8）官房長官声明（04年12月10日）。

（9）同上。

（10）同上。04年版外交青書，p.136-137を参照のこと。日米安保同盟に関しては，Ted Osius, The US-Japan Security Alliance. Why it Matters and How to Strengthen

基金，諸々のプログラム――主に国連開発計画，世界食糧計画，国連児童基金，国連人口基金――が年間約65億ドルを開発のための諸活動，つまり最貧国に対する経済，社会，人道支援といった諸活動に投じている。加えて，世界銀行，IMF，IFAD が年数十億ドルを貧困撲滅，開発促進，世界経済安定のための借款に提供している。国連支出を各国政府やその他の機関などと比べると――欧州連合15カ国の行政予算は約45億ドル，米国で最小予算の二州――ワイオミング，サウスダコタ州――の予算が各20億ドル以上。天然痘やポリオを含む疾病の発生を世界規模で減少，撲滅してきた世界保健機関（WHO）の年間予算は4億2100万ドルで，これはアメリカン航空の新ビルやテキサス州ダラスのバスケットボールやアイスホッケー施設建設費とほぼ同じ。チューリヒ市の年間予算31億ドル，東京消防庁の予算18億ドル，ミネソタ大学19億ドル，ニューヨーク市教育委員会の01年予算124億ドル。また，世界の軍事予算――年約8000億ドル――は，国連の機構全体を65年以上にわたって賄える額となる。（これらの数字については，"Is the United Nations Good Value for the Money ?", in Questions and Answers, Images and Reality（chapter 5），http://www.un.org/geninfo/ir/ch5/ch5.htm 参照のこと。

（14） この信念は表明された上，矛盾しつつも相互補完し合う感情によって強化されている。この点でいえば，優越性や権利の感覚とか，偏執病ではないものの恒常的な不安や自己陶酔，正義感がリベラルな愛国主義やナショナリズムと帯同して高揚していく。その結果，国益を強迫観念に近いまでに米外交の判断基準とさせている。

（15） 民主主義的価値観における本質と手続きの連関性については，Charles Taylor, "Le juste et le bien", in Revue de métaphysique et de morale（Paris, A. Colin, January-March 1988, no.1, translated from the English by P. Constantineau）を参照のこと。

（16） これに関しては，ジャン＝マルク・クワコウ著『政治的正当性とは何か』（藤原書店，2000年）なども参照のこと。

（17） 明確な展望がなければ，決然たる行動をとる上で困難を来たすのは明白である。

（18） さまざまな思惑にもかかわらず，イラク侵攻が中東の民主化に与える影響について，いかなる本質的な結論を導き出すのも依然として時期尚早といえる。レーガン大統領が欧州の統一および民主化に与えたかもしれない影響と，中東におけるブッシュ政権の影響について，どのような類似性があるか不確定なままである。

（19） どの目的を追求すべきかをめぐっては最低限の躊躇と苦悶しか存在しない。合意された目的の達成に向けて，どの手段を選択するかに議論の焦点はあてられる。

行動奨励の特徴となる。

(5) 諸国家の権利に関する資格性（条件性）が，上述した諸権利あるいは国家そのものの清算や消滅を主張するわけではない。国民国家は当分の間，国際社会の礎石であり，かつ国際社会を社会化する試みの場として存在し続けよう。国民国家の権利はそれゆえ，持続していく価値観を構成し，国際社会および国際的正当性，権利付与を社会化していくカギの一つとなる。それにもかかわらず，もはや，国民国家の存在と共存に必要な基本的要件が国際的な社会化に向けた唯一の支柱ではなくなったことにより，諸国家の権利に付随した条件性が国内および諸国家間において，民主主義的な正当性と権利付与の持つ衝撃度を深めている。

(6) 一般的な武力行使の正当性を示す五つの基準（国益あるいは共有する人間性に基づいた理由のいずれか）について，Gareth Evans, "When is it Right to Fight ?", in Survival（London, The International Institute for Strategic Studies, Oxford University Press, vol. 46, no.3, Autumn 2004）:seriousness of threat;proper purpose ; last resort ; proportional means ; balance of consequences（p.75 for the list of the criteria）. A More Secure World : Our Shared Responsibility. Report of the High-Level Panel on Threats, Challenges and Change（op. cit.）.

(7) Report of the Panel on United Nations Peace Operations（New York, the United Nations, S/2000/809,21 August 2000）, Implementation of the report of the Panel on United Nations peace operations. Report of the Advisory Committee on Administrative and Budgetary Questions（A/55/676, December 8,2000）, the Remarks of Jean-Marie Guéhenno, Under-Secretary-General for Peacekeeping Operations,（New York, the United Nations, Fourth Committee of the General Assembly, October 25,2004）.

(8) Remarks of Jean-Marie Guéhenno, Under-Secretary-General for Peacekeeping Operations,（op. cit.）.

(9) 同上。

(10) 同上。

(11) 同上。

(12) これらの数字について "Who Works are the United Nations ?" in Questions and Answers, Images and Reality（chapter 6）を参照のこと。

(13) 国連事務局の通常予算は年間約13億ドル。国連の活動や人件費，基本インフラに充てられるが，平和維持活動については別会計となっている。国連の歳出は全体で年間約120億ドルで，これには国連，国連平和維持活動，プログラムや基金，専門機関の活動が含まれるが，世界銀行や国際通貨基金（IMF），国際農業開発基金（IFAD）は除外されている。この歳出額の約半分が加盟国の任意拠出で，残りは加盟国の分担金から賄われる。国連と諸機関，条約の適用について，02年1月25日のブッシュ大統領に対するゴンザレス法律担当大統領顧問覚書を参照。この覚書の中で大統領顧問は，テロとの戦いは「敵の捕虜尋問に厳格な制限を課したジュネーブ条約の規定を時代遅れのものとした」と指摘している。以下のサイトで閲覧可能。
http://www.americanprogress.org/site/pp.aspéc=biJRJ8OVF&b=246536.
このほか，“Shameful Revelations Will Haunt Bush”, The Economist（London, 18 June 2004）, Beyond Torture. U. S. Violations of Occupation Law in Iraq. A Report by the Center for Economic and Social Rights（Brooklyn, N. Y., June 2004）, http://cesr. org/node/view/227 , Seymour M. Hersh, Chain of Command : The Road from 9/11 to Abu Ghraib（New York, HarperCollins Publisher, 2004）, chapter 1も参照。

(42) Christian Reus-Smit, American Power and World Order（Cambridge, Polity Press, 2004）, p.55-67.

(43) A More Secure World: Our Shared Responsibility. Report of the High-Level Panel on Threats, Challenges and Change（op. cit.）この報告書は，過去数年間の国際情勢で生じた変化を取り込み，組織の適応力を強化しないまでも，維持していこうとする国連の努力の一環を成す。

(44) Thomas M. Franck, “The Role of International Law and the United Nations After Iraq”, in The American Society of International Law（Washington D.C., April 2,2004）.

(45) Francis Fukuyama, “The Neoconservative Moment”, in The National Interest（Shrub Oak, N. Y., Issue 76, Summer 2004）.

第6章　国際的な法の統治へ向けて

(1) すべての人々の権利が承認されることにより，保全された安全という脈絡における「精神の平穏」について，Montesquieu, The Spirit of the Laws（Cambridge, Cambridge University Press, 1989, translated by Anne M. Cohler, Basia C. Miller, and Harold Stone, 2004, reprint）, p.157.

(2) Jean Jacques Rousseau, The Social Contract, or Principles of Political Right, translated by Maurice Cranston,（London, Penguin Books, 1968）, Book I, chapter 3.

(3) これらの原則の個々の詳細な分析については，Antonio Cassese, International Law in a Divided World（Oxford, Clarendon Press, 1994, reed.）, p.129-157. Michel Virally, Le droit international en devenir:Essais écrits au fil des ans（Geneva, Presses Universitaires de France, 1990）, p.206-212, Hedley Bull, The Anarchical Society : A Study of Order in World Politics（New York, Columbia University Press, 1995, reed.）, p.65-68. などを参照。

(4) さらに，テロリズム（対応を必要とする危険性）の持つ波及力が恒常的な警戒と介入準備を求めるために，多かれ少なかれ潜在的に永続的となるのが戦略の興味深い評価や，イラクで不足しているものについて述べている。

(31) これらの数字については，Michael E. O'Hanlon and Adriana Lins de Albuquerque, Iraq Index: Tracking Variables of Reconstruction & Security in Post-Saddam Iraq (op. cit.), p.21.

(32) Reconstructing Iraq (op. cit.), p.24-26.

(33) 04年を通じ，フランスとドイツはNATOの枠内であってもイラク派兵反対の立場を頑なに堅持した。Jackie Calmes, "Chirac Reaffirms No Wider Role for NATO in Iraq; Bush, Blair Are Rebuffed In Spite of Their Victory A Day Earlier at the UN", Wall Street Journal (New York, June 10,2004), Richard Bernstein and Mark Landler, "German Leader to Oppose Sending NATO Troops to Iraq", The New York Times (New York, May 21,2004).

(34) John Hamre, Frederick Barton, Bathsheba Crocker, Johanna Mendelson-Forman, Robert Orr, Iraq's Post-Conflict Reconstruction : A Field Review and Recommendations (Washington D. C., Center for Strategic and International Studies, July 17,2003), p.3.

(35) Graham Day and Christopher Freeman, "Policekeeping is the Key : Rebuilding the Internal Security Architecture of Postwar Iraq", in International Affairs (Oxford, Blackwell Publishing, volume 79, no.2, March 2003), p.299-313.

(36) イラク・バグダッドの国連事務所で8月19日に発生した爆破テロで，デメロ特別代表を含む22人が死亡したが，国連もテロ攻撃から免れないことを示す事件となった。

(37) 国連施設に対する攻撃防御，国連職員保護への国連の怠慢さについて，Report of the Independent Panel on the Safety and Security of UN Personnel in Iraq, (New York, United Nations, October 2003) を参照のこと。

(38) 安保理決議1546，S/RES/1546, June 8,2004参照。

(39) イラク占領軍に対する住民の声に関して，Michael E. O'Hanlon and Adriana Lins de Albuquerque, Iraq Inde : Tracking Variables of Reconstruction & Security in Post-Saddam Iraq (op. cit.), p.38. 米国に対する国際世論については，A Year After Iraq War : Mistrust of America in Europe Ever Higher, Muslim Anger Persists, A nine-country-survey (Washington, D. C., Pew Research Center for the People & and the Press, March 16,2004) などを参照。

(40) 04年6月，米国の同時テロ調査のため設置された9.11委員会が，国際テロ組織アルカイダとフセイン・イラク政権とのつながりは証明されないと報告した。The 9/11 Commission Report, (Washington, D. C., National Commission on Terrorist Attacks Upon the United States, July 2,2004), http://www.9-11commission.gov/report/911Report.pdf.

(41) 対アルカイダとタリバンとの戦闘で拘束された捕虜に対するジュネーブ

よる活動調整を図る責任者として事務総長特別代表の任命を求めた。同年6月2日，セルジオ・デメロ氏が特別代表に就任。8月14日，安保理は事務総長と特別代表の作業支援を目的とした国連支援団（UNAMI）を発足させる決議1500を採択した。

(20) Michael E. O'Hanlon and Adriana Lins de Albuquerque, Iraq Index : Tracking Variables of Reconstruction & Security in Post-Saddam Iraq（Washington, D. C., The Brookings Institution, October 4,2004）, p.15, http://www.brookings.edu/fp/saban/iraq/index.pdf .

(21) Michael E. O'Hanlon and Adriana Lins de Albuquerque, Iraq Index : Tracking Variables of Reconstruction & Security in Post-Saddam Iraq（op. cit.）, p.12.

(22) Dexter Filkins, "One by One, Iraqi Cities Become No-Go-Zones", The New York Times（New York, September 5,2004）.

(23) 9月の有志連合国軍に対する攻撃に関しては，Howard Fineman, Richard Wolffe and Tamara Lipper, "90 Minutes Later, a New Race", Newsweek（New York, October 11,2004）, p.28.

(24) 米国はイラクに約15万人の部隊を展開。英国は1万2000人。この他の多国籍軍のうち，1000人以上を派遣したのは，ポーランド，スペイン，ウクライナ，オランダのみ。デンマークとイタリアは数百人規模。マケドニア，ラトビア，ニカラグア，アゼルバイジャンなども派兵したが，その軍事能力は不明。この点について，Peter Ford, "Stretched in Iraq, US May Return to UN", The Christian Science Monitor（Boston, MA, July 18,2003）. なお湾岸戦争の際は，8か国が1万人以上の部隊を派遣していた。

(25) See Michael E. O'Hanlon and Adriana Lins de Albuquerque, Iraq Index:Tracking Variables of Reconstruction & Security in Post-Saddam Iraq（op. cit.）, p.13-14.

(26) Jonathan Weisman, "Iraq Cost Could Mount to $ 100 Billion", Washington Post（Washington D. C., July 13,2003）. Marina S. Ottaway, "One Country, Two Plans", in Foreign Policy（Washington D. C., Carnegie Endowment for International Peace, July/August 2003）, p.58.

(27) Iraq Coalition Casualty Count, http : //icasualties. org/oif/参照。03年のイラク侵攻に伴う一般住民の犠牲者数に関して，英ランセット誌は04年11月，10万人に迫ると推定した。The Lancet（Oxford, volume 364, November 20,2004）, p.1857.

(28) 数字については，Reconstructing Iraq（Amman/Baghdad/Brussels, International Crisis Group, September 2,2004）, p.2.

(29) Interim Strategy Note of the World Bank Group for Iraq（Washington D. C., World Bank, January 14,2004）, p.8.

(30) Reconstructing Iraq（op. cit.）, p.2参照。この報告では，米国のイラク復興

チャード・ハースは米国民に対して，「伝統的な一国民国家から帝国的な力を有する国家になった我が国のグローバルな役割を改めて理解し直す」ことを求めるまでになった。. Richard Haass, "Imperial America", paper presented at the Atlanta Conference（November 11,2000）, www.brook.edu/views/articles/haass/2000imperial.htm.

（10）George W. Bush, The President's State of the Union Address（January 29,2002）, http://www.whitehouse.gov/news/releases/2002/01/20020129-11.html.
David Frum, The Right Man : The Surprise Presidency of George W. Bush（An Inside Account）（New York, Ramdom House, 2003）, chapter 10,12 も参照のこと。

（11）新保守主義者とブッシュ外交に及ぼす影響については,"The Shadow Men", The Economist（London, April 26-May 2,2003）, p.27-29 を参照のこと。

（12）コリン・パウエル氏と，その多極主義に関する見解については，Bill Keller, "The World According to Powell", The New York Times Magazine（New York, November 25,2001）参照。

（13）国連総会での大統領演説（New York, September 12,2002）, http://www.whitehouse.gov/news/releases/2002/09/print/2002912-1.html.

（14）安保理決議1441，第13節, SE/RES/1441, November 8,2002.

（15）安保理で行われたさまざまなブリーフィング（国連監視検証査察委員会による03年1月9日のイラク大量破壊兵器に関する中間報告，同1月27日正式報告，2月14日，3月7日の各報告）で，同委員会のブリクス委員長と国際原子力機関（IAEA）のエルバラダイ事務局長は，収集情報に基づけば，イラクの大量破壊兵器の存在は証明されていないと述べた。Glen Rangwala, Nathaniel Hurd, and Alistair Millar, "A Case for Concern, not a Case for War", in Micah L. Sifry and Christopher Cerf（eds.）, The Iraq War Reader : History, Documents, Opinions（New York, Touchstone, 2003）, p.457-463 も参照のこと。

（16）この問題について，Michael Byers, "Agreeing to Disagree : Security Council Resolution 1441 and Intentional Ambiguity"（op. cit.）を参照。

（17）Steve Schiffers, "US names 'coalition of the willing', BBC News Online in Washington, http://news. bbc. co. uk/1/hi/world/americas/2862343. stm and Dan Balz and Mike Allen, "U. S. Names 30 Countries Supporting War Effort", The Washington Post（Washington, D. C., March 19,2003）, p.A01.

（18）参加国数は変化し続ける。05年2月には26カ国に落ち込んだ。Multi-national force Iraq : www.mnf-iraq.com and Robin Wright and Josh White, "U. S. Moves To Preserve Iraq Coalition", Washington Post（Washington, D. C., February 25,2005）, p.A01 を参照のこと。

（19）国連安保理決議1483は03年5月22日，国連事務総長に対し，国連諸機関によるイラクの人道・復興支援にからみ，国連機関と非政府組織（NGO）に

(58) 第2期クリントン政権の国家安全保障担当補佐官サミュエル・バーガー氏は，外交分野の経験実績がなかった。通商担当の弁護士だった彼には，移行期にある国際情勢の中心に立つグローバル大国に恐らく必要であった包括的で予見性を持った戦略的ビジョンが欠けていただろう。David Halberstam, War in a Time of Peace:Bush, Clinton and the Generals (op. cit.), 例えばp.404-409と424. こうしたロードマップはクリントンの経済政策チームには確かに存在した。

(59) 政治では生活における他の分野と同様，現実に物を獲得し，それらが継承され，かつ広がっていく遺産としての感覚を持つには，リスクをとり，自らをさらけ出す覚悟が必要となる。自分自身を危険に懸ける能力は指導者において称賛され，尊敬される要素である。それはまた，感謝の念も生じさせる。なぜなら，真の指導力（ただたんに他者を蹴落として自分の立場を上昇させようとする者とは違って）とは傍観者に対しても自分たちを高める努力を促し，向上が手の届くところにあると指し示すことに等しい。このことは個人および国家双方に当てはまる。

第5章　ブッシュ外交――国際的連帯の傍流化

(1) The National Security Strategy of the United States of America (Washington, D. C., the White House, September 2002).

(2) この点について，例えばDavid C. Hendrickson, "America's Dangerous Quest for Absolute Security", in World Policy Journal (New York, World Policy Institute, New School University, volume XIX, no.3, Fall, 2002) を参照のこと。

(3) G. John Ikenberry, "America's Imperial Ambition", in Foreign Affairs (New York, Council on Foreign Relations, volume 81, no.5, September/October 2002), and David E. Sanger, "Bush to Outline Doctrine of Striking Foes First", The New York Times (New York, September 20, 2002).

(4) The National Security Strategy of the United States of America, 2002, (op. cit.) の序文参照のこと。

(5) 同上 p.30. この問題について，Eric P. Schwartz, "The United States and the International Criminal Court:The Case for "Dexterous Multilateralism"", in Chicago Journal of International Law (Chicago, The University of Chicago Law School, volume 4, no.1, Spring 2003).

(6) The National Security Strategy of the United States of America, 2002 (op. cit.), p.7.

(7) 同上, p.21-22 and 31.

(8) 同上, p.10.

(9) Thom Shanker は "White House says the US is Not a Loner, Just Choosy", The New York Times (New York, July 31,2001) より引用。これより数カ月前，リ

国の研究成果は他国のものより優れる傾向にある。

(51) Linda Melvern, A People Betraye : . The Role of the West in Rwanda's Genocide (op. cit.), p.198-199.

(52) フランスが関与に向け積極的だったものの，国際社会全体の関与に代わり得るものとしては十分とはいえなかった。ルワンダにおけるフランスの過去の貧弱な実績に加え，虐殺の大半が既に発生してしまった時点での仏軍部隊展開のタイミング，その介入のあり方では解決をもたらす以上に，疑念と疑惑を呼び起こした。仏軍展開は，虐殺を防ぐものではないにしても，少なくとも犠牲を最低限に抑えるために真剣な懸念や努力の表れとなるはずの代替物としては，問題が多かった。

(53) Samantha Power, A Problem from Hell:America and the Age of Genocide (New York, Basic Books, 2002), p.382-383.

(54) Samantha Power, "Bystanders to Genocide", in The Atlantic (op. cit.)。この問題に関するアンソニー・レークの見解を参照――「その期間，私はハイチとボスニアに悩まされていた。そのためルワンダ情勢は，ウィリアム・ショークロスの言葉を借りれば『二次的な問題』となるが，二次的な問題どころか，何の問題でもなかった」。サマンサ・パワーはまた，「虐殺が発生した丸3カ月間，クリントン大統領は虐殺問題を協議するため上級補佐官らを一度も招集しなかった。アンソニー・レークも同様に，主要幹部たち，外交政策の閣僚級メンバーを集めることはなかった。ルワンダはトップレベル協議招集の議題とは一度も考えられなかった。この問題が持ち上がった時，ソマリアやハイチ，ボスニア問題の協議と一緒か，またはそれに付随するものとして討議された。これらの危機が米国要員の関与を促したり，ある程度の国民的関心を呼び起こしはしたものの，ルワンダ情勢には何ら緊急性がなく，クリントン政権は政治的負担を抱えることなく，それを回避できた」――と付け加えている。

(55) 結局，米国がソマリア問題を国際社会の議題に据える決定をしたとすれば，それはまず，多かれ少なかれリスクのない作戦と見たからだといえる。初めから介入を限定的な範囲の中にとどめることが意図されていた。任務の内容が明らかになり，あるいは拡大（見方によるが）され，犠牲者がさらに増えたとたん，米国の撤退はもはや時間の問題となった。

(56) Wayne Bert, The Reluctant Superpower : United States Policy in Bosnia 1991-95 (New York, St. Martin's Press, 1997), p.189-219.

(57) Ivo H. Daalder, Getting to Dayton : The making of America's Bosnia Policy (Washington, D. C., Brookings Institution Press, 2000), p.162-166. David Owen, Balkan Odyssey (New York, Harcourt Brace and Company, 1995), p.401-402. も参照のこと。

"Ads Now Seek Recruits for "An Army of One"", in The New York Times（New York, January 10,2001）.

(46) Chris Hables Gray, Postmodern War : The New Politics of Conflict（New York, the Guilford Press, 1997）, p.212-227.。しかし，ここでは，一方が多かれ少なかれ自分の意思で相手を殺害できるが，自らはほとんどリスクを負わずにすむほど軍装備に重大な差があるような戦闘の場合，いかほどの軍事的名誉があり得るかという論点が回避されている。

(47) 重要なことは，イラク戦争の場合，国益がかかっているという感覚があるため，犠牲者の問題はあまり争点にならないことである。

(48) 行為者の立場が弱ければそれだけ，成功の機会を得るために思考や行動をますます戦略的にすべきだ。この点で，大国と対峙した場合の国連には政治的かつ機構上の脆弱さがあるために，国連の重要性を維持する上で戦略的アプローチをとることが死活的に肝要となる。戦略的アプローチのためには最低限，最も重要なメンバー国，特に米国の国内動向や動機，関心について深い知識を持つ必要がある。

(49) 冷戦後，米国の国防予算は世界の軍事予算支出国のそれをはるかに大きく上回った。2000年の米国防予算は2806億ドルで，世界全体の軍事支出の37%を占める。米国を除く世界の上位11カ国の年間国防予算の合計額（2916億ドル）と米国のそれはほぼ同額。各国の国防予算はロシア（439億ドル），フランス（404億ドル），日本（378億ドル），英国（363億ドル），ドイツ（330億ドル），イタリア（238億ドル），中国（230億ドル），サウジアラビア（191億ドル），ブラジル（149億ドル），トルコ（105億ドル），イスラエル（89億ドル）。SIPRI Yearbook 2001. Armaments, Disarmament and International Security（Oxford, Oxford University Press, 2001）, p.277-282. 9月11日以後の対テロ戦争およびイラク戦争は米の軍事支出をさらに増大させた。

(50) 平和活動に関する米政府のさまざまな公式ウェブサイトが示すように，行政府（特に国家安全保障会議）や立法府（議会および平和活動を直接，間接に扱うさまざまな議会委員会や小委員会），そして軍による豊富な研究成果が過去10年間，蓄積されてきており，他国とは比べ物にならない。英国やフランス，あるいは北欧諸国やカナダ（90年代を通じ平和活動に関与してきた諸国）でさえも，平和活動について米国ほど徹底的な検討をしてきた国はない。こうした高いレベルの専門知識があるため，米国の政策決定者や外交官は平和活動問題により適切な対処が可能となる。同様の違いは学術分野，シンクタンク，研究所，NGO（NGOについては，基本的に北米組織である国連システムに関する学術会議［ACUNS］や，米国国連協会［UNA—USA］を参考のこと）でも存在する。結果として米学会で国連研究は伝統的な安全保障研究に比べて権威があるとはいえないものの，国連や平和活動に関する米ることもできなかった。

(39) 1993年10月3日，モガディシオで起きた事件の描写については，Mark Bowden, Black Hawk Down:A Story of Modern War（New York, Signet, 2001）. 参照。

(40) クリントン政権は2000年2月24日公表の「大統領決定令71号――平和活動の支援における刑事裁判制度の強化」で，米軍と警察任務の不均衡を埋めるため，人員採用の検討と訓練能力の向上に加え，米人警察官の直接配備を試みようとした。Special Report. American Civilian Police in UN Peace Operations. Lessons Learned and Ideas for the Future（Washington, D. C., The United States Institute of Peace, July 6,2001），http://www.usip.org/pubs/specialreports/sr71.html#top.

(41) Donna Boltz, "Senior Fellowship presentation", The United States Institute of Peace（Washington, D. C., April 2001）.

(42) 軍部隊が長期にわたり民警あるいは警察とほとんど同じ機能を課されるならばそれだけ，ギャップは狭まり，軍と警察の橋渡しが可能となる。通常，重大な治安問題や脅威にさらされていない国々の軍隊は，警察との違いが小さい。これはスカンジナビア諸国に当てはまり，フランスや英国など欧州のかつてのグローバルな強国でもますます顕著な事実である。ちなみに，英軍は北アイルランドに関与したことで，他国の軍隊がほとんど持ち得ないような警察の専門技能を獲得できた。他方，米国はグローバルな大国としての地位や安保上の責任，そして展開規模の大きさからして，「警察文化」を軍の伝統文化の一部としていない。それに加え，米国の警察がむしろ「軍隊化」している。米国では他の西側民主主義国家の警察よりも武器使用に走りがちである。

(43) 一部の部門は犠牲者の可能性を積極的にとらえ，受け入れようとした。海兵隊がその好例である。しかし，陸軍はその問題にとりわけ強硬で，こうした陸軍の態度が特に重要な意味を持ったのは，大規模な軍事介入が成果を上げるには地上兵力が必要不可欠であったからだ。

(44) 首都ワシントンのリンカーン記念堂に近くに建立されたベトナム戦争メモリアル・モールは，戦場での栄光や名誉を称賛するためのものではない。内省的で物悲しい記念碑である。Phil McCombs, "Maya Lin and the Great Call of China : The Fascinating Heritage of the Student who Designed the Vietnam Memorial", The New York Times（New York, January 3,1982）.

(45) Eliot A. Cohen, "Why the Gap Matters", in The National Interest（Shrub Oak, N. Y., Fall 2000）. 2001年1月に米国で放送された軍の広告「皆の軍隊」を参考のこと。軍当局者たちが，非人間的な軍機構の中で兵士には顔がなく，名前もない歯車というイメージが若い男女に広まっていると考え，これに対応しようと，現代の若者の個人主義と独立性に訴える広告だった。James Dao,

(31) Bruce W. Jentleson, Coercive Prevention. Normative, Political, and Policy Dilemmas (Washington, D. C., United States Institute of Peace, Peaceworks no.35, October 2000), p.31.

(32) 当時のジョン・M・シャリカシビリ統合参謀本部議長が1995年2月に承認した米軍事戦略を参照のこと。

(33) 国防総省は「緊急作戦室」という名で平和活動に関わる小規模な部局を立ち上げたが，担当官はわずか5人以下だった。平和活動問題に対する重視度の欠如を示すもう一つの実例は，ペンシルバニア州カーリッスル・バラックスの米国防大学・平和維持研究所が政治的影響力はむろんのこと，軍内部でも力がなく，評価も得ていないことである。(同研究所は平和活動の知識蓄積に寄与する米軍内で唯一の施設として93年7月，平和維持の履行のあり方や，特定の任務の長所と短所の分析，平和活動に関係する国際的組織との交流促進を図るため，軍の指針を導く目的で設立された。)

(34) レバノン内戦の最中，米海兵隊はベイルートに展開した。一方の勢力に肩入れしたとみなされるようになり，攻撃の対象となった。82年には自爆テロ攻撃で海兵隊員269人が死亡した。

(35) 1984年11月，当時のワインバーガー国防長官は演説で軍の投入が政治的選択肢として検討される場合，考慮されるべき6要件を示した。それらは (1) 死活的利益がかかる (2) 勝利を確実にする圧倒的な軍事力を行使すべきである (3) 政治，軍事的目的が明確でなければならない (4) 適切な資源が投入可能であり，現地状況が変化した場合，部隊編成を補充適応させ得る (5) 部隊展開までに，議会と国民の支持が必要 (6) 武力行使を最終手段とする──である。Michael G. MacKinnon, The Evolution of US Peacekeeping Policy Under Clinton : A Fairweather Friend ? (op. cit.), p.14.

(36) ワインバーガー氏が84年に介入の6要件を提示した際，パウエル氏は国防総省で長官補佐官を務めており，介入条件の起草者の一人とみられた。この点に関して，Colin Powell, with Joseph E. Persico, My American Journey (op. cit.), p.302-303参照のこと。

(37) Colin Powell, with Joseph E. Persico, My American Journey (op. cit.), p.576-577. For Powell's thoughts on nation-building (and Somalia), ibid., p.578 参照のこと。国家再建(およびソマリア)に関するパウエル氏の考えが示されている。ちなみに，93年8月末，レインジャー部隊とデルタ・フォースの派遣を認可したのはパウエル氏だった。両部隊はモガディシオで10月，激戦に遭うことになる。これに関した見解は上掲書 p.583-589.

(38) 困ったことに，パウエル氏が唱えた決定的な軍事力の全面投入かゼロかの二者択一ドクトリンは，90年代にくすぶった大半の紛争には不適切であり，だからといって米国がグローバルな大国であるために，それらを無視す全な場所を見い出した上，内面の葛藤に悩むこともなく，戦争支持のタカ派的見解を維持することができた。同じ政権で国防長官のディック・チェイニー氏も徴兵適齢だったにもかかわらずベトナムには従軍しなかった。それを問われると，チェイニー氏は事もなげに，「60年代には兵役よりも他の優先すべき事柄があった」と応じている。（David Halberstam, War in a Time of Peace. Bush, Clinton and the Generals（New York, Scribner, 2001），p.110. また，ブッシュ大統領の長男ジョージ・W・ブッシュ現大統領は，ベトナム行きを回避し，テキサス州空軍の州兵隊に避難先を見出していた。

(25)「私は特に，政治指導者らによる戦争への人的資源の投入方法に批判的だ。当時の政策——だれが徴兵され，だれが徴兵回避できるか，だれが従軍し，だれが従軍を逃れられるか，そしてだれが死に，だれが生き残るか——は民主的とはいえない不名誉なものだった。私は当時の指導者を決して許すことはできない。彼らは事実上——より貧しく，教育レベルが低く，特権を持たない者たち——を消耗品と呼んだも同然であり（一部ではこうした若者を大砲の標的と呼んだ），それ以外の者は上質なあまりリスクにさらせないと考えたのだ。あまりに多くの権力者や有力者の子息たち，そしてプロのスポーツ選手（多分われわれのだれよりも頑健だった）が，まんまと予備役や州兵の配属を引き当てた。ベトナムにまつわる多くの悲劇の中で，すべての米国民は平等であり，国家に対して等しく忠誠の義務を負うとする理想を最も傷つけたものとして，こうした露骨な階級差別が私には衝撃であった。」Colin L. Powell, with Joseph Persico, My American Journey（New York, Random House, 1995），p.148.

(26) 大半の軍将官は依然として，同性愛者が公開の上で軍務に就くのに強く反対している。Peter D. Feaver and Richard H. Kohn, "The Gap. Soldiers, Civilians and their Mutual Misunderstanding", in The National Interest（Shrub Oak, N. Y., Fall 2000）.

(27) 冷戦後における米軍再編の評価に関して，Andrew J. Bacevich, American Empire : The Realities and Consequences of U. S. Diplomacy（Cambridge, MA, Harvard University Press, 2002），p.130-140.

(28) Jeffrey D. Brake, "Quadrennial Defense Review（QDR）: Background, Process and Issues", in Congressional Research Service（Washington, D. C., The Library of Congress, Order Code RS20771, January 8,2001）.

(29) 当時，イラクと北朝鮮は，米軍の対応が必要な同時紛争を開始できる地域強国とみられていた。両国の軍事能力に応じて，米国は軍事計画の策定，編成，能力増強を余儀なくさせられた。

(30) 緊急複合作戦管理に関するクリントン政権の政策——大統領決定命令（1997年5月）。

York, Anchor, Volume 1,1969), p.126.

(14) Michael Lind, "Civil War by Other Means", in Foreign Affairs (New York, Council on Foreign Relations, volume 78, issue 5, September/October 1999), p.140.

(15) Jeremy D. Rosner, The New Tug-of-War : Congress, the Executive Branch, and National Security (Washington, D. C., Carnegie Endowment for International Peace, 1995), p.66.

(16) Jeremy D. Rosner, The New Tug-of-War : Congress, the Executive Branch and National Security (op. cit.), p.77-82.

(17) "Congress Folds State Department Authorization into Omnibus Spending Bill", in Congressional Quarterly (Washington D. C., CQ Press, 14-3, Winter 1999), www.cq.com.

(18) この問題での議会討論について, Nina M. Serafino, "Peacekeeping : Issues of US Military Involvement", in Congressional Research Service (Washington D. C., The Library of Congress, June 6,2001), http : //fas. org/man/crs/IB94040. pdf.

(19) Eric Victor Larson, Ends and Means in the Democratic Conversation. Understanding the Role of Casualties in Support for US Military Operations (Santa Monica, CA, Rand Graduate School, 1996), p.284-288.

(20) 軍中枢が米外交に有する影響力は, グローバル・パワーとしての米国の地位と国際安保問題への強い関わり方に相ふさわしいものだ。他の西側民主国家において, これほど軍中枢が強い影響力を持つ国はない。例えば, 英, 仏では軍は外交政策の決定過程において, どちらかといえば二義的な存在である。

(21) その結果で見れば, クリントン大統領が最初の外交チームにカーター政権に加わった人物, 特にウォーレン・クリストファー氏を指名したのがよい考えであったのかどうか分からない。

(22) もう一つの利益グループとして見た場合, 軍は世論と財政的な支援を失うこととなった。軍の助言は文官指導層にあまり信頼されず, 結果として軍の職能レベルは恐らく劣化することになった。

(23) Ole R. Holsti, "A Widening Gap Between the US military and Civilian Society ? Some Evidence, 1976-1996", in International Security (Cambridge, MA, MIT Press, Winter 1998-1999), p.11.

(24) 共和党では例えば, 92年当時, タカ派で下院の昇り竜だったニュート・ギングリッチ氏がベトナムに従軍せず, 徴兵に代わる多くの教育プログラムを受け入れていた経緯がある。共和党の南部選出有力者, トレント・ロット氏はイデオロギー的には戦争支持派であり, 当時, ほぼ徴兵の適齢期だったが, 家庭上の都合という徴兵猶予の理由を見つけ出していた。父ブッシュ政権の副大統領だったダン・クエール上院議員は, インディアナ州兵という安

(3) 民主主義拡大の概念をクリントン氏がどうとらえたかについて，詳しくは Douglas Brinkley, "Democratic enlargement:the Clinton Doctrine", in Foreign Policy (Washington D. C., Carnegie Endowment for International Peace, Issue 106, Spring 1997), Anthony Lake, "From Containment to Enlargement", Remarks at Johns Hopkins University, School of Advanced International Studies (Washington, D. C., September 21,1993).

(4) この草案の詳細について，Ivo H. Daalder, "Knowing when to say no : the development of US Policy for Peacekeeping", in William J. Durch (ed.), UN Peacekeeping, American Politics and the Uncivil Wars of the 1990s (New York, St Martin Press, 1996), p.44-48.

(5) PDD25の総合的分析について，Michael G. MacKinnon, The Evolution of US Peacekeeping Policy under Clinton : A Fairweather Friend ? (London, Franck Cass, 2000), p.26-30.

(6) Executive Summary, The Clinton Administration's Policy on Reforming Multilateral Peace Operations, May 1994, http://clinton4.nara.gov/WH/EOP/NSC/html/documents/NSCDoc1.html.

(7) 前掲書。

(8) John Dumbrell, American Foreign Policy:Carter to Clinton (New York, St. Martin Press, 1997) p.183.

(9) William G. Hyland, Clinton's World : Remaking American Foreign Policy (op. cit.), p.138.

(10) Steven Kull and I. M. Destler, Misreading the Public:The Myth of New Isolationism (Washington, D. C., Brookings Institution Press, 1999).

(11) クリントン政権の人道的危機に対する適宜適時のアプローチには，現実的な理想主義と日和見主義の持つプラスとマイナス両面が混在した。

(12) 米国建国の父たちが開戦の決定権を議会に与えた理由の一つは，そうした決定を安易に行わせない決意の表れだった。彼らは，平和が新たな共和国の習慣的状態であるだろう（あるべき）と考え，その期待を保証するために憲法策定を図った。議会が行政府よりも戦争に関する専門家であると考えたからではなく（むしろ，行政府の方がエキスパートと考えていた），議会の同意を必要とすることで米国が戦争に巻き込まれる機会を減らせると推察した。John Hart Ely, War and Responsibility : Constitutional Lessons of Vietnam and its Aftermath (Princeton, N. J., Princeton University Press, 1993), p.3-4.

(13) アレクシス・ド・トクヴィルは1840年代にこう推察していた。「もし合衆国の存在が絶えず脅かされたり，その巨大な権益が他の強国の権益に絶えず組み込まれるならば，行政府の威光が増すことになろう。なぜなら，行政府への本来の期待や本分がそこにあるからである。」Democracy in America (New

いは生じないと主張しがちだった。この見方では，紛争は民族に根ざした古くからの憎しみに起因するとされ，それゆえ，あまりにも紛争が深く広がり，根深いために，外部からの介入では短期あるいは長期的解決をもたらし得ないとされた。この論拠はアフリカだけでなくバルカン危機でも利用された。

(18) 91年から2000年までにアフリカでの国連平和活動で費やされた総額は合計53億ドル。同時期にバルカン半島で費やされた国際社会の負担は，国連やNATOの介入を含め301億ドル（国連平和活動61億ドル，NATOによる作戦240億ドル）。United Nations Peacekeeping Operations : www.un.org/Depts/DPKO/missions, and SIPRI Yearbook（op. cit.）参照のこと。NATOの数字についてはThe Military Balance 1997-1998 through 1999-2000, the International Institute for Strategic Studies（Oxford, Oxford University Press, 1993-2000 editions）. 過去数年間，選択的関与政策の論議が進行し，先進国は当面の権益がないのを理由に徐々に平和活動への関与意欲を失っていった。Jean-Marie Guéhenno, "Opérations de maintien de la paix: la nouvelle donne", Le Monde（Paris, December 17,2002）を参照のこと。この記事でゲエノ国連事務次長は，2000年12月にバルカン半島に展開したNATO軍が地球上の他の地域に展開した国連部隊よりも大規模だったと指摘。しかし，世界の国連部隊3万4000人のうちEUから派遣されたのは4000人以下，米国からはわずか数十人でしかなかった。

(19) Michael Walzer, "Kosovo", in Dissent（New York, Dissent Publishing Company, Summer 1999）参照。

(20) この移行は，合法あるいは事実上の国家元首を相手に対処してきた国際社会には容易ではなかった。国際社会がバルカン半島での外交交渉の拠点に他の旧ユーゴスラビア主要都市を無視して，ベオグラードに焦点を当てた"ベオグラード中心主義"をとった事実が，その困難さを示している。（ルワンダにおけるこの問題に関して，Samantha Power, "Bystanders to Genocide", in The Atlantic Monthly（Boston, MA, September 2001）, p.7, www.theatlantic.com/issues/2001/09/power.htm）.

(21) 民主的基盤が欠落し，武力が支配する社会環境では，民主主義的思想を持った中間レベルの指導者らは政治的に孤立させられがちだった。

第4章　クリントン外交——国益と国際的利益の相克

(1) Coral Bell, "East Timor, Canberra and Washington : A Case Study in Crisis Management", in Australian Journal of International Affairs（Canberra, Australian Institute of International Affairs, volume 54, no.2, 2000）.

(2) 第1期クリントン政権の外交チームの顔触れについて，William G. Hyland, Clinton's World:Remaking American Foreign Policy（Westport, CT, Praeger, 1999）, p.18-20.

決のままと思われる。」

(10) Nicholas J. Wheeler, Saving Strangers:Humanitarian Intervention in International Society（Oxford, Oxford University Press, 2003）.

(11) このことは，伝統的な考え方に反して，倫理が国際関係に無関係ではないことを示している。その重要性を認識されながらも，人権の国際法上の保護が比較的低いレベルにあるために，道義を国際問題の考え方と慣行において重要な側面としている。

(12) 法規定の順守は国際レベルではむしろ低い。この問題および，国際法の本質に関して生じさせてきた議論については，Thomas M. Franck, The Power of Legitimacy among Nations（Oxford, Oxford University Press, 1990）, p.29. 参照のこと。

(13) 道義的立場によって正当化しようと行動を起こすとしても，その点で何ら合意がないため，法規定の明示がない。この論点が正当性をめぐる争い（国際的な正当性の本質の中に入り込むさまざまな理想的価値観と支持者らの間で）の渦中にあるという事実が，国際法上，何ゆえに道義的行動が明確に想定され，組織立てられた責務の一部となっていないかを説明している。

(14) 国連憲章第2条7項は，「この憲章のいかなる規定も，本質上いずれかの国の国内管轄権内にある事項に干渉する権限を国連に与えるものではなく，またその事項をこの憲章に基づく解決に付託することを加盟国に要求するものでもない。ただし，この原則は憲章第7章に基づく強制措置の適用を妨げるものではない」と規定している。第7章第39条は「安保理は平和に対する脅威，平和の破壊，侵略行為の存在を決定し，並びに，国際の平和と安全を維持し回復するために勧告し，41条と42条に従っていかなる措置をとるかを決定する」としている。Simon Chesterman, Just war or Just Peace ? Humanitarian intervention and international law（Oxford, Oxford University Press, 2001）, p.127-160 参照のこと。チェスターマンはこの拡大について，規約上の進展の兆候として歓迎するのではなく，むしろ反対している。（同上, p.161）. Nicholas Wheeler in International Affairs（London, Blackwell Publishers, volume 77, no.3 July 2001）, p.688. も参照のこと。

(15) Michael Walzer, Just and Unjust War : A Moral Argument with Historical Illustrations（New York, Basic Books, 1977）, 例えばp.120-124と231-232.

(16) こうした状況が国内とグローバルな支持者との間にバランスと和解を実現する難しさを思い知らせている。国内支持を得るために，多国間主義はある程度，自己利益という動機に基づいて国内世論に売り込みを図らなければならない。しかしながら，国内的な動機に限定されたままではならない。さもなければ，国際的なアピールに失敗することになるからだ。

(17) 国連の関与に気が進まない場合，西側常任理事国は介入しても大きな違に，社会の意義ある構成者として役割を果たすには，包摂と排除の境界線に沿って自らの立場を形成することが要求される。（この点について，Andrew Linklater, The Transformation of Political Community. Ethical Foundations of the Post-Westphalian Era（Columbia, S. C., University of South Carolina Press, 1998），p.117-118）. 肝要なのは，排除された人々からも正当とみなされる期待値を配慮した上で，社会の重要な分野および役割において包摂と排他の線引きをどこに，どのようにするかについて合意することである。この点で状況の正当，不正当の評価に関し，特権を有している人よりも，除外された人の見地に一層の重きを置くことは指摘する価値がある。塀越しの向こう側に立つ位置取りが，除外された人々が持つかもしれない正当な主張に一層の信用と妥当性を与えることになるからである。

(6) より政治的な見地からすれば，社会的階層が現代の民主的文化の世界から消滅するどころか，たんに新たな形をなし，結果的に病理と結びつき，それ自身の病理を生み出していく。

(7) 現代の民主的文化は，社会の「非血縁化」の動きである一方，依然として血縁によって特徴づけられる。集団生活の組織化における民主的文化の決定的貢献とは，才能と優秀さ（それゆえ，財のための公正な競争を図るには教育へのアクセスが重要となる）に基づく財産の帰属と流通に関連したものだが，血縁の影響の名残を排除するものではない。そこでは，家族の持つ社会資本（社会的関係を含む）が，何らかの形で死活的な資産となっている。

(8) W. Michael Reisman, "Sovereignty and human rights in contemporary international law", in Gregory H. Fox and Brad R. Roth（eds.），Democratic Governance and International Law（Cambridge, Cambridge University Press, 2000），p.240-258.

(9) この問題に関して，William A. Schabas, Genocide in International Law : the Crimes of Crimes（Cambridge, Cambridge University Press, 2000）:「恐らく，この協定におけるもっとも大きい未解決の問題は『防ぐ』という暗号的な言葉の意味であろう。協定の名称は，その意図するところが犯罪の予防を含むことを示している。第Ⅰ条では，当事国はジェノサイド（虐殺）を予防するとある。ジェノサイド予防のため，当事国に国連の関係機関への訴求を認めた第Ⅷ条を別にして，同協定はこの問題にほとんど具体的に言及していない。ジェノサイド防止義務は国家の慣行と判例法への明示を待つ状態で白紙である。規定の保守的解釈では，ジェノサイドが起きないように保証するため，国家にただ適切な立法を制定し，他の措置を講じるよう求めているとする。より進歩的な見方では，国家に対して国内領域だけでなく国境を越えて行動するよう求め，ジェノサイド実行阻止のために武力行使までも要求できると考えている。この点の議論はまだ結論が出ておらず，明確にすべきだという強い要求が出ない限り，少なくとも新たなジェノサイドが起きるまでは未解

(93) かつてブレトンウッズ体制に与えられた有効性の評価は専門技術の優秀さに基づくだけでなく，支配的なアングロ・サクソンの経済イデオロギーを反映した経済的救済策を提示したおかげでもあった。今やこの体制はシアトルのWTO会合以後，批判を浴びる傾向にあり，財政危機の回避能力や，発展促進の牽引力，そして体制の正当性とまでは言えないにしても，その有効性が今や問題視されている。Joseph Stiglitz, Globalization and its Discontents（New York, Penguin Books, 2002）.

第3章　国際政治と連帯のジレンマ

(1) この変換を強調したとしても，90年代に国際社会から対決の展望が全て消滅したことを示すものではない。最悪の事態に備えることは各国の防衛と外交政策の一局面であり続けた。東西分断の消滅によって，世界的なレベルで生じた空白の少なくとも一部を埋めるべく，新たな敵対候補が直ちに見つけられるや，このことは一段とあてはまった。「無法者国家」および国際テロはとりわけ新たな敵として伝統的な脅威よりも拡散と予見不能性が強く，そのため特に危険なものといえた。
(2) その類似性と相違を保持しつつ，人権に対するそれぞれの支援を基盤として米仏英は，一部の国で憲法上の権利とされてきた人権理念を国際化するにあたり，極めて重要な役割を果たした。Louis Henkin, The Age of Rights（New York, Columbia University Press, 1990）, and Mary Ann Glendon, A World Made New:Eleanor Roosevelt and the Universal Declaration of Human Rights（New York, Random House, 2001）.
(3) 米英仏の憲法主義の核となる公的な普遍主義，権利の平等と自由，そして人々を活気づける生存状況の改善が人権概念の国際化の決定的な要因となった。
(4) 伝統的な社会組織では人々の間に強い結びつきがあり，社会構成員の面倒を見ることを義務としている。連帯感は社会の内部関係に深く入り込み，浸透している。この濃密な連帯感には，他者を厳しく排除する別の側面がある。伝統的な社会が示しがちな「われわれ」と「彼ら」，「内」と「外」という区別は，連帯から誰が利益を得，誰が得ないかという点に大きな比重を置く。
(5) 民主的な価値観と権利に触発され，さらに正義感覚を拡大し，実現しようという動きは，国内でも国際レベルでも近代化へ向かう決定的なベクトルの一つである。このことは闘争なしには起こらない。諸原則の宣言にもかかわらず，民主的普遍主義と平等の受益者たちは当初，排他的なクラブを形成した。政治的，経済的，社会的正義のための闘争が，現代の民主的文化の進展を通じて傾注してきたものこそ，包摂と排除の境界をめぐる争いにあった。問題となっているのは，あらゆる種類の排他性を除くことではない。要する

Politics（Ithaca, N. Y., Cornell University Press, 2004）.

(83) 1992年3月から10月までソマリアにおける国連総長特別代表を務めたモハメド・サヌーン氏は国連内部において，こうした対応の必要性を最も感じた一人だっただろう。Mohamed Sahnoun, Somalia : The Missed Opportunity（Washington, D. C., United Institute States Institute of Peace Press, 1997）.

(84) 総会決議53/54に沿った事務総長報告，「スレブレニッツァ陥落」参照。

(85) 明白な国際的侵略の場合を除き，国連の不偏性の順守は緊張や紛争全般に対する取り組みの中核にある。不偏性は時として，一つの立場を取るのが必要な場合にも，それを拒否するとして批判につながる。しかし，それはまた，道義価値や政治的正当化の強い力を持つ一手段でもある。不偏性とは，加盟各国を互いに協調しうるよき国際市民と想定する国連の哲学を反映する。国際社会の活動主体は，侵害行為やならず者の行為が証明されるまで善意を持って遇され，推定無罪の恩恵を受ける。それゆえ，武力行使は最終手段となる。

(86) 無関心と官僚主義について，Michael Herzfeld, The Social Production of Indifference : Exploring the Symbolic Roots of Western Bureaucracy（Chicago, IL, The University of Chicago Press, 1992）.

(87) Ingrid A. Lehman, Peacekeeping and Public Information:Caught in the Crossfire（London, Franck Cass, 1999），例えばp.1-5.

(88) 97年以降，国連内部で交信システムの改善があり，本部と現場間を含め，特にEメイル・システム稼働が挙げられる。本部と現場の交信は無線通信システムの利用によって一段と改善傾向にあり，通信インフラの整備されていない遠隔地に派遣された平和維持活動部隊と本部の通信が容易になっている。

(89) UNPROFORの指揮命令系統について，Command Arrangements for Peace Operations, Institute for National Strategic Studies（Fort McNair, DC, National Defense University Press, May 1995）.

(90) Marrack Goulding, “Foreword” to Ingrid A. Lehman, Peacekeeping and Public Information : Caught in the Crossfire（op. cit.），p.xii.

(91) 近年，国連はこの面で特にインターネットのウェブサイトを通じて進歩を見せている。96年に開設された国連サイトは広報の一大手段となっている。国連憲章と国連活動のあらゆる側面について，公用語の6か国語で紹介する。人権宣言は250言語に翻訳されている。2000年にはアクセスが4億回に達し，01年は約10億回，04年は倍増し，22億7887万5402回を記録した。

(92) Warren P. Strobel, Late-Breaking Foreign Policy : The News Media’s Influence on Peace Operations（Washington, D. C., The United States Institute of Peace Press, 1997）.

pedia of International Peacekeeping Operations（Santa Barbara, CA, ABC-CLIO, 1999）, p.255-256.

(76) この点で重要なことは，平和活動の現場では任務の解釈に関して最低限の権限しかなく，行動の承認は大方，ニューヨークの本部から来ることにある。

(77) 国連平和維持活動局から提供された情報による。

(78) これらの人数を見る限り，かつて国連に向けて特に米国から国連は人員過剰な官僚組織という強い非難が上がったが，控え目に言っても，ばかげた批判と思える。

(79) Marrack Goulding, Peacemonger（London, John Murray, 2002）, p.43を参照。

(80) 国連が介入しそうな国々は途上国になりがちだ。国際的な権力の主流から外れ，学者や政策専門家からも無視されてはいないものの，しばしば研究対象とさえなっていない。しかし，これらの国々に影響する紛争の解決策を提示するには，何が国家を瓦解に導いたのかを理解することがますます必要になる。

(81) 国連事務局で広く見られる現場経験の欠如は，現場で起きている現実，現場の担当官が直面する問題についてより深く理解する上で，国連本部に必要不可欠であったはずの知識の獲得を阻害した。本部の担当官と現場が理解を共有しなかったため，任務に対する統合したアプローチ創出の面で，事務局の支援を困難にした。理解の共有がないため，同じ機構に属している感覚さえなくなった。これは，ほとんど重なることのない本部と現場という二つの異なる経歴のコースの存在に大きく関係した。また，強力な連携実現に障害をもたらした。本部の担当官が現場の任務をこなせば得られるものがあったであろうが，本部に戻れなくなる恐れがあるため，現場での任務を回避した。本部の地位は比較的安定し，昇進の見込みがある一方，現場は極めて不安定で過小評価される。こうして官僚主義的な偏見と欠陥が助長されるだけとなり，相互尊重の雰囲気を打ち消してしまった。結局，本部が現場を見下し，現場が本部を恨むという空気を蔓延させることになった。平和維持活動担当のジャン＝マリ・ゲエノ事務次長はこの問題に特別の努力を払った。現場経験が今や，多かれ少なかれ，平和維持活動局本部の採用条件になっている。すでに本部で採用されている人たちも，一定期間，現場で働いた上で元の地位に戻ってくることを奨励されている。

(82) 国際機関における官僚的な普遍主義について，Michael N. Barnett and Martha Finnemore, "The Politics, Power and Pathologies of International Organizations", in International Organization（Cambridge, MA, MIT Press, volume 53, number 4, Autumn 1999）, p.721. 国際機関のより一般的な評価については，Michael Barnett and Martha Finnemore, Rules for the World : International Organizations in Global

則はそれ以前に認められていた。これを理由に93年，米国はバンス＝オーウェン案の履行を拒否したにもかかわらず，95年になって新たな交渉取り引きを監督し，かつ大きく貢献する用意を見せた。その取り引きは以前に問題とした原則に関して恐らく，より条件の悪いものであった。これらの件について，James Gow, Triumph of the Lack of Will : International Diplomacy and the Yugoslav War（op. cit.），例えばp.313.

（71）状況の進展により，しばしば新たな係争現場に向けて立場の調整が必要になる。状況の流動性と立場の変化は，それらが計算の範囲にあり，危機解決に適用可能な計画と戦略の一部である限り，また，納得できる方法で計画され実行される限り，前向きな役割を果たすことができる。その結果，導入された変化は関係当事者を混乱させたり，分裂させたりすることはない。

（72）無論，曖昧さの正当さも程度問題となる。適切でない場合，合意は欺きの元となり，結果的に逆効果となる。

（73）02年冬から03年にかけ，安保理決議1441でイラク戦争に関しても同様のことが起きる。この問題について，Michael Byers, "Agreeing to Disagree:Security Council Resolution 1441 and Intentional Ambiguity", in Global Governance. A Review of Multilateralism and International Organizations,（Boulder, CO, Lynne Rienner in cooperation with ACUNS and the United Nations University, Volume 10, No. 2, April-June 2004）.

（74）この方向への進展が財政的制約で阻害されたため，克服のために取られた一つの解決策として加盟国――主に先進国――が，平和活動問題の担当部局（特にDPKO）に国連の財政負担なしに要員を提供した。コストをかけない派遣人員は軍事要員であり，主に現場での活動監視を助け，国連平和維持活動局（DPKO）の担当官を補完した。発展途上国はこうした要員の派遣を歓迎できなかった。先進国にあまりに巨大な権限を与えることになると感じたからである。途上国はそのうちに，総会を通じてこうした要員の活用を厳しく制限するよう働きかけ，成功した。General Assembly resolution, Gratis personnel provided by Governments and other entities, A/RES/51/243（September 15,1997）, and Report of the Secretary-General:Phasing out the use of gratis personnel in the Secretariat, A/52/710（New York, United Nations, December 8,1997）. より最近の状況については，General Assembly resolution, Gratis personnel provided by Governments, A/RES/54/264（July 21,2000）and Report of the Secretary General: Gratis personnel provided by Governments and other entities, A/C. 5/55/13（New York, United Nations, October 17,2000）.

（75）当初，危機管理室設置はソマリアのUNITAFとUNSOMⅡ監視を目的とした。93年11月には危機管理センターと名前を変えた。平和維持活動局の強化に関する情報について，Oliver Ramsbotham and Tom Woodhouse, Encyclo-

行使した。これは，グアテマラ政府が当時，国連での台湾代表権を支持していたためだ。同様に，中国が UNPREDEP の延長に拒否権を行使したのも，マケドニアが15億ドルの援助と引き換えに99年1月，台湾に外交上の承認を与えたからである。

(64) Julia Preston. "Russia Casts Veto in 1st Split on Bosnia", The Washington Post (Washington, D. C., December 3,1994), First Section, page A22.

(65) 99年3月，NATO がコソボでの空爆承認を国連に求めていれば，ロシアは拒否権を行使したであろう。ロシアはコソボでの武力行使に頑強に反対していた。事実，失敗に終わったものの，ロシアは99年3月26日，武力行使を非難する安保理決議の提案国となった。結果的に，米国は安保理採決の回避を望んだ。

(66) ロシアはボスニア・ヘルツェゴビナ和平計画と，旧ユーゴスラビア情勢に関する以前の決議で定められた措置強化を決めた安保理決議820を棄権した。また，必須な人道的物資を除くすべての物品に関してユーゴとボスニアとの国境閉鎖についての安保理決議970，対ユーゴ制裁の一部停止の延長を求める決議988，1003，旧ユーゴ情勢関連の決議で定められた，あるいは再確認された措置の停止に関する決議1022をそれぞれ棄権した。その後，SFOR の継続とボスニア・ヘルツェゴビナでの国連派遣団（UNMIBH）任務延長に関する決議1305でも棄権。同決議は派遣団の遂行のため武力行使の可能性を見据えていた。

(67) 99年5月，コソボ決議に関するロシアの棄権は続行された NATO 空爆に抗議したものだった。ベオグラードの中国大使館誤爆の直後，ロシアと中国は爆撃停止まで，コソボに関するいかなる決議の討議もできないと考えた。

(68) 立場の食い違い継続が遅延の原因となる。一方，湾岸戦争に関して国益が問題となった場合，安保理は迅速な行動を示せた。

(69) フランスと英国は，空爆が展開する自国部隊に危険をもたらすことを恐れた。ボスニア・ヘルツェゴビナが公式にユーゴスラビア連邦の一部だった時代に適用された武器禁輸は，ユーゴからの離脱を国際社会から承認された後も，事実上，ボスニア・ヘルツェゴビナを対象とし続けた。フランスと英国はそれでも，武器禁輸解除が戦争の火に油を注ぎ，これまで以上に部隊が大きな危険に遭う可能性があると考えた。これに対し，米国はボスニアのイスラム教徒側には自衛の権利があると主張していた。

(70) 米国はバンス＝オーウェン和平案についてセルビア側に有利であり，攻撃に報奨を与え，民族浄化を容認することになると主張し，事実上廃案に持ち込んだ。皮肉なことに，95年11月のデイトン合意はセルビア人の民族領地の考え方を受け入れた。その領域はボスニア・ヘルツェゴビナ東部から北部を通り，北西部に至る。民族浄化に抵抗し，セルビア人領域を相近接させる原た。事務総長と米国の関係は最大の問題点だった。ソマリアにおける国連任務をめぐる交渉と解釈で，両者に大きな軋轢が発生した。この軋轢は93年秋以降，遺恨にまで発展した。ブトロスガリ氏の事務総長としての姿勢のゆえ，解消が極めて難しかった。米国が事務総長への支援を撤回すればするほど，事務総長はますます支援を必要とした。事務総長は米国との関係を悪化させたため，他のメンバー国に動員をかけることも，あるいはその支援を十分に意味あるものにできなくなった。各国は米国の指導力を期待しており，失った米国の支援を埋め合わせるのは不可能だった。このことは下方圧力の悪循環を生じさせた。悪循環の果てにブトロスガリ事務総長は再選に失敗した。再選に向け大半の加盟国の支持を確保していたにもかかわらず，96年12月13日に米国から拒否権を行使される以前の段階でさえ，賢明なアナリストは再選運動に勝算の見込みはないとみていた。米国の反対により，各国の支援を頼りないものにしてしまった。

(60) 他者と違いを打ち出したいと思う事務総長は誰でも，最も険しい外交的な難題に直面する。事務総長には伝統的な外交を構成する二つの要素と資産が欠けている。つまり，国内の支援勢力と国益の観念である。伝統的な外交を行うには基盤となり，実行を容易にしてくれる国内の支援勢力を欠かせない。この支援が強力であれば，外交官は交渉で優位に立てる。国益の観念は伝統的な外交を行う際のもう一つの重要な手段となる。それは外交活動に主要な政策指針を与え，何が交渉可能で，何が交渉できないかを示す規準となってくれる。これら二つの要素は，外交官の交渉力を構成する上で不可欠なものだ。しかし，いずれも事務総長には欠ける。事務総長が頼れるのは主に自分自身だけであり，国連における支持者とは求めるというよりも作り出されるものとなる。その時点までに分断されてきた国連加盟各国が，それほど頼りとなる国際支援やグローバルな権益を提供できるわけがない。結果として，人間的で道義的な包容力が事務総長の職務を果たす上で，不可欠な政治的特質となる。

(61) この状態に留意することは，もちろん常任理事各国が異なった見解を持つ権利を否定することではないし，また，その立場がある程度食い違うことによるプラス面を見過ごすことでもない。

(62) クウェートに侵攻したイラク軍駆逐のため，安保理で行われた米国および同盟国に対する軍事力行使の容認決議の投票で中国は棄権した。さらに，安保理はイラクに対し，武器査察に関する決議を厳格にかつ包括的，全面的に履行するよう何度も求めた上，この問題についての討議は全会一致で進んだが，中国はイラクが決議順守を拒否したとしても武力行使には反対すると言明した。

(63) 中国は97年1月10日，グアテマラへの軍事監視団派遣の決議に拒否権を

we will be Killed with our Families : Stories from Rwanda（New York, Farrar, Straus and Giroux, 1998），例えば p.143 と 150-151.

(53) この問題に関して，Linda R. Melvern, A People Betrayed. The Role of the West in Rwanda's Genocide（op. cit.），in particular chapters 11,13,14 and 15.

(54) 虐殺が始まった当初，ベルギー，フランス，イタリア各国部隊が自国の在留者救出のためルワンダに派遣されていた。93年4月9日，ダレール氏は平和維持活動局のイクバル・リザ事務局長補佐官から連絡を受け，救出に協力するよう指令された。「公平さを失うことなく，任務外の行動を起こさないようにあらゆる努力を尽くせ」と警告された。「しかし，外国人の退去に必要となれば，貴官の思慮分別の範囲で活動してもよろしい」とされた。換言すれば，外国人在留者の救助の場合のみ，ダレール氏は危険を冒してもよいことになった。「これは，自衛を除き，戦闘に加わるべきではない，繰り返すが，加わるなということだ。」Quoted in Linda R. Melvern, A People Betrayed: The Role of the West in Rwanda's Genocide（op. cit.），p.141. その任務には現地人の国連職員救助は含まれていなかった。その結果，現地人職員の多くが殺害された。

(55) See Clinton Administration Policy on Reforming Multilateral Peace Operations（PDD 25），released by the Bureau of International Organizational Affairs（Washington D. C., US Department of State, February 22,1996）.

(56) 事務総長はアフリカ統一機構（OAU）に接触したが，説得は失敗に終わった。多くのアフリカ諸国は部隊派遣に意欲を示したが，装備を必要とし，国連による費用負担を望んでいた。それは不可能だった。この問題に関して，Linda Melvern, A People Betrayed:The Role of the West in Rwanda's Genocide（op. cit.），p.192 and 198.

(57)「ルワンダ情勢に関する事務総長報告」S/1994/565（New York, United Nations, May 13,1994）.

(58) 当時の国連の財政状況と西側部隊の貢献に代わる別の選択肢を見出せなかったため，ルワンダ支援は西側諸国に頼らざるを得ないのは明白だった。しかし，いずれの安保理常任理事国も部隊派遣に手を挙げなかった。その結果，装備を整えた部隊は派遣されなかった。さらに，空輸手段もなく，到着後の任務について合意もなかった。当時，安保理非常任理事国だったニュージーランドのコリン・キーティング大使は「実際問題として部隊増援はフィクションである」と語った。Linda Melvern, A People Betrayed : The Role of the West in Rwanda's Genocide（op. cit.），p.198.

(59) ブトロスガリ事務総長はフランス，ロシア，中国と良好な関係を維持していた。しかし，英国との関係は微妙だった。事務総長と英国の間に目に見えた争いはなかったものの，相互の挑発姿勢が表に出ない関係の基調を成し

N. Barnett, Eyewitness to a Genocide : The United Nations and Rwanda（Ithaca, N. Y., Cornell University Press, 2002）も参照のこと。

(46) Linda R. Melvern, A People Betrayed:The Role of the West in Rwanda's Genocide（op. cit.）, pp.92, 99 and 101. Refer also to Roméo Dallaire（with Major Brent Beardsley）, Shake Hands with the Devil : The Failure of Humanity in Rwanda（op. cit.）, p.145-147を参照のこと。

(47) 4月8日，ダレール氏はニューヨーク国連本部あて連絡電信で，UNAMIRの増強のための具体的な提案策定を報告していた。この増強で虐殺を停止させられると考えた。（この電信の全文はルワンダ事件に関するベルギー議会調査委員会の報告で公表されている。97年12月6日）。一部には部隊増強に関するダレール氏の判断の有効性に疑問を呈する者もおり，現地過激派の決意を考えると，同氏の評価は問題だとする声があった。しかし，虐殺から3年後，この問題に関する会議に基づく報告によると，空軍，兵站，通信の支援を受けた部隊が展開していれば，50万人の虐殺を阻止できたとする全体的な理解が示された。虐殺阻止のチャンスは4月7日から21日の間にあり，虐殺の政治的首謀者らはまだ国際的な反応を気にしていたため，南部への虐殺拡大を阻止できたはずだった（この段階でもある程度抑制できていた）。介入によって，それをかわし切れると考えていた過激派の政治的計算を恐らく覆せたであろう。4月21日以降になると，虐殺がすでに拡大していたため，より多数の兵力が必要だった。Scott R. Feil, with a Foreword by Roméo Dallaire, Preventing Genocide : How the early Use of Force Might Have Succeeded in Rwanda, A Report to the Carnegie Commission on Preventing Deadly Conflict（New York, Carnegie Corporation of New York, 1998）, p.26-27.

(48) 国連ルワンダ支援団に関する事務総長特別報告 S/1994/470（New York, United Nations, April 20,1994）.

(49) ルワンダの94年虐殺での国連活動に対する独立調査報告，99年12月15日，安保理議長に対する事務総長書簡, S/1999/1257（New York, United Nations, December 16, 1999）参照のこと。

(50) ダレール氏は国連本部に対してインテリジェンス情報収集の支援を求めたが，1月に拒否された。同氏は現場で事実上，目となり耳となる手段を失った。概略な情報収集ができるだけとなった。Roméo Dallaire, "Military Aspects", in Dick A. Leurdijl（ed.）, A UN Rapid Deployment Brigade（The Hague, Netherlands Institute of International Relations, 1995）.

(51) Michael N. Barnett, Eyewitness to a Genocide : The United Nations and Rwanda（op. cit.）, p.88 and 161.

(52) 虐殺を阻止できなかったとするフランスと米国の役割に対する告発について以下を参照のこと。Philip Gourevitch, We Wish to Inform you that Tomorrow

安全地帯管理の問題点も考慮されなければならない。履行成功のカギは当事者の同意と協力にあったが，概してその点が欠如していた。武力行使の許可は自衛権を超えたものではなく，恐らくは十分とはいえなかった。抑止力としての空軍力は行使を妨げる制約によって限定された。（Report of the Secretary-General Pursuant to Security Council Resolutions 982（1995）and 987（1995）（op. cit.），例えば paragraphs 40 と 41）.

（35）この問題に関して，Thomas G. Weiss, "Collective Spinelessness : UN Actions in the Former Yugoslavia", in Richard H. Ullman,（ed.）, The World and Yugoslavia's Wars（New York, A Council on Foreign Relations Book, 1996）, p.73-74.）などを参照のこと。

（36）英国はより曖昧な立場をとった。選択的な空爆実施の可能性を排除しなかった。James Gow, Triumph of the Lack of Will : International Diplomacy and the Yugoslav War（New York, Columbia University Press, 1997）, p.180.

（37）ボスニアに関する米国防総省の背景説明，94年4月22日。ベテランの国際公務員である明石康氏は極めて慎重かつ監視と待ちの姿勢に終始した。

（38）この点に関し，スレブレニッツァ陥落についてアナン事務総長報告には，市街地防衛でなぜ空爆を実施しなかったか重大な説明が欠けている。報告では空爆が微妙な決定であった理由を示しているが，アナン氏自身が述べているように，空爆許可が明確に出ていながら，まさしくこの時点で敢行されなかったのか沈黙したままだった。paragraphs 480,481,482 and 483, Report of the Secretary-General Pursuant to General Assembly Resolution 53/35. The Fall of Srebrenica, A/54/549（New York, United Nations, November 15,1999）, p.107.

（39）ルワンダ政府とルワンダ愛国戦線の和平協定（www.incore.ulst.ac.uk/cds/agreements/pdf/rwan1.pdf）を参照のこと。

（40）ルワンダに関する事務総長報告 S/26488（New York, United Nations, September 24,1993），特に第21，22節。93年9月までに国連事務局はソマリアの前例があるため，ルワンダ全土への部隊展開に主要メンバー国の一部に大きな懸念があることを理解していた。

（41）94年予算を承認した米議会は平和維持部隊のための基金案を廃案にした。同案は平和活動の緊急始動基金への米国の貢献を意図したものだった。

（42）93年10月5日，安保理決議872，第3節，項目 a

（43）同上，項目 f

（44）同上，p.82，85-86.

（45）この問題に関して，Michael N. Barnett, "The politics of Indifference at the United Nations and Genocide in Rwanda and Bosnia", in Thomas Cushman and Stjepan G. Mestrovic, This Time We Knew : Western Responses to Genocide in Bosnia（New York, New York University Press, 1996），特に p.129. また Michael

行為の終結を永続的に保証することである。これを達成するために，少なくとも武装勢力の重火器を押収し，国際管理下に置くこと，そして非正規部隊と無法者集団の武装解除が必要である」（New York, United Nations, S/24868, November 30,1992）と指摘。さらに，特に重火器を対象とすることで，ブトロスガリ事務総長はソマリア社会では長い間，個人の武器所持が常態だったことを踏まえ，不可能と思われた任務，つまり小火器の武装解除をUNITAFに命じなかった。

（26）この事実は驚くにあたらない。もし米国の関与延長が犠牲者を伴うものであったならば，父ブッシュ大統領がきらびやかな人道的作戦の成功で職務の最後を飾ろうなどという介入に着手することはなかっただろう。犠牲者の問題については，ソマリアとボスニアに対する政権の異なった対応を正当化しようとする92年12月6日のローレンス・イーグルバーガー国務副長官の発言を参照。Adam Roberts, "Humanitarian War : Military Intervention and Human Right", in International Affairs（Oxford, Blackwell Publisher, volume 69, issue 3,1993）, p.442.

（27）米国は8億ドルと推定される初期費用の3分の1を拠出した。

（28）こうした煮え切らない態度は，軍指揮機能を果たす上で国連の体制——人的資源および政治的，組織面——がいかに貧弱かを考えると，概ね理解し得る。

（29）See John L. Hirsch and Robert B. Oakley, Somalia and Operation Restore Hope. Reflections on Peacemaking and Peacekeeping（op. cit.）, p.118-119.

（30）93年8月8日，UNOSOM IIの米兵4人がモガディシオ南部の通常パトロール中，乗用車両を爆弾で破壊され，死亡した。

（31）Walter Clarke and Jeffrey Herbst, "Somalia and the future of Humanitarian Intervention"（op. cit.）を参照のこと。

（32）事務総長は，ボスニアが「国連にとってのベトナム」になる危険性があるとまで発言。Harvey Morris, "UN Chief gives warning of a Vietnam in Yugoslavia", The Independent（London, August 3,1992）, p.1.

（33）安保理決議982，987に基づく事務総長報告。S/1995/444（New York, United Nations, May 30,1995）, paragraph 82, p.24. この指摘は正しかった。ボスニアでの国連介入の大失敗が少なからず，国連を傍観者の立場へと導いた。Boutros Boutros-Ghali, Unvanquished : A US-UN Saga（New York, Random House, 1999）, p.248も参照のこと。結果的に国連は追い詰められ，95年11月，デイトン交渉への参加を余儀なくされた。（この点について，Richard Holbrooke, To End a War（New York, Random House, 1999）, p.201-202. 90年代後半，ほとんどの国連活動が妨害されずとも，縮小された。

（34）これが95年7月のスレブレニッツァとゼパの陥落の唯一の原因ではない。

援助関係者の直面する危険性は依然として極めて高い。盗み，略奪，脅迫の脅威が規模は大きくないものの，援助努力に影響を与えている。不穏な治安情勢も将来の援助活動に悪影響を与え続けよう」The Situation in Somalia. Progress Report of the Secretary-General, S/25168（New York, United Nations, January 26,1993），p.8.

(19) 決議794，第18，19パラグラフに従って提出された国連事務総長報告参照のこと。S/25354（New York, United Nations, March 3,1993），p.5-6.

(20) この遅れは財政，政治，軍事面で米国の強力な関与を獲得しようとする事務総長の努力を反映したものだが，最終的に国連がその任務責任を受諾することになった。ジョン・ハーシュとロバート・オークリーは，「米国と国連の決議（814）に関する折衝は，市場での値段交渉に似ていた。最終的に，米国が計画以上の支援を提供する代わりに，事務総長は国連が米国から任務を引き継ぐことに同意した」と指摘した。John L. Hirsch and Robert B. Oakley, Somalia and Operation Restore Hope. Reflections on Peacemaking and Peacekeeping（Washington, D. C., United States Institute of Peace Press, 1995），p.111.

(21) 安保理決議794の第18，19節に基づいて提出された事務総長報告は，UNITAF がその活動をソマリア全土に広げ，活動任務を新たな国連平和維持活動に引き渡す前に各派の武装解除を行うことを提案した。S/24992（New York, United Nations, December 19,1992），paragraphs, 22,23,24 and 29.

(22) 安保理決議794に基づく米国による93年1月16日付報告。この報告は自国に有利に記述されたとみられ，問題に関して得られたほとんどの情報と一致していない。例えば，米当局者はソマリア武装勢力指導者に対して，モガディシオ市外へ武器を持ち出したり，各派の宿営地に納めておくならば，武器を保持し続けてもかまわないと伝えた。この点について，Walter Clarke and Jeffrey Herbst, "Somalia and the future of Humanitarian Intervention", in Foreign Affairs（New York, Council on Foreign Relations, volume 75, issue 2, April/March 1996）. Refer also to Terrence Lyons and Ahmed I. Samatar, Somalia. State Collapse, Multilateral Intervention, and Strategies for Political Reconstruction, Brookings Occasional Papers（Washington, D. C., The Brookings Institution, 1995），p.41-42.

(23) 決議（S/RES/794,1992年12月3日）はソマリア全般について述べている。

(24) 偶然にも，ブトロスガリ事務総長は前任者のデクエヤル氏がとってきた慣習をやめた。前任者は事務総長報告草案を正式提案前に，各常任理事国に配布閲覧させ，反対がないか確かめるようにしていた。これに対し，後任事務総長は報告を使って安保理側に政策の選択肢の概要を示し，しばしば自分が望む選択肢が何であるかを理解させようとした。

(25) 事務総長は92年11月29日付の安保理議長国宛書簡で，「武力行使の可能性を含む三つの選択肢のいずれの目的も，国際支援努力に対する現在の暴力て，国連の責任下で行うよう要求した。95年2月8日，安保理はUNAVEMⅢの創設を承認，軍監視団350人，警察監視団260人に加え，最大7000人の兵士を展開させることになった。Dennis C. Jett, Why Peacekeeping Fails（op. cit.），p.85を参照のこと。

(78) the UN Peacekeeping Best Practices homepage, http://pbpu. unlb. org/pbpu/library/UNAMIR. pdfを参照。

第2章　国際官僚機構としての国連の欠陥

(1) さらに，国連憲章第12条第2項の総会に関する規定で事務総長の総会に対する通告の役割に言及している。

(2) 国連憲章第99条。

(3) 国連憲章第100条。国連職員の不偏，客観性に関し，肝要で極めて正確な実像については，Maurice Bertrand, The United Nations. Past, Present and Future（The Hague, Kluwer Law International, 1997），p.89-92. 参照。

(4) 国連憲章第4条。

(5) 国連憲章第5，6条。

(6) 国連憲章第25条「国連加盟国は，安保理の決定とこの憲章に従って受諾し，かつ履行することに同意する」を参照。

(7) 国連憲章第24条。

(8) 国連憲章第34条。

(9) 国連憲章第33条。

(10) 国連憲章第41，42条。

(11) 国連憲章第52条。

(12) 国連憲章第53条。

(13) 国連憲章第97条。

(14) ウ・タント事務総長について，Stanley Meisler, United Nations. The First Fifty Years（New York, The Atlantic Monthly Press, 1995），p.153-168, in particular p.156.

(15) ブトロスガリ事務総長は安保理への報告をこのような方法で利用した。

(16) 言うまでもなく，ワルトハイム事務総長のように，バルカン半島におけるナチの戦争犯罪に関わった灰色以上の過去が表ざたになると，事務総長事務局の道義観と地位向上にあまり役立たない。

(17)「UNITAF配備軍が示した現時点までの進展は，国連指揮のUNOSOMへの移行に備える措置を講じる段階になったことを示している」Report dated January 16,1993, by the United States of America pursuant to Security Council resolution 794（New York, United Nations, S/25126, January 19,1993），p.3.

(18)「UNITAF配備軍のプレゼンスがもたらす数多い是正効果にもかかわらず，

nals", in Journal of International Criminal Justice（Oxford, Oxford University Press 3,2005）, p.82-102. 移行期の司法についての概括的な評価は，the report of the Secretary-General, The Rule of Law and Transitional Justice in Conflict and Post-Conflict Societies, S/2004/616, August 23,2004.

（66）コソボにおける国連関与の好評価について，A Kosovo Roadmap（II）. Internal Benchmarks（Pristina/Brussels, International Crisis Group, 1 March 2002）.

（67）コソボ情勢に関する99年6月10日採択の安保理決議1244参照のこと。

（68）A Kosovo Roadmap（II）: Internal Benchmarks（op. cit.）参照のこと。

（69）コソボ議会選に関する二つの評価について，以下を参照。Elections 2004 : A major milestone of progress（Pristina, Focus Kosovo, September-October, 2004）, and Daniel Williams, Serbs Boycott Kosovo Elections（Washington Post, October 23,2004）.

（70）これに関して，以下を参照のこと。Testimony by Valery Percival before the US Commission on Security and Cooperation in Europe（Helsinki Commission）on Ethnic Harmony in Kosovo（International Crisis Group, June 19,2002）. On the anti-Serbs riots of March 2004, see Collapse in Kosovo（Pristina/Belgrade/Brussels, International Crisis Group, April 22,2004）, p. i and Kosovo : Toward Final Status, European Report No 161, January 24,2005（Pristina/Belgrade/Brussels, International Crises Group, January 24,2005）.

（71）David Rohde, The Betrayal and Fall of Srebrenica（New York, Farrar Strauss & Giroux, 1997）and David Rieff, Slaughterhouse : Bosnia and the Failure of the West（New York, Touchstone Books, 1996）.

（72）例えば，Mike Blakey, "Somalia", in Michael E, Brown and Richard N. Rosecrance（ed.）, The Costs of Conflicts. Prevention and Cure in the Global Arena（op. cit.）, p.82, and Somalia : Countering Terrorism in a Failed State（Nairobi/Brussels, International Crisis Group, May 23,2002）を参照のこと。

（73）Biting the Somali Bullet, Africa Report No 79（Nairobi/Brussels, International Crisis Group, May 4,2004）.

（74）内戦期間中，MPLA 政府はソ連とキューバからの支援を受けた。米国と南アフリカ共和国はUNITAを支援した。

（75）UNAVEMの活動は91年6月まで続いた。

（76）UNAVEMⅡの年間予算は1億1800万ドルで，当初要員は軍監視団350人，警察監視団126人，文民は国際スタッフ87人，現地スタッフ155人，選挙監視団 400 人。Dennis C. Jett, Why Peacekeeping Fails（New York, St. Martin's Press, 1999）, p.81-82参照のこと。

（77）94年11月に調印されたルサカ合意で，アンゴラの関係勢力は停戦の監視や管理，全体的な検証作業を政府と UNITA の参加する新しい枠組みにおい全会一致で採択した。Human rights questions : human rights questions, including alternative approaches for improving the effective enjoyment of human rights and fundamental freedoms,Report of the Third Committee,General Assembly,A/57/806, May 6,2003 and Secretary-General replies to Cambodian Prime Minister's Letter on Trial of Khmer Rouge Leaders（New York, United Nations Press Release, SG/SM/8341, January 20,2002）を参照。

(61) デイトンでの和平交渉と合意について，Jean-Marc Coicaud, "La communauté internationale et l'Accord de Dayton", in Le Trimestre du Monde（Paris）, Spring 1996, Volume II, issue 34を参照のこと。

(62) 国連はデイトン和平合意の履行に関して，相対的にほとんど責任を有していなかった。国連の他に，履行任務は同合意に基づく上級代表事務所（OHR），NATO 主導軍，全欧安保協力機構（OSCE），現地関係者の手に委ねられた。デイトン和平合意と，多様な行為者によるその後の和平構築活動の全体像については，Elizabeth M. Cousens, "Building Peace in Bosnia", in Elizabeth M. Cousens and Chetan Kumar, with Karin Wermester（eds.）, Peacebuilding as politics. Cultivating Peace in Fragile Societies（op. cit.）を参照のこと。

(63) 95年12月21日採択の安保理決議1035を参照のこと。さらに，デイトン和平合意は国連難民高等弁務官に対し，戦争前の居住地への難民帰還を促進させる責任を課した。これが和平合意履行の成功に向け一つのカギとなった。残念なことに，難民帰還は極めて限られた規模でしか実現しなかった。さらに，難民の大半が所有財産の権利を主張し，それらを安い値で売却するためだけに帰還し，それを元手に新たな場所で生活を始めようとしたと思われる。

(64) Policing the Police in Bosnia : A Further Reform Agenda（Sarajevo/Brussels, International Crisis Group, report no 130, May 10,2002）. For a recent update on these issues, see Euforia : Changing Bosnia's Security Arrangements（Sarajevo/Brussels, International Crisis Group, June 29,2004）, p.6-9参照。

(65) 旧ユーゴスラビア戦犯臨時法廷が，ボスニア・ヘルツェゴビナに対する国連関与の曖昧さを示すもう一つの側面である。法廷の実績はルワンダ国際法廷ほど悪いものではないかもしれない（旧ユーゴの場合，05年初めで35件が終了し，被告 107 人の裁判が行われている。http://www.un.org/icty/glance/index.htm. 同時期に，ルワンダ法廷では11件が終了したにとどまる。http://www.ictr.org/default.htm）。しかし，旧ユーゴ法廷の活動を阻害するさまざまな問題が生じている。Ralph Zacklin, "The Failings of Ad Hoc International Tribunals", in Journal of International Criminal Justice（Oxford, Oxford University Press, 2,2004）, p.541-545, and Dominic Raab, "Evaluating the ICTY and its Completion Strategy : Efforts to Achieve Accountability for War Crimes and their Tribu-

動の展開を承認した。UNOMSILはUNAMSILにとって代わられた。99年10月22日採択の決議1270参照。

(52) シエラレオネの現状に関する追加情報については，Liberia and Sierra Leone: Rebuilding Failed States, Crisis Group Africa Report No87,（Freetown/Brussels, International Crisis Group, December 8,2004）参照。

(53) 安保理は04年3月30日，UNAMSILがシエラレオネで，05年1月1日から当面6カ月を活動期間とする残務処理に従事すると発表した。04年3月30日採択の決議1537を参照。また，04年6月27日に行われた国連シエラレオネ派遣団のDaudi Ngelautwa Mwakawago大使による記者ブリーフィングの写しを参照。

(54) Indonesia:Implications of the Timor Trials, Indonesia Briefing,（Jakarta/Brussles, International Crises Group, May 8,2002），およびEast Timor Human Development Report 2002 : The Way Ahead（Dili, Unted Nations Development Programme East Timor, 2002）を参照のこと。

(55) 99年10月25日に採択された安保理決議1272はUNTAETに以下の任務を列挙した。東ティモール全土で治安を充実させ，法と秩序を維持すること，機能性ある政権の樹立，公務員組織と社会福祉事業の進展を支援すること，人道支援物資の調整と配給，復興および開発支援の保証，自立政権のための能力開発と，持続可能な開発の条件整備を支援すること――である。

(56) 02年5月20日，当初活動期間12カ月の国連東ティモール支援団が設立された。Security Council Resolution 1410, S/RES/1410, May 17,2002参照。

(57) 東ティモールでの広範な任務では司法システムや中核となる行政および政治組織への支援を提供し，平和と安定の維持を支えることになっている。04年11月16日採択の安保理決議1573を参照のこと。深い分析は，長谷川祐弘・東ティモール国連事務総長特別代表, The Role of the United Nations in Peace-Building in Timor Leste : The Consolidation of Peace, Kyoto Meeting on Threats, Challenges and Change（Kyoto, July 6-7,2004），http://www.unagencies.east-timor.org/Speeches/SRSGKyotoMeetingSpeech6July04.pdf.

(58) Michael W. Doyle, "Peacebuilding in Cambodia : Legitimacy and Power", in Elizabeth M.Cousens and Chetan Kumar,with Karin Wermester (eds.),Peacebuilding as politics : Cultivating Peace in Fragile Societies（op. cit.），p.99-101.

(59) Cambodia : the Elusive Peace Dividend, International Crises Group Asia Report No8（Phnom Penh/Brussels, International Crises Group, August 11,2000），Reform for What ?:Reflections on Public Administration Reform（Cambodia, United Nations Development Programme, June 2002）を参照。

(60) 国連総会は03年5月14日，民主カンボジア時代の犯罪行為の訴追（カンボジア国内法による）に関して，国連とカンボジア間の仮合意を含む決議を

(41) 97年1月20日採択，安保理決議1094。

(42) MINUGUA に関する詳細は，例えば Susan D. Bergerman, "Building the Peace by Mandating Reform : United Nations-mediated Human Rights Agreements in El Salvador and Guatemala", in Latin American Perspectives（op. cit.）参照。

(43) 90年から97年までハイチの国連関与に関した全般的な説明と評価について，David Malone, Decision-Making in the UN Security Council : The Case of Haiti, 1990-1997（Oxford, Oxford University Press, 1998）を参照。

(44) 97年11月28日採択の安保理決議1141は国連ハイチ文民警察派遣団の創設と，専門的な自活能力を有し，全面的に機能する国家警察，民主主義の確立，司法制度の復興を求めた。Report of the Secretary-General on the United Nations Civilian Police in Haiti, S/2000/150（New York, United Nations, February 25,2000）を参照のこと。

(45) 事務総長の勧告に従って，安保理は04年4月30日決議1542を採択し，当面6カ月間を活動期間とするMINUSTAHを創設した。権限が04年6月1日にMIF から移譲された。安保理は04年11月29日，ハイチの状況は依然として地域の平和と安定への脅威であると判断し，MINUSTAH の任務を05年6月1日まで延長するとともに，将来的な再延長も念頭に置いていた。

(46) 国際危機グループは04年11月，「ハイチは無政府状態にずるずると陥っている」と結論付けた。A New Chance for Haiti ?, International Crises Group Latin America/Caribbean Report No10（Freetown/Brussels, International Crisis Group, November 18,2004）参照。

(47) シエラレオネ情勢に関する最近の評価について，Sierra Leone : The State of Security and Governance（Freetown/Brussels, International Crisis Group, September 2,2003）。

(48) 2000年2月7日採択の決議1289および5月19日採択の決議1299を参照。また，Sierra Leone After Elections:Politics as Usual ?, Africa Reports No 49（Freetown/Brussels, International Crisis Group, July 12,2002）も参照のこと。

(49) 特別法廷の設置について，Letter dated 6 March 2002 from the Secretary-General addressed to the President of the Security-Council, S/2002/246, March 8,2002, appendix II. その進展と状況について，Letter dated 26 February 2004 from the Secretary-General addressed to the President of the Security-Council, S/2004/182, March 10,2004.

(50) その報告はシエラレオネの過去の包括的な理解と，政治，経済的に健全な将来に向けて多くの教訓を提示した。Sierra Leone Truth and Reconciliation Commission finale report , October 27,2004, http://www.usip.org/library/tc/tc_regions/tc_sl.html#rep

(51) 安保理は99年10月22日，新たに，以前と比べかなり大規模な平和維持活

(30) 平和維持活動に対する貢献額には94年の国連平和維持活動の分担金を含むが，安保理決議を支援する諸国の自発的な拠出金は入っていない。国防支出のデータはNATOが合意採択した国防総費用に関する定義に基づく。詳細については，Report on Allied Contributions to the Common Defense : A Report to the United States Congress by the Secretary of Defense（op. cit.），table "Selected Country Responsibility Sharing Indicators and Contributions"の95年版および，99年版の表E-12を参照のこと。www.defenselink.mil/pubs/allied.html.

(31) 90年代の平和維持活動に関する安保理決議を概観するには次のアドレスを参照のこと。http://www.un.org/documents/scres.htm

(32) UNPREDEP 創設に関する95年3月31日採択の安保理決議983参照のこと。

(33) Henryk J. Sokalski, An Ounce of Prevention. Macedonia and the UN Experience in Preventive Diplomacy（Washington D. C., United States Institute of Peace Press, 2003）.

(34) 98年11月の議会選挙で樹立されたマケドニア新政権は台湾を承認した（台湾が15億ドルの経済支援を約束した）。このため，中国は2000年2月にUN-PREDEP延長に対して拒否権を行使した。マケドニア政府は，台湾承認が中国の反発を引き起こすだろうと分かっていたに違いない。これがマケドニアの望んだ出来事であったかもしれない。マケドニアにおける国連の関与を終わらせ，NATO展開への移行を望んでいたと思われる。

(35) ONUSAL 創設およびその責務の一覧を規定した91年5月採択の安保理決議693を参照。

(36) Susan D. Bergerman, "Building the Peace by Mandating Reform:United Nations-mediated Human Rights Agreements in El Salvador and Guatemala", in Latin American Perspectives, volume 27, Issue 3（Riverside, CA, Sage Publications, May 2000）, p.63-87.

(37) Robert C. Orr, "Building Peace in El Salvador", in Elizabeth M. Cousens and Chetan Kumar, with Karin Wermester（eds.）, Peacebuilding as politics. Cultivating Peace in Fragile Societies（Boulder, CO, Lynne Rienner Publishers, 2001）.

(38) ONUMOZ創設を定めた92年12月採択の安保理決議797参照。

(39) 双方の民兵動員解除は非常に緩慢に始まったが，最終的には成功裏に終わった。しかしながら，民兵の武器が押収され，あるいは破壊された例はほとんどなかった。モザンビークで武装解除が国の優先案件として真剣に取り組まれたことは一度もなかった。

(40) モザンビーク国連平和維持活動の詳細な評価については，Richard Synge, Mozambique : UN Peacekeeping in Action 1992-1994（Washington, D. C., United States Institute of Peace Press, 1997），例えばp.10-11と165-167を参照のこと。

(22) Boutros Boutros-Ghali, An Agenda for Peace (New York, United Nations, second edition, 1995).

(23) 民主主義高揚作戦は94年9月，米軍主導の多国籍軍展開で開始した。作戦は95年3月31日，国連ハイチ派遣団（UNMIH）に引き継がれた時点で公式に終了した。しかしながら，大規模な米軍部隊が96年までUNMIHに参加した（米軍司令官が国連部隊司令官を兼任した）。

(24) David Cortright and George A. Lopez, The Sanctions Decade. Assessing UN Strategies in the 1990s (Boulder, CO, Lynne Rienner Publishers, 2000), p.1-2 and throughout the book. 及び次の書を参照。Larry Minear, David Cortright, Julia Wagler, George A. Lopez, and Thomas Weiss, Toward More Humane and Effective Sanctions management : Enhancing the Capacity of the United Nations System, Occasional Paper # 31 (Providence, RI, Brown University, Thomas Jr. Institute for International Studies, 1998), p.3-6. 90年代，加盟各国はまた単独か，二国間あるいは地域レベルの経済制裁を30回以上，実施した。

(25) イラク制裁は湾岸戦争とその後の事態に応じて実施された。そこには包括的な貿易制裁（安保理決議661,90年8月6日採択），航空禁輸措置（同670,90年9月25日採択），イラクによる諸条件履行まで全面的貿易制裁措置の維持（同687，91年4月3日採択），石油食糧交換取り決めの当初の承認（同712，91年9月19日採択），その後の石油食糧交換取り決め承認（同986，95年4月14日採択）が含まれた。リビア制裁（同748，92年3月31日採択），同883，93年11月11日採択，同1192，98年8月27日採択），スーダン制裁（同1054，96年4月26日採択，同1070，96年8月16日採択），アフガニスタン制裁（同1267，99年10月15日採択）はテロ問題に対応した。

(26) 89-90年に活動した国連中米監視団（ONUCA）がこの一例である。87年に調印されたエスキプラスII合意では，ホンデュラス，ニカラグア，グアテマラ，コスタリカ，エルサルバドルが国民和解，敵対行為の停止，民主化，非常事態宣言終結，自由公正選挙の実施を含む多くの誓約を行った。89年11月7日採択された安保理決議644に従って創設されたONUCAは，エスキプラスII合意に含まれる保安措置の検証を現場で実施するよう要請された。

(27) Report on Allied Contributions to the Common Defense : A Report to the United States Congress by the Secretary of Defense (Washington, D. C., Office of the Secretary of Defense, 1995), Annexes 5,15 and 16.

(28) SIPRI Yearbook. Armaments, Disarmament and International Security (Oxford, Oxford University Press, 2000), p.260.

(29) "Federal Budget Outlays for National Defense Functions : 1980 to 1999", in Statistical Abstract of the US : 1999 (Washington, D. C., Bureau of Census, 1999), p.368 参照。

dies, p.3, see www.defence.gov.au.

(12) 金額は前掲書より。Mike Blakey, “Haiti”, in Michael E. Brown and Richard N. Rosecrance (eds.), The Costs of Conflicts. Prevention and Cure in the Global Arena (op. cit.), p.105.

(13) Andrea Kathryn Talentino, “Bosnia”, in Michael E. Brown and Richard N. Rosecrance (eds.), The Costs of Conflicts. Prevention and Cure in the Global Arena (op. cit), p.43 and 44.

(14) 前掲書。

(15) 国連には国連軍あるいは待機部隊が用意されていないため，安保理が新しい活動創設を求めるたびに部隊編成を一から作りあげなければならない。平和維持活動へ参加させる要員派遣が各国の義務ではないことを考慮すれば，困難な事業となる。加えて，派遣国は活動から自国要員を撤収させる権利を持つ。

(16) 国連平和維持活動の背景説明付記を参照せよ。(http://www.un.org/Depts/dpko/dpko/bnote.htm). この事態はとくにボスニア・ヘルツェゴビナにおける英仏両国にあてはまった。仏の犠牲者は92-95年の間，UNPROFOR要員53人。比較的，犠牲者が多数なのは平和維持活動の運用規則に原因の多くがある。平和活動の運用規則は要員の武器使用を自分の生命保護にのみ許可するとしている。このため，平和維持部隊は軽武装の例が多い。これはボスニア・ヘルツェゴビナにおけるUNPROFORにあてはまった。92年7月の展開にあたり，UNPROFORは軍要員，警察，文官で構成された。人道目的のためサラエボ空港を開く任務や，指定された地域の武装解除，住民保護の諸任務を委ねられた。この任務は通常の平和維持活動規則のもとでは達成が困難な上，危険も伴った。それゆえ，要員に多くの犠牲者を出す結果となった。部隊は同じ任務（活動規則の変更なしに）に95年12月まで従事した。

(17) 国連平和維持活動の背景説明付記を参照せよ。(http://www.un.org/Depts/dpko/dpko/bnote. htm.)

(18) Mike Blakey, “Somalia”, in Michael E. Brown and Richard N. Rosecrance (eds.), The Costs of Conflict. Prevention and Cure in the Global Arena (op. cit.), p.82.

(19) Andrea Kathryn Talentino, “Bosnia”, in Michael E. Brown and Richard Rosecrance (eds.), The Costs of Conflict. Prevention and Cure in the Global Arena (op. cit.), p.40 and 42.

(20) NATOのコソボにおける役割を参照。Historical Overview : www.natio.int/kosovo/history.htm

(21) David Carmen and Albrecht Schnabel, “Conflict prevention. Taking stock”, in David Carmen and Albrecht Schnabel, (eds.), Conflict Prevention : Path to Peace or Grand illusion ? (Tokyo/Paris/New York, United Nations University Press, 2002)

目がなければ，国際協力の多くの局面が今日のように機能するのは無理であろう。

(2) 現行の平和維持活動を参照されたい。国連広報報道局ウェブサイト。www.un.org/Depts/dpko/cu mission/body.htm

(3) 91-2000年の平和活動年間予算は以下の通り。91年4億ドル，92年14億ドル，93年38億ドル，94年35億ドル，95年31億ドル，96-97年14億ドル，97-98年13億ドル，98-99年10億ドル，99-2000年17億ドル，2000-01年25億ドル（国連平和維持活動局ウェブサイト参照のこと。www.un.org/Depts/dpko/view）

(4) 91-2000年の国連通常予算総額は各国分担金に基づく限り，137億ドルを超過していない。91年11億ドル，92年12億ドル，93年12億ドル，94，95，96，97，98，99年各13億ドル，2000，01年各12億ドル。国連広報報道局ウェブサイト参照のこと。

(5) 難民高等弁務官事務所（UNHCR）予算はほとんど全額を各国政府，非政府組織，個人からの直接か自主的な貢献によって賄うが，94年に最高規模となった。その額が14億ドル。主に旧ユーゴスラビアとアフリカ・グレートレーク地域で起きた難民発生の緊急事態による。

(6) Michael E. Brown and Richard N. Rosecrance（eds.），The Costs of Conflicts. Prevention and Cure in the Global Arena, Carnegie Commission on Preventing Deadly Conflict（Lanham, MD, Rowman & Littlefield Publishers, Inc., 1999）.

(7) Mike Blakey, "Somalia", in Michael E. Brown and Richard N. Rosecrance（eds.），The Costs of Conflict. Prevention and Cure in the Global Arena（op. cit.），p.101-102.

(8) Mike Blakey, "Haiti", in Michael E. Brown and Richard N. Rosecrance（eds.），The Costs of Conflicts. Prevention and Cure in the Global Arena（op. cit.）p.102.

(9) Andrea Kathryn Talentino, "Bosnia", in Michael E. Brown and Richard Rosecrance（eds.），The Costs of Conflict. Prevention and Cure in the Global Arena（op. cit.），p.42. これだけがNATOがボスニア・ヘルツェゴビナ紛争で負担した費用ではなかった。NATOはもともと国連支援の目的で戦争に介入した。その任務には財政負担も含まれており，NATO主導により，96年末にIFORを引き継いだ治安維持部隊（SFOR）がこれにあたる。

(10) SIPRI Yearbook 2000. Armaments, Disarmaments and International Security（Oxford, Oxford University Press, 2000），p.32.

(11)「（東ティモール）派遣ミッションのために，活動と要員用の資金を飛躍的に増大させる必要があった。40億豪ドル（21億米ドル）の追加が，歩兵部隊とその他の作戦部隊増派を含むティモール展開に必要と試算されている」（Allan Hawke, Secretary of the Department of Defence, "Money Matters", paper based on an Address to the Royal United Service Institute of Victoria for Defence Stu-

原　注

序

(1) 日本では大半のアジア諸国と同様，国連が尊敬と信望の念を得ている。これは西側諸国，特に国連とその国際主義の理想に最も関与してきた西欧諸国と比べても，際だって異なる感覚といえる。

(2) A More Secure World : Our Shared Responsibility. Report of the High-Level Panel on Threats, Challenges and Change（New York, United Nations, A/59/565, December 2,2004）.

(3) 国連創設60周年の記念討議を参照のこと。

(4) そのピークは主にソマリアでの国連活動（UNOSOM II）と，旧ユーゴスラビアでの国連保護軍（UNPROFOR）の拡大によるものであった。94年末には，UNPROFORだけで規模が4万人近くに達した。

(5) 90 年代の紛争原因の概観には，Preventing Deadly Conflict. Final Report, Carnegie Commission on Preventing Deadly Conflict（New York, Carnegie Corporation of New York, December 1997），p.25-29を参照のこと。

(6) Paul Taylor and Karen Smith, "The United Nations", in Lena Johnson and Clive Archer（ed.），Peacekeeping and the Role of Russia in Eurasia（Boulder, C. O., Westview, 1996），p.200-208.

(7) 深刻度が低水準の紛争に関する詳細な定義については，Martin van Creveld, The Transformation of War（New York, The Free Press, 1991），p.18-25を参照。

(8) 人権は西側民主主義文化（決して武力だけに基盤を置かず，かつ自国民を大切にする社会は，ある種の人権感覚を具現する）の独占物ではない。しかし，西側文化に特有なのは人権が普遍的であり，人類はすべて，だれであろうと，またどこに住んでいようと，同じ基本的権利を有すべきであるとする理念である。

(9) この問題について，Pierre Hassner, "La signification du 11 septembre:divagations politico-philosophiques sur l'événement", in Pierre Hassner, La terreur et l'empire. La violence et la paix II（Paris, éd. du Seuil, 2003），p.383-402.

第1章　九〇年代の平和活動の広がりと限界

(1) 平和活動以外の国連活動が注目されない傾向がある。それは重要度が低いからではない。国際法を例にあげよう。国連がこの分野で成し遂げた進展はメディアの大見出しとはならないが，おそらく過去60年でもっとも進歩を刻んできた分野の一つであろう。国連が創設に貢献してきた多国間合意の網の

ポスト国連を見すえて——訳者解説にかえて

池村俊郎

国際連合は、いうまでもなく人類最後の世界戦争とみなされた第二次大戦後、世界の恒久的な平和と安定の礎となるべく設立された。その憲章第一条は国連の第一の目的として、「国際平和と安全を守ること」を掲げる。振り返ってみれば、米国を中心とする戦勝国の理想を基盤に恒久平和の実現を託された国連ではあったが、瞬く間に、もともと顕在していた米ソ対立の渦中に投げ込まれた。その後、ソ連崩壊によって東西冷戦が終結すると、九・一一米同時テロに始まる新たな恐怖と憎悪の時代に直面した。イラク戦争、中東和平、スーダン・ダルフール危機、北朝鮮とイラン核問題、そして地球温暖化と現代世界は難題を抱えており、それらは常に国連の試練につながっている。

それでも、東西冷戦が終焉を迎えた一九九〇年代、だれもが今度こそ世界は希望の時代を迎えるだろうというバラ色の夢を思い描いた時期があった。そこでは当然、国連が大きな役割を担うと信じられたのである。ところが、国連にとって本当の苦難の道がそこから始まった。九・一一テロをきっかけとした恐怖の連鎖にとらわれたブッシュ米政権が、アフガニスタン侵攻からイラク戦争へとなだれ込み、国連と国際社会は米国の一国主義の前に翻弄され続けた。しかし、米国の圧倒的な軍事力がもたらした戦勝気分は、フセイン体制放逐後のイラク情勢が混乱の極みへと一変したことで吹き飛んだ。再選を果たしたものの、ブッシュ政権には名誉ある撤退の道も残されていず、求心力を失ったまま、八年の任期を終える。国連はといえば、この事態を前にしながら、ほとんど役割を果たせず、国際平和と安全の実現を託されたはずの世界機構はますます存在意義を問われるに至っている。

東西冷戦という、ある意味で不安定な抑制と均衡を世界にもたらしてくれた行き詰まり状態が、もはや国連の機能不全の釈明理由とならないがゆえに、今日、国連が直面した危機はより国際機構の本質に関わっている。国連には果たして、今後も存続理由があるのだろうか。たとえ、巨大な官僚機構として生き延びたとしても、テロ戦争という未知の恐怖と憎悪の時代にあって世界各国の人々に安寧をもたらす有効な手だてを提供し、創設理念に掲げられた平和と安定へ向けて信頼に足る歩みを刻んでいけるのか。いま我々は、設立以来六〇年以上を経過した国連が、東西冷戦時代にさえ経験しなかった存在意義を問われる初めての時代にさしかかったのである。

ここに訳出されたジャン=マルク・クワコウ教授の著書『国連の限界/国連の未来』は、まさしく冷戦体制終焉の熱狂から九・一一テロ、そしてイラク戦争に至るほぼ十数年の経過を検証して、そこから洗い出された命題を政治・法哲学の視点から考察し、国連の存在理由を問い直すべく執筆された。国際政治の観点からも世界機構の置かれたポスト冷戦時代の国際環境に検討を加えつつ、今後の国際社会がどのような普遍理念を共有していくならば、世界機構が真の存在意義を見出し、世界中の国々と人々が平和と安定を分かち合える時代が切り開かれるかを展望した意欲作である。訳出されたのはより大部の英語版（原題 “The Politics of International

Solidarity")をもとに著者が特別に編集し直した日本版であり、とくに日本と国連を論じた第七章は日本の読者向けに加筆されている。

たまたま、私は本書が検証を加えた九〇年代からブッシュ政権のイラク戦争にかけて、新聞社の海外特派員として国際報道に携わってきた。国際政治の現場でポスト冷戦時代の激しい転変をくぐった日本人記者の一人として、国際的危機の背景を取材する立場にあった。その体験を踏まえ、関連した国際紛争の舞台裏を垣間見るエピソードを紹介しながら、著者の問いかけをいま一度考えなおしてみたい。

＊　＊

政治哲学のフランス国家博士であるクワコウ教授が、レンガを一個ずつ積み上げていくように構築した論理をたどり、キーワードとして指摘した主要な概念を検討するならば、その論理のいきつく先に一つの問いかけが浮かび上がってくるはずだ。冷戦後の国際平和と安定の実現で失敗を重ねた国連とともに、自らイニシアチブをとったイラク戦争後の混乱に直面し、狼狽する米国の一国主義もまた、米国流の恒久平和へ踏み出す野心において挫折した。では、国連と米国外交にどんな修復が必要なのか。そして現行の国連でも米国の力でもないのであれば、いったい何が来たるべき時代の国際平和の保証人たり得るのか。それが投げかけられた問いとなるであろう。

教授はここで、国連を将来にまたがる国際平和の保証人と位置づけ、考察を展開している。ただし、そこには「とりあえず」という条件が付加されている。では、その主たる条件とは何か。結論から先にいえば、国連を加盟各国に利益をもたらす互恵関係の真実の多国間主義の場とするために、人権擁護など国際社会の普遍理念たりうる一般諸原則の価値を再検証し、それら諸原則が各国共有のものとなる民主主義の「国際社会化」が実現すること。そして、諸国家ヒエラルキーの頂点に立つ指導国として、民主主義理念のモデル国家たる米国が国際社会の真の指導国に立ち戻ることである。

国連についていえば、官僚機構として機能強化する構造改革を避けて通れないのはもちろんだが、従来からメディアをにぎわせている形の改革論議にとどまらず、「グローバル・ガバナンス」を支える普遍理念の強化こそが、国連に次の時代が切り開かれるカギと指摘する。その点で、わが国の論壇やマスコミ報道を見ると、安全保障理事会の改組こそが国連改革の核心といわんばかりの論調だけが目立つ。そこでは機構上の構造改革と、強国間のパワー・ポリティックスの比重変化に関心を集中するのに対し、普遍理念の強化に焦点をあてた本書から、別な角度の刺激的な論理展開を読みとれるはずだ。著者の指摘によって、日本でほとんど論議の対象とさえなっていない政治・法哲学の領域に、国連の将来に関わる重大な課題が含まれていることにも気づかされよう。

教授の有したユニークさの一つには政治哲学の専門家でありながら、国連事務総長の側近スピーチライターとして重ねた豊富な現場体験がある。それゆえ、アカデミズムにありがちな良くも悪くも理想主義の先走りとか、理念遊技といった弱点を回避し、かといって現実主義の仮面を被っただけの現状肯定論や、現場優先を金科玉条とした狭隘な体験主義に陥ることなく、国際機構の行く末を考察する稀有な立場を獲得した。国際報道に携わる訳者としては、概念考察が国際政治の現実とあまりに乖離する限り、説得力を持ち得ないと常々考えている。それだけに、本書は現場主義者にもパワー・ポリティックス信奉論者にも、一読してほしいバランスのよさを有していると思える。

知的ロードマップ

国連が次の時代を切り開くために、また、イラク戦争によって米国と国連のいずれもが行き詰まった現状を打開していくには、国際社会の一体感を取り戻すために普遍的理念の再確認が必須となる。クワコウ教授が本書全体を貫く知的なロードマップとして序章に掲げた概念と理念が、まさしく再確認すべき対象である。中でも重要なのが、「国際的連帯」「国際的な正当性」「国際的連帯と国際安全保障の接合」「国際的な民主主義文化」といった概念となろう。

そもそも、国際的連帯の実現がない限り、ポスト冷戦体制の世界各地で発生してきた地域紛争、内戦の進行を食い止める真摯な国際社会の介入はあり得なかったし、今後もあり得ない。九・一一テロを受けてイラク戦争につながる米国の一国主義もまた、国際的連帯に実質を認めず、巨大な国力と軍事力を駆使することによって、民主主義の拡張という自国の掲げた理想に突っ走る行動主義となって表出した。国際的連帯が無視された時、たとえ米国が民主主義の拡張というよき目標を掲げたとしても、その行動は米国の国益狙いだとして他の国々の疑念をかりたてる。また、連帯を基盤としなかった大国の試みが失敗した場合、あえて救援の手を差し伸べようともしないだろう。出口の見えないイラク戦争後の混乱に際し、多数の国々が米国の窮状に向けた冷めた視線がまさにそれを実証している。

「国際的な正当性」とは国家主権の不可侵性や、内政不干渉といった原則を破ってでも他国で起きている重大な人権侵害を阻止し、懲罰する行動を正当化できる概念となる。本来、国家主権の不可侵性は一七世紀の欧州にあって覇権争いを調停し、国家単位の国際社会を基礎づけたとされるウエストファリア条約以来、絶対原則とされてきた。直近の事例でもルワンダ大殺戮に国際社会が対処を誤った背景に、ルワンダが大国の権益と関係が薄かったという事実だけでなく、この原則が当初の不干渉の言い訳とされたのは間違いないであろう。

その国家主権の絶対性を根本から覆したのがブッシュ米政権のイラク戦争となる。米政権は暴虐なサダム・フセイン体制の不当さと、世界の安定を潜在的に脅かす危険性を糾弾し、人権擁護と民主主義を掲げた新政府樹立の体制転換を目標とした。国際社会がイラク民主主義体制の樹立を歓迎するにしても、一方的な戦争宣言は国際社会を賛否両論に分断せざるをえない。結局、国際的連帯を無視したブッシュ政権の行動主義は、国際的な正当性を獲得できなかったのである。当時、国連安保理（すなわち国連）の承認を得ずに開戦に突入した点が米国の単独行動の抱えた根本的な瑕疵とされた。だが、安保理の承認があったのであれば、自動的に正当性が獲得できたといえるのであろうか。そこに国際的正当性の概念が持つ問題の根深さがある。

クワコウ教授は自著『政治的正当性とは何か』（邦訳藤原書店、二〇〇〇年）で、正当性の命題を正面からとりあげている。「政治的正当性とは統治の権利の承認」であり、「政治権力と服従とを同時に正当化する」ものだ。つまり、民主主義国家で議会討議を通じ、一つのコンセンサスが出来上がった場合、権力の執行と服従が構成員の大多数に受容されるように、国際社会でも同じようなプロセスを前提とする概念である。そこから国連の現状を見た時、さまざまな問題提起が可能であろう。国連が果たして、国際社会の「民主議会」たりえているか。安保理の決定が国際社会の真の統一意思の表明といえるのか。そうでないのであれば、どのような改革改編が必要なのか。国連改革論議も本来、そうした観点を見すえたものでなければならない。現行の国家構成による安保理決議が持つ国際的正当性とは、本来、〝暫定の国際的正当性〟というべきものではないのか。

「国際的連帯と国際安全保障の接合」もまた、重要な概念である。本書では、米国の新保守主義者、いわゆる

「ネオコン」派を皮肉る上でホッブズの名に一度だけ言及するが、西欧の政治哲学、政治思想史を貫く、ホッブズからカント、ヘーゲルへとつながる国家関係のとらえ方が、通奏低音のように知的ロードマップの概念考察に介在している。ここでは国際的連帯を基盤として国際社会の安全保障を確保していかない限り、安全と治安の確保は永久に不可能とする教授の主張にとどめておきたい。実際、米国がフセイン体制を崩壊させたとしても、自国の道徳観による単独行動では安定を確保するに至らなかったし、資源や支援の面でも行き詰まりつつある。また、世界のテロ集団の跋扈を根絶やしにできるわけではないことは、世界各地で顕在し続けるテロの脅威が示す通りだ。

こうした概念、理念を総合するものとして「国際的な民主主義文化」が提示される。クワコウ教授は冷戦体制終焉とともに、国連が九〇年代に急増させた人道的危機に対処する平和活動こそ、国際社会は荒ぶる力がまかりとおるホッブズ流のとらえ方からかけ離れつつある証左とし、民主主義文化が国家の枠組みを超えて広がっている指標ととらえる。それらの出発点となるのは、どこであれ、だれであれ、擁護されるべき人権の普遍的価値であり、その価値観の共有と拡大こそが、民主主義文化の「国際社会化」が推進される上で一つのカギとなるという考えに立っている。これらの主要概念をなぜ著者が提示したか理解するならば、著者の手引きによって読者は現行国連の限界と未来の可能性を考察する素材を得ることになろう。

国連と米国——不信の舞台裏

国連活動の中で平和維持活動（ＰＫＯ）に関心が集まるのは、平和と安定に直接関わる国際的連帯への目に見える貢献であるばかりか、民主主義文化が国の枠を越え、国際社会に拡大する度合いを示す指標となりうるからでもある。日本でも九二年、国論を二分してまでカンボジア平和維持活動へ自衛隊と文民警察官を派遣した際、国際平和への具体的な貢献と高く評価された。日本が開発支援で地道な国際援助を展開してきた国であるにもかかわらず、海外派遣された自衛隊部隊が他国のPKO参加部隊とともに駐屯した存在感はやはり大きかった。

冷戦体制の終焉後、一時的にせよ、国際社会の一体感が高まったのを受け、一気に花開いた国連平和活動だったが、もともと五六年、エジプト・スエズ動乱で侵攻した英、仏、イスラエル軍を撤収させるため、ハマーショルド国連事務総長とカナダのレスター・ピアソン外相が編成にこぎつけた国連緊急軍を伝統的な平和維持軍の嚆矢とする。カナダがそれ以後もPKOを支えた貢献国として高い評価を集め続けるのは、偶然ではなかった。

だが、九〇年代に国連平和活動が急増し、各国が競うように参加を表明するようになったとはいえ、第一章の活動評価が示すように、成功例といえるのはマケドニアやエルサルバドルなど、わずか四件に過ぎない。日本人要員に犠牲者を出しながら、国内では成功の印象を与えたカンボジアPKOでさえ、成功と分類できない厳しい判定に驚く人もいるだろう。中でも、大虐殺を防止できなかったルワンダ危機と、欧州の膝元で膨大な犠牲者を出したボスニア・ヘルツェゴビナ紛争で、オランダの国連PKO部隊がセルビア人勢力に拘束されて攻撃を防ぐ人質の盾とされ、ブルー・ヘルメット部隊史に屈辱の汚点を残したのが、大失敗の典型例である。

国家が外交政策なりの成否を判定し、誤った場合の再検討を行い、次の政策決定に生かすのは必須の作業である。成功より、むしろ失敗事例から学ぶべき教訓は多く、だからこそ、事後の検証作業を避けて通れない。しかし、国連の平和維持活動は参加各国の寄り合い部隊によって構成され、撤収の是非も参加国の意思判断に委ねられる。このため、国連活動について事後検証がどこまで細部にわたって行われるのか、不確かな側面を否定できない。事実、ルワンダ大虐殺防止の失敗について、その検証と教訓が生かされているならば、〇七年初めまでに三〇万以上が死亡し、なお進行し続けるスーダン・ダルフールの悲劇が、ほとんど放置されたままという事態は許されないであろう。

本書では官僚機構としての国連の問題点を第二章で扱う。そこで目を惹くのが、事務総長の人柄もまた国連の危機対応を左右するという国際機構の持つ機微である。米国を筆頭とする巨大な影響力を持つ強大国との関係や駆け引き、大国の思惑に翻弄される国連トップの苦悩の一端も描かれている。過去、歴代八人の事務総長が誕生した。その中で高い評価が残るのは、スウェーデン出身の二代目ハマーショルド事務総長ただ一人といわれる。著者のクワコウ教授が仕えた第六代ブトロスガリ事務総長は、それとは逆の意味で重要な存在である。冷戦崩壊という僥倖に遭遇し、野心的な指導力を国連に付与しようとしながら、意図せずして潮の引いた海岸から表れた巨岩のように国連の本質的な危機を現出させた人物だからだ。

ブトロスガリ事務総長は、東西冷戦終焉を奇禍として、米国の影響力から脱し、国連をより自立性の高い国際機構へ転換を図った。過去、アラブ・イスラエル紛争の重要な交渉局面の前面に立ち、米国のイスラエル寄り外交に何度も煮え湯を飲まされたエジプト外相としての体験も、動機に微妙な影響を与えたであろう。一連の旧ユーゴスラビア危機で焦点となったボスニア・ヘルツェゴビナ紛争で、明石康氏を現地の国連事務総長特別代表に任命したのも、米国に過度に依存せずに和平達成を図ろうとした試みの一つであったといえる。しかし、明石氏任命は、和平推進に寄与するどころか、クリントン米政権による国連批判を強めさせただけで終わる。

当時、私はワシントン特派員として米政権のバルカン危機政策を取材していたので、米政府のオルブライト国連大使や国務省高官がブトロスガリ指導部をいかに毛嫌いし、非難していたか記憶に新しい。象徴的な出来事が、セルビア人勢力に対する北大西洋条約機構（ＮＡＴＯ）の空爆作戦を実施する際、国連とＮＡＴＯ双方が作戦許諾を与えるいわゆる「二重カギ」手続きをめぐって展開した米政府と国連の対立である。軍事作戦は一刻一秒を争う。教科書通りというべき、国連文官による「シビリアン・コントロール」（文民統制）を譲れない明石代表は、詳細な空爆理由の開示と説明を求めた。そのため、作戦実施の遅れで軍事効果が薄れ、意味がなくなる事態さえ発生した。米側は「二重カギ」手続きを、機動性ある危機対応のできない無能な国連のシンボルととらえ、明石氏ともども激しく非難した。これ以後、クリントン政権が二度と国連を紛争対処の中心に置き、その力量と存在を尊重することはなかった。

本書で分析されているバルカン半島とルワンダ危機対応で、米国と国連がいかに相互不信に陥っていったかを見るならば、表面的には多国間主義に一定の理解を示し、国際主義者とみなされたクリントン政権時代に米国と国連の亀裂がいかに深まっていたかを理解できるはずだ。その背景にはまた、一般に文明度が高いとみられた欧州大陸で、ヒトラーのナチズム以来といわれる規模の虐殺が進行したというのに、迅速かつ適切な手段を講じられなかった無力な西欧への増幅された不信感もあった。米国とブトロスガリ体制の国連、そして西欧との相克は、その後に登場し、世界中で賛否両論を巻き起こす「ブッシュ政権の一国主義外交」の序章が、すでに幕を開けていたとも受け取れるのである。

事務総長ポストにはその後、国連高官のたたき上げで、温厚な人柄で知られたコフィ・アナン氏、そして〇七年、第八代事務総長として韓国の潘基文・元外相がそれぞれ就任した。しかし、フランスで高等教育を受けて西欧に知己も多く、かつアラブ・イスラエル紛争交渉という世界的危機を通じた経験を持つブトロスガリ氏でさえ、冷戦後のまたとない好機を生かせず、失敗に終わったことを考えれば、潘事務総長に多くを期待することはできまい。選出にあたり、なぜ主要大国から反対の声が上がらなかったのか。ブトロスガリ体制を経てアナン事務総長時代に発生したイラク戦争に至るまで、米国と国連は決定的な対決の場に立ち、その結果、加盟各国をも分断させた。バグダッドでは国連代表事務所がテロの標的となる前代未聞の惨事まで発生した。米国も国連も深く傷ついた状況で、野心的な事務総長誕生をだれが望むだろうか。

イラク戦争とブッシュ外交

ブッシュ米政権の外交哲学を理解する上で、付け加えるべきものがないほど本書は簡潔かつ正確に尽くしている。米外交を歴史的視点で見た場合、ブッシュ外交がその異端児であるかのような理解だけは避けなければならない。ここではブッシュ政権の外交政策で最大の対外関与となったイラク戦争について、取材者の立場から補足的にいくつか指摘してみたい。

イラク戦争をめぐり、国連安保理を舞台にブッシュ政権に正面から立ちはだかったシラク仏政権との対立劇は、同じ民主主義陣営が真っ二つに割れた稀有な事態である。仏政府に非常任理事国のドイツが同調し、米国に抵抗した時、ブッシュ政権の保守派を代表するラムズフェルド国防相が「古いヨーロッパ」と揶揄し、侮蔑した。それは大西洋を挟み、米国と西欧主要国の独仏両国の抱く世界観が異なる時代になっただけのことなのだろうか。

過去にも、たとえばスエズ動乱の際、エジプトへ派兵した英仏両国にアイゼンハワー米政権が強く警告を発して撤収を迫り、いわば米欧が分裂した前例がある。動乱は結果的に、英仏の長かった植民地主義の歴史に引導を渡し、以後、中東における西側の主役が米国へ移る分水嶺となった。それまでの国際政治構造に何らかの地殻変動が起きるのを予知するかのように、民主主義陣営の政治対立が先鋭化するかのようだ。その点でいえば、イラク戦争をめぐる米仏対立が、一国主義と多国間主義の異なる世界観の対決という理解のされ方だけでよいのだろうか。

世界的な責任をそれぞれ担っている米国とフランスの外交が、そうした枠組みだけでとらえられるほど単層であるはずがない。外交世界で一言居士の異名をとるフランスが、これまでも国際政治のさまざまな状況で米国に異議を唱え、反対する事例は数多くあった。だが、イラク戦争が異例だったのは、仏政府が国内の数多い国会議員でさえ懸念した対米関係の悪化という国益を損ねてまでも、拒否権行使を表明し、米国の行動にいささかの譲歩も拒絶したことである。日本の一部にはガリバー大国の米国に「ノン」をつきつけたフランスの主張を「正義の外交」とみなし、賞賛する声があったが、仏側の事情もそこまで単純ではなかった。確かに国家主権尊重という国際関係の大原則の順守を掲げ、米国の行動主義に「待った」をかけようとしたシラク政権の主張が、一定の「正当性」を備えていたのは間違いない。しかし、米仏間の政治対立を善悪と正邪の図式でとらえるのであれば、国際政治を論理だけで割り切ることになり、現実として最後に表れるのは、たんなる反米主義の勝利となりかねない。

〇二年九月国連総会に始まり、〇三年二月まで安保理を舞台に米仏の外交対立が一気に高まっていく過程を当時、パリから取材記者として見守った。その体験に照らせば、米側の強引なごり押しにも、同盟国に対する仏側の反駁のあり方にも、違和感を覚えたというのが現場で得た一つの結論である。ブッシュ政権がサダム・フセイン体制を追い込むのに、軍事圧力下で大量破壊兵器の査察活動という外交手段にもっと時間をかけていれば、内戦直前にまで悪化する戦争後の混乱とは違う展開がありえたであろう。逆にシラク政権もまた、仏外交官が得意とする外交論理だけで世界の指導国である同盟国を明晰に追及しようとも、傷つくのはすべての民主主義諸国であり、国連そのものと知っておくべきであった。何より、フランスはイラクに対する軍事的圧力には一切参加せず、政治力によるイラク説得を代替手段として提示していたに過ぎなかった。

安保理とは世界政治を裁断する法廷ではない。国際主義に基づく正当性という判断基準とともに、国際社会が避けて通れない現実政治の実利との折衷によって、関係国が「落とし所」を見出す多国間協議の場である。たとえフランスが論理で裁定に勝利したとしても、安保理決議を無視し続け、十分に国連の権威を貶めていた暴虐なフセイン体制の危険性を、最終的にどう除去できるのかという現実問題は残されたままになったはずだ。

クワコウ教授は、力と自国の倫理観で突っ走るブッシュ政権を批判する一方で、フランスを含めた西欧が元来、急激な変化を好まず、力の行使に躊躇する弱点を指摘する。また、ブッシュ外交の登場で米国の一国主義が唐突に表出したという単純な見方にも与しない。歴史的に、米外交には民主主義陣営をまとめあげる多国間主義とともに、専横と批判を浴びようとも、単独行動を辞さない一国主義の要素が常に混在してきた。民主、共和両党の出身を問わず、歴代の米大統領が範とする国際連盟生みの親、第二五代ウィルソン大統領でさえ、理想主義の一国主義者という評価さえある。イラク戦争に突き進んだブッシュ大統領は平和の理想主義とは対極に位置するように思えるが、米国でのブッシュ評価は意外にも、「軍靴を履いたウィルソン主義者」である。ブッシュ外交を単純な一国専横主義とみなさず、米外交の潮流の一部分を肥大化させたものと分析している点で、著者の見方は極めて冷静かつ正確といえる。

本書の記述した時点から時間が経過し、イラクの混乱継続に加え、〇六年米中間選挙でブッシュ共和党が敗退して求心力を失った。その流れは著者の予測範囲に十分とらえられている。ブッシュ大統領が〇八年の任期終了まで、政治力を失った「レイム・ダック」状態で政権を去ることは明らかである。だが、ブッシュ政権の終焉によって九・一一テロ以後、米外交がとってきた一国主義の特徴がはたして変化するといえるのだろうか。あるいは国連に対しても、九〇年代初頭に一時的に見せた国際主義者の立場に、もう一度立ち返ることになるのだろうか。著者が指摘するように、そのいずれにおいても否定的にならざるをえない。その点で、本書の白眉の一つを成すのがクリントン外交の、とりわけバルカン半島やアフリカ危機への対処を検証することにより、表面上の国際主義者の顔に隠された深い一国主義の性格を見事にあぶり出している点にある。米外交を貫く底流を知る上で、これほど簡潔明瞭なテキストはない。

イラク戦争を米国民世論と議会の七〇%が支持した背景には、テロ戦争という未知の脅威を前にして米国をとらえた脅迫観念が大きく作用していた。対処策としてとられた一国主義の諸策は、もともと米外交の底流に存在したものだ。イスラエル・ロビーの影響力のせいだとか、石油利権が理由だとかいう陰謀説とはほとんど無関係なものである。米外交政策の学界重鎮でジョージタウン大学ロバート・リーバー教授は、「ブッシュ政権以前、米外交がより国際主義的だったとか、一国主義とは無縁であったというのは神話にすぎない。前大戦後、トルーマン政権による米軍の朝鮮派遣、ケネディ政権に始まり、四代の大統領に及んだインドシナ戦争など、一国主義の典型がいくつもあった」とし、今後の政権も一定の一国主義路線を踏襲せざるを得ないと断言している。〇九年一月に発足する次の米政権をだれが担うのであれ、米外交の潮流が大きく転換することはありえない。それを前提に各国は超大国への対応と関係維持を考えていかなければならない。

国連の将来と日本

イラク戦争が投じた波紋は、国連の抱えた構造問題にとどまらず、国際関係を成り立たせてきた基本原理を覆したことで深層に及ぶ。それだけに、前大戦後から完全にはほど遠かろうとも、世界の安定に寄与してきた国連を支え、機能させてきた概念と理念に著者が検討を加え、さらに国連改革論議に合わせて日本と国連の関係を検討した第六、七章はそれぞれ本書の中核を成している。

日本と国連との関係でいえば、日本が経済大国として国際社会における地位を回復させる以前の方が、国家主権の一部である安全保障を将来、国連に委ねることまで想定していた点で、国連に対する「大いなる幻影」を抱いていたといえるし、また国連を世界共和国政府の礎につながる国際機構ととらえようとしたという意味で先駆的であったといえるかもしれない。しかし、現在の国内議論はもっぱら日本の常任理事国実現という観点に集中し、国連を通じた国家の力の波及という国益論議に集約されがちだ。

日本は国連の前身である国際連盟で理事国という中心的な座を占めながら、満州事変をきっかけに三三年、自ら脱退した経緯があり、五六年に国連加盟を実現するまで国際社会から孤立する道を歩んだ国である。しかも、八〇番目の国連加盟国として承認されるまで、ソ連の三回に及ぶ拒否権行使によって加盟を阻止され続けた。加盟実現までに直接、常任理事国の有する特権をいやというほど思い知らされたのである。

日本政府の国連政策は、国連憲章にある前大戦の敗戦国、日本やドイツを敵国として想定したいわゆる、「敵国条項」削除を目指すとともに、六九年、当時の愛知揆一外相演説をきっかけとする憲章改正すなわち安保理改革を推進することにあった。敵国条項削除では九五年、国連総会が憲章見直しを求める決議を採択し、さらに〇四年、ハイレベル委員会が条項削除を提言して事実上、敵国条項は意味を失ったとみなされてはいる。しかし、実際の削除は憲章改正まで待たねばならない。

私は〇六年、日本の常任理事国入りが不調に終わったのに合わせ、日本政府の歴代国連大使から連続インタビューの形式で話を聞く機会を得た。それを通じ、歴代大使たちの多くが、日本の常任理事国入りを決して楽観視していないことを知った。特権を変更したくない常任理事国五カ国（P５）の現状維持志向がいかに根強いか、また、各国の国益が錯綜する国連が、どれほど改革の難しい巨大機構であるかを教えられた思いがした。

米国に次ぐ国連の財政負担を続けながら、常任理事国になれない中で国内世論にはいやおうなく、「国連はただのカネ食い虫」「国益に役立っていない」といった国連不信が高まるのを避けられない。戦前の日本が国際社会で孤立へと向かう契機として、国際連盟不信に一因があったとすれば、外務省は安保理改革が実現しなくても、国連を通じた日本独自の戦略を国民の前に提示していく必要性に迫られている。つまり、安保理改革と日本の常任理事国入り論議にからみ、それが成就しない場合に備えた「出口戦略」を欠かせないのだ。

それに関連し、クワコウ教授が第六章で持論を展開する多国間主義に実質を与える諸概念や理念の重要性について再度、注意を向けておきたい。傷ついた国連の再生には安保理改組を含めた機構改革が実現すればすむわけではない。巨大な国際機構を活性化させ、さらに将来へつなぐために、機構を動かす概念と理念にいま一度、知的エネルギーが吹き込まれ、すべての加盟国が理念共有に近づかない限り、国連は大国を中心とする国益の衝突する場とならざるをえない。イラク戦争で起きた米仏対立のドラマが、違う国の組み合わせで再び起きない保証はないのである。

世界平和を目指すために、国家と個人、国家と国家の関係を思索してきた近代西欧の思想家の中で、戦争を防止するために世界共和国や国家連合を提示したカントと、覇権国家が存在しない限り、平和は達成されないとしてカントを批判したヘーゲルという二人の思想家に立ち戻り、いま改めて国際関係の思想的基盤をとらえ直す作業が必要なのだろう。

クワコウ教授が本書の知的ロードマップに列挙した「国際的連帯」「国際的な正当性」「国際的な民主主義文化」といった概念もまた、思想的な淵源としてカント的理念と深い関係を有している。永遠平和を目指すカントの究極的な理念は、各国が主権を放棄して形成される世界共和国にあったが、「世界共和国という積極的理念の代わりに、戦争を防止し、持続しながらたえず拡大する連合という消極的な代替物のみが、法をきらう好戦的な傾向の流れを阻止できる」(カント著「永遠平和のために」)として、当面の対応策として緩い国家連合、すなわち国際連盟や国連のような連合体を提唱したことは知られる通りである。しかし、その国家連合が強制力を持たない限り、軍事力を有した国家に制裁を加え、対抗することはできない。国連を無力だとして一国主義の行動主義に走った米国は、まさしく国家連合体の弱点を剔抉し、超大国の力によって平和と民主主義の拡大を目指そうとしたことになる。だが、覇権国家を永遠の平和達成に不可欠と主張したヘーゲルによるカント批判を地でいくような、ブッシュ政権のイラク戦争は、拡大中東民主化構想とともに挫折に終わった。米国一国による平和と民主主義圏拡大の達成は不可能と判明した。

クワコウ教授に直接、「であるならば、国連に世界平和、永遠の平和という大事業を託せるのだろうか」と質してみた。回答は否定的であり、そのような組織がありえるとしたら、「欧州連合(EU)をモデルとするような各国家の主権が譲渡され、グローバルな公共政策を討議し、実現できる機構体しかないのではないか」と指摘した。実際、国連再生と国際関係建て直しに欠かせないとして教授が提示した知的ロードマップの諸概念を深く検討するならば、その行き着く先に国連とは異なる新しい世界機構が想定されているようにみえる。実は、本書のもっとも刺激的な部分がそこにある。

日本政府は、安保理改組を中心にもっぱら国連機構改革に集中する。しかし、イラク戦争が国際社会にもたらした波紋の深刻さを受け止めるならば、遠い将来、国連に代わる新しい国際機構が創設される日が来ないとも限らない。国連とて構造疲労とも無縁ではなく、未来永劫の組織でもありえない。そこへ向けて必要とされるのが政治哲学、法哲学を通じて概念と理念を論議できる人材であろう。日本にも外務省を始め、国際法の専門家は数多いだろうが、国際法に実効性を与えるのは軍事力を含めた強制力であり、もう一つが法に血を通わす背後の理念である。その分野で国際的な場で論議できる人材をどれほど用意できているだろうか。

かつて前大戦末期、米英両国の専門家集団が小委員会をそれぞれ作り、大戦争を三度起こさせない世界経済・通貨システムを創設するため重ねた研究と討議が、ブレトンウッズ体制に結実した。理念に基づいて新機構を創設する方が、たとえば安保理のような既成の枠組みに加入する努力より、はるかに困難なことはいうまでもない。日本外務省が省内に非公式の小委員会を立ち上げ、ポスト国連につながるような新世界機構を基礎づける概念と理念の研究を始めたとしたらどうだろう。

半世紀がかりの遠大な企画になるだろう。しかし、西欧思想の申し子といえる現在の国連の理念基盤を踏まえ、そこに一国平和主義とは峻別される戦後日本が育んだ平和理念や東洋の思想、思念をとりこみ、刷新された国際機構の創設理念が創造されるならば、日本がこれまで踏み出したことのない野心的な知的国際貢献となるのは間違いない。本書には、そうした知的冒険へのいざないが示されていると思えるのだ。

翻訳にあたり、クワコウ教授には二度、直接お会いして基本的な考え方をうかがい、概念の理解を確かなものにするため適宜、ご教示いただいた。実際の翻訳では駒木氏が第二、三、四章を担当し、残りの章と全体の訳文調整を池村が行った。駒木氏とは同時期のパリ特派員として、イラク戦争時、米仏対立をともに取材した仲である。教授の英文の背後にあるフランス語構造を理解できる共訳者にふさわしいと考え、協力を願った。ただし、訳文および解釈については池村に全面的な責任がある。日本語版出版にあたり、原著者はもとより、藤原書店の藤原良雄社長と、辛抱強く訳文修正にお付き合いいただいた編集部の山﨑優子さんに深く感謝したい。

二〇〇七年四月

〈付〉国際連合の歩み（一九四一・八―二〇〇七・二）

一九四一年八月　米英首脳、大西洋憲章に調印。世界平和に向けたプラン発表
一九四二年一月　二六か国代表、ワシントンで連合国宣言に調印。大西洋憲章の受諾を確認
一九四四年八―十月　ワシントン郊外のダンバートン・オークスで米国、英国、中華民国、ソ連代表が会議を開き、国際連合憲章の原案作成
一九四五年六月　連合国五〇か国代表がサンフランシスコにて国連憲章に調印
　　十月　**国連憲章発効、国連が発足**
一九四六年一月　ロンドンで第一回国連総会。国連本部の米国設置を決定
　　二月　トリグブ・リー（ノルウェー）初代国連事務総長が就任
一九四八年十二月　**総会で「世界人権宣言」採択**
一九五三年四月　ダグ・ハマーショルド（スウェーデン）第二代事務総長が就任
一九五六年十二月　**日本、八〇番目の加盟国として国連加盟**
一九五七年七月　国際原子力機関（IAEA）設立
一九五八年一月　**日本、初めて安保理非常任理事国入り**
一九六一年十一月　ハマーショルド事務総長が事故死。ウ・タント事務総長代行就任
一九六二年十一月　ウ・タント氏、第三代事務総長として正式就任
一九六五年十一月　国連開発計画（UNDP）設立
一九六六年一月　日本、安保理非常任理事国入り

日本・世界の動き

十二月、真珠湾攻撃
十一月、米英連合軍、モロッコ・アルジェリア上陸
六月、ノルマンディー上陸作戦
二月、ヤルタ会談
八月、日本がポツダム宣言受諾
七月、パリ講和会議
一九四九年四月、NATO成立
一九五〇年、朝鮮戦争（～五三年）
十月、第二次中東戦争
一九六〇年　ベトナム戦争（～七五年）
十月、キューバ危機
60年代後半～中国で文化大革命

十二月　国連総会、国際人権規約採択
一九六八年七月　**米英ソ、核兵器不拡散条約（NPT）署名**
一九七〇年二月　日本、NPT署名。同年三月発効
一九七一年一月　日本、安保理非常任理事国入り
十月　国連、中国の代表権交代を決議
一九七二年一月　第四代事務総長にクルト・ワルトハイム氏（オーストリア）就任
十二月　国連環境計画（UNEP）設立
一九七三年九月　**東西ドイツ、国連に同時加盟**
一九七四年十一月　国際エネルギー機関（IEA）設立
一九七五年一月　日本、安保理非常任理事国入り
一九七六年六月　日本、NPT批准
一九七九年六月　日本、国際人権規約批准
一九八一年一月　日本、安保理非常任理事国入り
一九八二年一月　第五代事務総長にハビエル・ペレス・デクエヤル氏（ペルー）就任
一九八七年一月　日本、安保理非常任理事国入り
一九九〇年八月　国連安保理、イラク軍のクウェートからの即時無条件撤退を求める決議および対イラク制裁決議を採択
一九九一年一月　**多国籍軍、イラクとクウェート領内への攻撃開始**
二月　父ブッシュ米大統領、クウェート解放および戦闘停止を発表
四月　日本、海上自衛隊掃海艇のペルシャ湾派遣を決定
九月　国連総会、南北朝鮮の国連加盟を承認

一九六七年六月、第三次中東戦争
五月、日本に沖縄の施政権返還
十月、第四次中東戦争
ソ連のアフガン侵攻開始
一九八〇年、イラン・イラク戦争（〜八八年）
一九八九年十一月、ベルリンの壁崩壊
十月、東西ドイツ統一
一月、湾岸戦争
十二月、ソヴィエト連邦解体

一九九二年一月　第六代事務総長にブトロス・ブトロスガリ氏（エジプト）就任
日本、安保理非常任理事国入り
明石康氏がUNTAC事務総長特別代表に就任
九月　**日本、国連カンボジア暫定統治機構（UNTAC）に自衛隊派遣**
一九九三年五月　UNTAC、カンボジア制憲議会選実施
九月　カンボジア新政府発足、UNTACは任務終了
一九九四年三月　日本、国連エルサルバドル派遣団（ONUSAL）に選挙監視要員派遣
十一月　国際海洋法条約発効
一九九五年一月　関税貿易一般協定（GATT）に代わり、世界貿易機関（WTO）発足
十二月　ボスニア和平協定、パリで締結
一九九六年九月　**国連総会、包括的核実験禁止条約（CTBT）を採択**
一九九七年一月　第七代事務総長にコフィ・アナン氏（ガーナ）就任
日本、安保理非常任理事国入り
一九九八年六月　日本、国際平和協力法改正
一九九九年三月　NATO、コソボ紛争でユーゴ空爆
六月　ユーゴ空爆停止。国連コソボ暫定統治機構（UNMIK）とNATOを主体とする国際安全保障部隊（KFOR）が展開
七月　日本、国連東ティモール派遣団（UNAMET）に文民警察要員派遣
九月　国連安保理、東ティモール多国籍軍（INTERFET）派遣承認

十一月、EU発足
四月、ルワンダが内戦状態に
七月、香港が中国に返還
五月、パキスタンの核実験

二〇〇〇年九月　国連ミレニアム・サミット開催
十二月　国連ミレニアム総会、分担金比率改定の決議採択
二〇〇一年九月　**米同時多発テロ。国連安保理、同テロ非難決議採択**
十二月　国連とアナン事務総長にノーベル平和賞授与
二〇〇二年二月　日本、国連東ティモール暫定統治機構（UNTAET）に自衛隊派遣
五月　東ティモール民主共和国が独立
九月　国連総会、スイスと東ティモールの国連加盟を承認
二〇〇三年三月　**米、対イラク攻撃開始**
四月　フセイン・イラク政権崩壊
八月　バグダッドの国連事務所で爆弾テロ。デメロ事務総長特別代表ら死亡
十一月　イラクで日本人外交官二人死亡
二〇〇五年一月　日本、安保理非常任理事国入り
七月　日本、ドイツ、ブラジル、インドの四か国が共同策定した安保理構成の改革に関する決議案を国連事務局に提出
九月　同決議案、総会の採決に付されることなく廃案
二〇〇六年五月　日本、初代の人権理事会理事国に選出
六月　国連人権委が改組され、国連人権理事会が設立
二〇〇七年一月　第八代事務総長に潘基文氏（韓国）が就任

九月、米国で同時多発テロ

三月、イラク戦争

十月、北朝鮮の核実験

の　主　要　機　関

経済社会理事会

機能委員会
人権委員会
麻薬委員会
犯罪防止刑事司法委員会
開発のための科学技術委員会
持続可能開発委員会
婦人の地位委員会
人口開発委員会
社会開発委員会
統計委員会
地域委員会
アフリカ経済委員会（ECA）
ヨーロッパ経済委員会（ECE）
ラテンアメリカ・カリブ経済委員会（ECLAC）
アジア太平洋経済社会委員会（ESCAP）
西アジア経済社会委員会（ESCWA）
その他
先住民問題に関する常設フォーラム
国連森林フォーラム
会期/常設委員会
専門家、アドホック、及び関連組織

関連機関
世界貿易機関（WTO）*3
国際原子力機関(IAEA)*4
包括的核実験禁止条約機構準備委員会(CTBTO Prep.com)*5
化学兵器禁止機構(OPCW)*5

国際司法裁判所

専門機関*6
国際労働機関（ILO）
国際食糧農業機関（FAO）
国連教育科学文化機関（UNESCO）
世界保健機関（WHO）
世界銀行グループ
　国際復興開発銀行（IBRD）
　国際開発協会（IDA）
　国際金融公社（IFC）
　多国間投資保証機関（MIGA）
　国際投資紛争解決センター（ICSID）
国際通貨基金（IMF）
国際民間航空機関（ICAO）
国際海事機関（IMO）
国際電気通信連合（ITU）
万国郵便連合（UPU）
世界気象機関（WMO）
世界知的所有権機関（WIPO）
国際農業開発基金（IFAD）
国連工業開発機関（UNIDO）
世界観光機関(WTO)*3

事　務　局

各部局
事務総長室（OSG）
内部監査部（OIOS）
法務部（OLA）
政治局（DPA）
軍縮局（DDA）
平和維持活動局（DPKO）
人道問題調整部（OCHA）
経済社会局（DESA）
総会・会議管理局（DGACM）
広報局（DPI）
管理局（DM）
後発開発途上国ならびに内陸開発途上国、小島嶼開発途上国のための高等代表事務所（OHRLLS）
国連安全調整官室（UNSECOORD）
国連薬物犯罪事務所（UNODC）
国連ジュネーブ事務局（UNOG）
国連ウィーン事務局（UNOV）
国連ナイロビ事務所（UNON）

注：主要機関からの直線は直接報告の関係を示す。
　　点線は非従属の関係を示す。

国際連合機構図

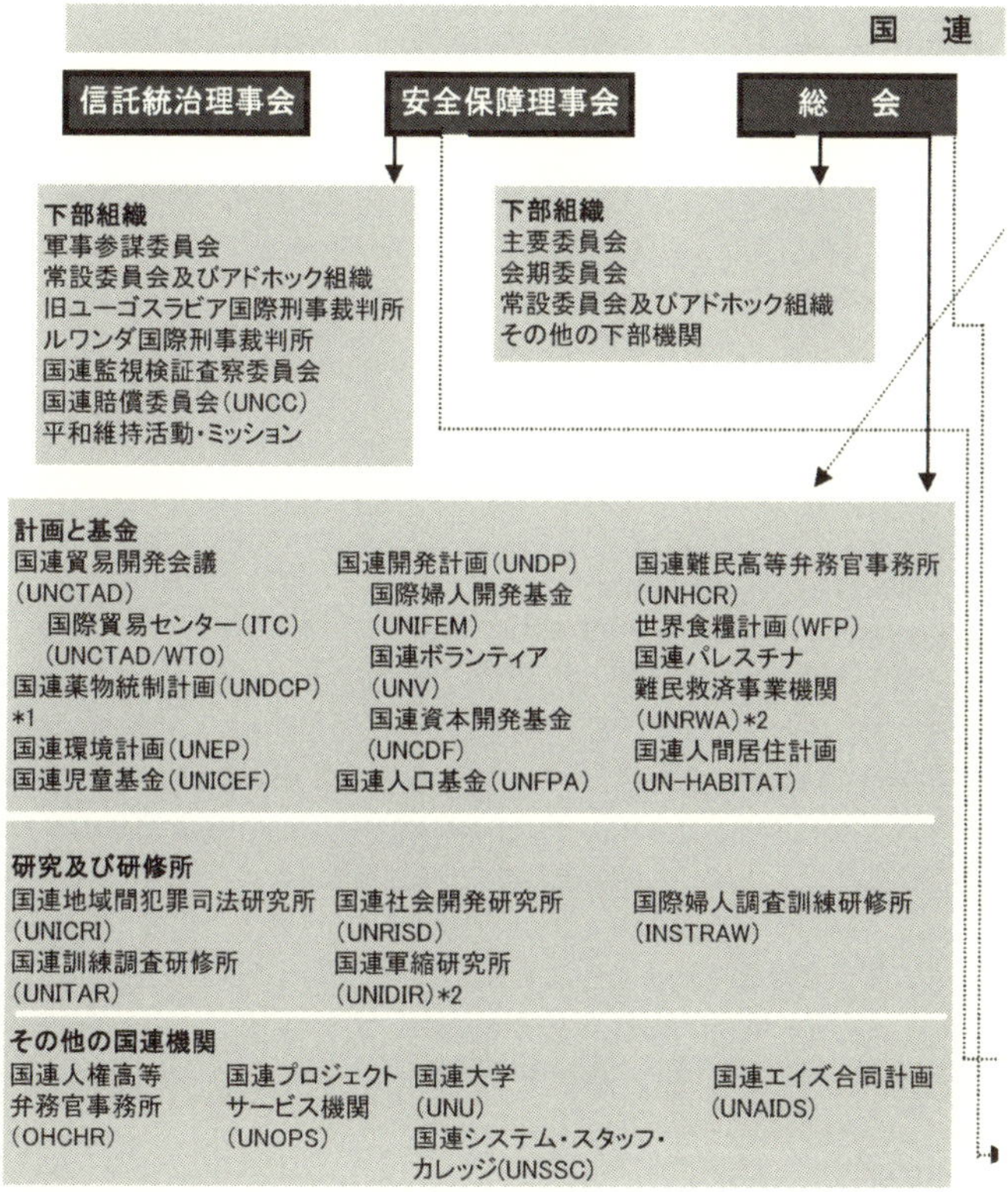

＊1　国連薬物統制計画（UNDCP）は、国連薬物犯罪事務所（UNODC）の一部。

＊2　UNRWA 及び UNIDIR は総会に対してのみ報告。

＊3　世界貿易機関と世界観光機関は同じ略語を使用。

＊4　IAEA は安全保障理事会と総会に対して報告。

＊5　CTBTO Prep. Com と OPCW は総会に対して報告。

＊6　専門機関は国連と関係し、政府間レベルでは経済社会理事会の調整機能を通して、また、事務局間レベルでは国連機関事務局長調整委員会（CEB）を通して、それぞれが互いに協力する自治組織である。

国連についての訳者補注

■国連安全保障理事会　安全保障理事会は平和と安全保障の問題だけを取り扱うが，実質的な最高評議会であり，強大な権限を託されている。安保理は米国，英国，フランス，ロシア，中国の5常任理事国と10の非常任理事国で構成される。常任理事国は実質事項について拒否権を有し，5カ国のうち1カ国でも決議案に反対すれば，同案は成立しない。国連創設時，常任理事国は米英仏とソ連，中華民国であったが，1971年に中国が中華民国（台湾）に代わって国連代表権を得たことで常任理事国に。91年にはソ連崩壊によってロシアに引き継がれた。一方，非常任理事国は地域的代表の原則に基づいて，総会が2年の任期で選出する。連続当選は禁止されている。

■国連分担金　加盟各国が拠出する国連分担金の比率は3年に一度，総会で見直される。2007年から09年までの日本の分担率は16.624％で，04－06年までの19.468％から引き下げられた。

分担率は各国の国民総所得（GDI）を基に算出され，さまざまな調整が加えられる。日本の分担率は1956年の国連加盟時は1.97％であったが，以降，経済成長に伴い上昇。2000年には20％を超えた。01年からは日本経済の低迷から分担率は下降していった。しかし，依然として米国（22％）に次いで第2位の分担率となっている。これまで，日本の分担率は米国を除く英仏中ロの4常任理事国の合計を上回り，国連における地位・責任に比べ，負担だけが突出していたことに日本の不満が強まっていた。総会での見直しの結果，07年以降はこの4カ国の合計を下回ることになった。米日に次ぐ第3位の分担国はドイツ（8.577％）で，以下，英国（6.642％），フランス（6.301％），イタリア（5.079％）の順。常任理事国の中国は2.667％で9位，ロシアは1.2％で15位。

■旧敵国条項　国連憲章には第53条と107条に，第二次世界大戦において連合国と敵対関係にあった諸国に関する規定，いわゆる旧敵国条項がある。このうち特に53条は，強制行動について，安全保障理事会の許可を必要としながらも，かつての「敵国」による侵略政策の再発防止に取られる行動は許諾を不要とする。敵国の定義については必ずしも明確ではないが，一般的には日本，ドイツ，イタリア，ハンガリー，ルーマニア，ブルガリア，フィンランドが対象とされていると考えられている。旧敵国が国連に加盟している事実から，1995年に採択された国連総会決議で，これらの規定には今日的な意味がないとして，死文化したとの認識が示されている。ただ，憲章改正にはすべての安保理常任理事国を含む加盟国の三分の二以上の承認が必要であるため，依然として旧敵国条項の削除は実現していない。

著者紹介

ジャン=マルク・クワコウ (Jean-Marc Coicaud)

1957年フランス生。現在，ニューヨーク国連本部の国連大学事務所長。国連システム学術評議会（ACUNS）理事，グローバル政策刷新諮問会議員（ニューヨーク），仏政治刷新財団顧問も務める。1996-2003年，東京の国連大学で「平和とガバナンス研究プログラム」上級研究員。ブトロスガリ国連事務総長（任期92-96年）スピーチライターとして活躍。パリ大学文理学部ソルボンヌで政治法学博士号，パリ政治学院より国家博士号を取得。文学・言語学の修士，学士。

著書に『稀少な専制民主主義』(96年),『政治と正当性——政治的な権利と責任研究への寄与』(02年，ケンブリッジ大学出版局，邦訳『政治的正当性とは何か』藤原書店。ほかに仏，スペイン，中国，アラビア語版),『国益を超えて』(米国平和研究所出版局),『国連の限界／国連の未来』(邦訳本書，中国語版も出版予定)。

メールアドレス　coicaud@ony.unu.edu

訳者紹介

池村俊郎（いけむら・としろう）

1951年生。読売新聞東京本社調査研究本部主任研究員。東京大学仏文学科卒。読売新聞入社後、ベイルート、パリ各特派員。95-98年ワシントン支局次席、99-2004年パリ支局長。著書に『戦争とパリ——ある二人の日本人の青春 1935-45年』(彩流社，2003）他。

駒木克彦（こまき・かつひこ）

1958年生。時事通信社外信部次長。早稲田大学法学部卒後、時事通信入社。静岡支局、外信部を経て91-94年ニューデリー、99-2004年パリ各特派員。

国連(こくれん)の限界(げんかい)／国連(こくれん)の未来(みらい)

2007年 5月30日　初版第1刷発行©

訳　者　池 村 俊 郎 他

発行者　藤 原 良 雄

発行所　株式会社 藤 原 書 店

〒162-0041　東京都新宿区早稲田鶴巻町523

TEL　03（5272）0301

FAX　03（5272）0450

振替　00160-4-17013

印刷・製本　中央精版印刷

落丁本・乱丁本はお取り替えします
定価はカバーに表示してあります

Printed in Japan
ISBN978-4-89434-570-6

新たな視点から「正当性」を問う

政治的正当性とは何か

J-M・クワコウ

田中治男・押村高・宇野重規訳

頻発する政治腐敗、政治への信頼性の喪失……、現在においてこそ問われるべき「正当性」の問題に、マルクス、ウェーバー、ロールズ、シュミット等多くの政治哲学者の議論を批判的に考察しつつ果敢に取り組む刺激的な一書。

Ａ５上製　三三六頁　**六八〇〇円**
（二〇〇〇年六月刊）

LÉGITIMITÉ ET POLITIQUE
Jean-Marc COICAUD

西欧近代の裏面史を浮彫る

ナショナリズム・反ユダヤ主義・ファシズム

M・ヴィノック

川上勉・中谷猛監訳

西欧精神の土壌に脈打つ反ユダヤ主義とナショナリズムの結合の産物としてのファシズムに迫る。三二〇点の写真・関連年表等を附した決定版大鑑。

菊上製　五九二頁　**六六九九円**
（一九九五年四月刊）

NATIONALISME, ANTISÉMITISME ET FASCISME EN FRANCE
Michel WINOCK

知られざるもうひとつのフランス

ヴィシー政府と「国民革命」

（ドイツ占領下フランスのナショナル・アイデンティティ）

川上勉

「自由・平等・友愛」の共和国を否定して「労働・家族・祖国」のスローガンを掲げた、第二次大戦下ヴィシー政府時代のフランス・イデオロギーに迫り、「共和主義国家フランス」のイメージを問い直す初成果。

四六上製　三二二頁　**三六〇〇円**
（二〇〇一年一二月刊）

戦後「日米関係」を問い直す

「日米関係」からの自立

（9・11からイラク・北朝鮮危機まで）

C・グラック・和田春樹・姜尚中

姜尚中編

対テロ戦争から対イラク戦争へと国際社会で独善的に振る舞い続けるアメリカ。外交・内政のすべてを「日米関係」に依存してきた戦後日本。アジア認識、世界認識を阻む目隠しでしかない「日米関係」をいま問い直す。

四六並製　二二四頁　**二二〇〇円**
（二〇〇三年二月刊）